WELTGESCHICHTE DER ARCHITEKTUR

Klassizismus und Historismus 2

ROBIN MIDDLETON/
DAVID WATKIN

KLASSIZISMUS UND HISTORISMUS

BAND 2

DEUTSCHE VERLAGS-ANSTALT
STUTTGART

Aus dem Italienischen übertragen von Hans Wanner
Grafik: Arturo Anzani
Umschlaggestaltung: Hans Peter Willberg

Dieses Buch ist eine Geschichte der Architektur, daher müssen viele bedeutende Entwicklungen hier ausgelassen werden, die sich in jenen Jahren auf dem Gebiet der Städteplanung, des Transports und des Bauwesens ereigneten. Auch hielten wir es für unmöglich, innerhalb eines einzigen Buchs jeder Periode und jedem Land einen gleich großen Raum zur Verfügung zu stellen. So enthält dieses Buch weniger über England als über Frankreich, da die englische Architektur, von Historikern wie Summerson, Hitchcock und Pevsner schon gut erfaßt ist, während die französische Architektur, insbesondere die des 19. Jahrhunderts, bis jetzt viel weniger untersucht wurde. Die Architektur ruht auf intellektuellen wie materiellen Grundlagen, und wir hoffen, daß dieses Buch diese Zeitspanne durch unsere Betonung der Theorien und Gedanken, die so oft hinter den neuen architektonischen Bewegungen stehen, weiter ausleuchtet.

ROBIN MIDDLETON
DAVID WATKIN

CIP Kurztitelaufnahme der Deutschen Bibliothek

Weltgeschichte der Architektur. – Stuttgart:
Deutsche Verlags-Anstalt
Einheitssacht.: Storia universale dell'
architettura ⟨dt.⟩
NE: EST

Klassizismus u. Historismus/Robin Middleton;
David Watkin. [Aus der Ital. übertr.
von Hanns Wanner].
Bd. 2 (1987)
ISBN 3-421-02862-1

NE: Middleton, Robin [Mitverf.]

Gesamtherstellung: Druckerei Uhl, Radolfzell
Printed in Germany

Kapitel VI
DER SPÄTKLASSISCHE UND ITALIENISCHE STIL IN FRANKREICH

Von Percier und Fontaine bis Garnier

Im nachrevolutionären Frankreich wurde zwar noch sporadisch gebaut, doch kann man diese Zeit kaum als günstig für die Architektur bezeichnen. Es gab wenig Gelegenheiten und einen deutlich sichtbaren Mangel an Gestaltungskraft. Beim Bau einer Reihe hübscher und insgesamt gut geplanter und verzierter Häuser in den Pariser Vororten wiederholte man zu Beginn des 18. Jh. entwickelte Anordnungen und Muster, was aber nicht dazu geeignet war, neue Talente zu wecken. Manche Architekten wandten sich anderen Berufen zu. So wurden z.B. C.P.J. Normand und Ollivier Stecher, andere dienten als Landvermesser und Pioniere in Napoleons endlosen Feldzügen. Nur Napoleon konnte als großer Mäzen auftreten, und auch das nur nach dem »coup d'état« von 1799, mit dem ihm endlich die Macht zufiel. Die meisten der Architekten, die er bei seinen größeren Projekten beschäftigte, hatten sich bereits vor der Revolution einen Namen gemacht. Rondelet erneuerte wieder einmal die Kirche Ste-Geneviève, die nun Panthéon hieß. Chalgrin, der 1787 seine Arbeit am Palais du Luxembourg begonnen hatte, wandelte das Interieur zwischen 1803 und 1807 vollständig für die Verwendung durch den Senat um. Die Salle du Sénat (Abb. 344), die 1836 von A. H. de Gisors in verheerender Weise umgebaut wurde, und die große und verlängerte Treppe (Abb. 345), mit der er Rubens' Galerie ersetzte, waren unbestreitbar dramatisch in der Art des späten 18. Jh., doch waren sie in der Art etablierter Lösungen nachempfunden. Sein Arc de Triomphe, zu dem der Grundstein 1806 gelegt worden war, war feiner, wenn auch nicht so, wie ursprünglich geplant (Abb. 347). Chalgrins Ziel war damals eine akzeptierte römische Würde mit frei stehenden Ziersäulen, Statuen und Flachreliefs. Doch waren seine Projekte von 1810 zurückhaltender und, wie alle seine Arbeiten, ohne Fehl in der Proportion. Später sollte Blondel das Dachgeschoß fertigstellen, bei dessen Bau er die Ausgeglichenheit des zurückhaltenden Klassizismus Chalgrinscher Prägung zerstörte. Bélanger lieferte 1812 eine ehrgeizige gußeiserne Kuppel für den Hof der Halle aux Blés, nachdem Lecamus de Mézières' Holzkuppel niedergebrannt war, und begann 1809 ein sehr nobles Schlachthaus in Rochechouart, während Brongniart 1808 die Börse in Angriff nahm. Zwischen 1806 und 1810 errichtete Gondoin, zusammen mit Jean-Baptiste Lepère (1761–1844), sein berühmtestes, wenngleich am wenigsten kühnes Bauwerk, die Colonne Vendôme (Abb. 346). Aber es gab Neulinge, obwohl deren Architektur sogar noch weniger präzise und lebendig war als die der etablierten Praktiker. Nach viel Aufregung und Intrigen und gegen nicht geringe Konkurrenz wurde 1807 Ledoux' Schüler Alexandre-Pierre Vi-

344. Jean-François-Thérèse Chalgrin. Salle du Sénat, Palais du Luxembourg, Paris, 1803–1807.

345. Jean-François-Thérèse Chalgrin. Ehrentreppe, Palais du Luxembourg, Paris, 1803–1807.

346. Jacques Gondoin und Jean-Baptiste Lepère. Vendôme-Säule, Paris, 1806–1810.

gnon (1763–1828) mit dem Bau der Madeleine (Abb. 348) beauftragt, bei dem die Fundamente der Kirche Contant d'Ivrys mitverwendet wurden. Dies war eine leblose Paraphrase eines antiken römischen Tempels.
Das Innere (Abb. 349), in dem das Thema des römischen Bades mit verbissener Entschlossenheit fortentwickelt war, schuf Jean-Jacques-Marie Huvé (1783–1852), der 1828 die Bauleitung übernahm und das Gebäude 1842 fertigstellte. Auf der gleichen Achse auf dem gegenüberliegenden Seineufer, fügte Bernard Poyet (1742–1824), der von Durand bewunderte Architekt, 1804–1807 einen gigantischen korinthischen Portikus an das alte Palais Bourbon, jetzt Chambre des Députés, an. Auch hier bestand die Absicht, der Architektur des alten Roms zu gedenken, doch ist es eine Fassade, der alle Würde fehlt. Zwei Jahre später begann Jacques-Charles Bonnard (1765–1818), der in Italien für den Abbé de Saint-Non gearbeitet hatte, am Ufer der Seine mit dem Bau des riesigen Außenministeriums (das man später Cour des Comptes nannte, aber heute nicht mehr existiert). Es war ein Gebäude im italienischen Stil mit Rundbogenfenstern und applizierten Säulen und vielem mehr, was nur ein einziges Mal vorher von einem französischen Architekten versucht wurde – 1776 von P. A. Pâris für den Palast von Porrentruy des Fürstbischofs von Basel (Abb. 190, 191), der nie fertiggestellt wurde. Für die jüngere Generation jedoch war Bonnards Gebäude eine Offenbarung. Im Jahr 1826, als der Sekretär der Académie Bonnards Arbeit in seinem Nachruf diskreditierte, gingen sie auf die Barrikaden. Aber der italienische Stil war nicht von Bonnard geschaffen worden. Er hatte ihn lediglich großzügiger angewandt. Die für den neuen Stil zu Beginn des 19. Jh. verantwortlichen Architekten waren Charles Percier (1764–1838) und Pierre-François-Léonard Fontaine (1762–1853), den wir bereits als Nacheiferer Boullées und notorisch Zweitplazierten beim »Prix de Rom« 1785 kennengelernt haben. Beide waren Schüler von Antoine-François Peyre, dem jüngeren Bruder von Marie-Joseph Peyre. Tatsächlich erhielt Percier 1786 den Grand Prix. Im Jahr darauf waren sie beide in Rom, wo sie mit Bonnard zusammentrafen und gemeinsam die gefeierten Altertümer und auch die alten Aquädukte erforschten. Sie betrachteten aber auch die Renaissancepaläste nicht nur in Rom, sondern auch in Florenz sowie die Villen und Gehöfte der Toskana. Diese sollten ihre Pfänder für die Zukunft sein. Nach ihrer Rückkehr nach Frankreich studierten sie die französische Renaissancearchitektur, ja sogar die Gotik. Ihr Geschmack war eklektisch. Doch ordneten sie diesen mit einer wunderbaren Feinheit und ebensolchem Taktgefühl dem System der Formen und Maße unter, die sie vom 18. Jh. vererbt bekommen hatten, und schufen einen neuen Stil besonderer

347. Jean-François-Thérèse Chalgrin. Arc de Triomphe, Paris, begonnen 1806.

Eigenart, der trotzdem ganz und gar dekorativ wirkte. Miteinander wurden sie modische Interieurgestalter. Eines dieser Interieurs wurde von Joséphine so bewundert, daß sie ihnen 1799 den Umbau ihres neuerworbenen Hauses in Malmaison in Auftrag gab. Ihr Entwurf war eine palladianische Inspiration, die jedoch so sehr vergrößert war, daß Napoleon wütend reagierte, worauf sie das bestehende Haus mit Fingerspitzengefühl neu dekorierten (Abb. 350–352), wobei sie Einzelheiten von Bélangers Bagatelle und Pâris' Entwürfen für die »Menus Plaisirs« verwendeten; auf diese Weise kreierten sie einen Stil, der später als Empire bekannt wurde, die Zusammenfassung des neoklassischen Geschmacks. In absoluter Hinsicht war dies nicht neu; sie verließen sich auf einen größeren Intervallbegriff und auf härtere Konturen und Präzision im Detail, um die Veränderung zu bewirken. Farbe war ein weiterer Aspekt ihrer Anpassung; sie verwendeten stärkere und herbere Farbtöne als üblich, Chromgelb, Flaschengrün und Azurblau im Kontrast zu Ebenholz oder dunklem Mahagoni und Goldbronzeverzierungen. Napoleon war sehr beeindruckt. Bevor sie sich mit Joséphine über die Vorzüge eines malerischen Gartens stritten, wurden sie zu Architectes des Palais de Premier et Deuxième Consul ernannt. Ihre offizielle Karriere begann im Januar 1801.

Für Napoleon arbeiteten sie unermüdlich. Sie waren im Endeffekt für die Ausarbeitung seiner umfangreichen Vorschläge für die Neugestaltung von Paris – den Bau neuer Straßen, Märkte und Brunnen sowie für die Verteilung der Schlachthäuser und Friedhöfe an der Peripherie – verantwortlich. Sie restaurierten für ihn die alten königlichen Paläste in Saint-Cloud, Compiègne, Fontainebleau und Raincy, Eu und Rambouillet und verschönerten in ganz Europa Paläste für ihn, seine Beauftragten und seine Familie. Percier und Fontaine arbeiteten für die gesamte Bonapartesippe, doch haben sie ihre größten Anstrengungen auf den Louvre und die Tuilerien in Paris verwendet. Sie begannen 1801 mit den Tuilerien (Abb. 353) und führten eine großartige Anordnung der Appartements ein, die stilmäßig eine Fortführung der alten »Menus Plaisirs« darstellten, jedoch wundervoll findig und charakteristisch. (All das wurde 1870 zusammen mit dem Tuilerienpalast vernichtet.) Zwei Jahre später arbeiteten sie Pläne aus für die Verbindung der Tuilerien mit dem Louvre – die Rue de Rivoli und die damit verbundene Rue des Pyramides sind das Ergebnis dieser Bemühungen (Abb. 356). 1808 hatten sie mit dem Interieur des Louvre selbst begonnen, wo man ihre frischen und talentierten, doch ganz und gar statischen Details immer noch bewundern kann. Ihre größeren Ambitionen kamen 1811 zum Vorschein, als sie einen gigantischen Palast, größer als Versailles, auf den Höhen von Chaillot für Napoleons Söhnchen, den Roi de Rome, entwarfen (Abb. 357). Der Bau wurde begonnen, ebenso ein genauso gigantisches Projekt auf dem anderen Seineufer vor der »École Militaire« für eine Reihe quadratischer Gebäude, die als Lernzentrum dienen sollten, als Archiv, Universität und Schule der Schönen Künste (Abb. 358). Hier hätten sich Durands Träume realisieren lassen. Die Gestalter waren seine würdigen Nachfolger auch als Lehrer. Sie – oder zumindest Percier – unterrichteten eine ganze Architektengeneration: A. N. Caristie, F. Debret, A. H. de Gisors, J.J. Huvé, L. H. Lebas, A. F. R. Leclère, J. B. C. Lesueur und L. T. J. Visconti sind nur einige der Namen der bekannteren Schüler. Aber ihr Unterricht war, obwohl insgesamt vernünftig und tolerant, lax. Ihre Nachfolger hatten wenig Überzeugungen, an denen sie festhielten und sogar noch weniger Ideen. Sie verließen sich auf die Inspiration

348. Alexandre-Pierre Vignon. La Madeleine, Paris, 1807–1840.

349. Jean-Jacques-Marie Huvé. Inneres der Madeleine, Paris, 1825–1845.

350. Charles Percier und Pierre-François-Léonard Fontaine. Bibliothek im Château de Malmaison, Rueil-Malmaison, 1799–1803.

351. *Charles Percier und Pierre-François Léonard Fontaine. Schlafzimmer der Kaiserin Joséphine im Château de Malmaison, Rueil-Malmaison, 1799–1803.*

352. *Charles Percier und Pierre-François-Léonard Fontaine. Musiksaal im Château de Malmaison, Rueil-Malmaison, 1799–1803.*

jener Bücher, die Percier und Fontaine in den Folgejahren veröffentlichten, um das französische klassische Repertoire um einen gemischten italienischen Stil zu erweitern – *Palais, maisons et autres édifices modernes dessinés à Rome* von 1798 und *Choix des plus célèbres maisons de plaisance de Rome et de ses environs* von 1809. Ihre eigenen Entwürfe wurden illustriert in *Recueil des décorations intérieures* von 1801 und den *Résidences des Souverains de France d'Allemagne, de Russie etc.*, geschrieben 1833.

Es kann kaum wundernehmen, daß sich die Architekten gegen Ende der napoleonischen Ära ohne starke Führung oder bestimmte Überzeugungen fühlten. Weder Louis XVIII. noch Charles X. waren an der Architektur stark interessiert, und sie versuchten daher auch nicht, Napoleon nachzueifern. Die Führerrolle in der Architektur lag in den Händen der neu ins Leben gerufenen Académie des Beaux-Arts und des damit verbundenen Conseil Général des Bâtiments Civils. Daraus ergab sich letztlich die beherrschende Stellung eines Mannes, nämlich Antoine-Chrysostome Quatremère de Quincys (1755–1849), der 1816 zum ständigen Sekretär der Académie des Beaux-Arts bestellt wurde und dieses Amt 23 Jahre lang bekleidete, und das bei seiner Pensionierung in die Hände des fast gleichermaßen voreingenommenen Raoul Rochette überging. Quatremère de Quincy war ein erfolgloser Bildhauer, der nie den Grand Prix erhielt, aber trotzdem nach Italien reiste, wo er sich mit Leuten wie David, Canova und Sir William Hamilton befreundete. Er war ein großer Verfechter der griechischen Kunst, in der Praxis zog er es vor, sich auf seine Kenntnis des römischen Altertums zu verlassen. Er kam zu dem Schluß, daß nur solche Architekten mit offiziellen Aufträgen betraut werden dürften, die nach Italien gereist und dort mit eigenen Augen die Überreste der Antike gesehen haben. Im Lauf der Jahre verfocht er seine doktrinären Ideale mit außergewöhnlicher Strenge. Hunderte, vermutlich Tausende von uninspirierten und starren Gebäuden – Kirchen, Rathäuser, Justizpaläste, Kasernen, Gefängnisse und Krankenhäuser – bestätigen seinen begrenzten Geschmack. Ein Höhepunkt vielleicht ist das Palais de Justice in Lyon von L. P. Baltard (1764–1846), mit einer Fassade von 24 riesigen korinthischen Säulen (Abb. 360) – Prototyp jener Architektur, die bis heute in Washington so sehr geschätzt wird. Die Salle des Pas Perdus (Abb. 361), die aus einer Abfolge gewölbter Räume besteht, weist jene zusammengesetzte Mannigfaltigkeit auf, die Quatremère de Quincy später so sehr bewunderte. Seine Absichten in jungen Jahren werden von den Arbeiten Étienne-Hippolyte Goddes (1781–1869) repräsentiert, der den Grand Prix nicht bekam und trotzdem in Pariser Kirchen wie St-Pierre du Gros-Caillou (1822–1830, Abb. 364), Notre-Dame-de-Bonne-Nouvelle (1823–1830) und St-Denis

353. Charles Percier und Pierre-François-Léonard Fontaine. Tribüne und Salle des Maréchaux, Tuilerien, Paris, 1801ff.

354. Charles Percier und Pierre-François-Léonard Fontaine. Galerie d'Orléans im Palais Royal, Paris, 1829.

du St-Sacrement (1823–1835) allen in Paris zeigte, daß Routine und ein glanzloser klassischer Geist in Frankreich sogar noch erfolgreicher als in Rom kultiviert werden konnte. Quatremère de Quincy konnte nur zustimmen. Dies sind die Verwirklichungen der Architektur, die in den Hintergründen der Gemälde Davids angedeutet ist. Die Schwülstigkeit im Stil der römischen Kaiserzeit bei Huvés Interieur der Madeleine (Abb. 349), mit deren Bauleitung er 1828 beauftragt wurde, fand nicht den Beifall Quatremère de Quincys. Im gleichen Jahr wurden die reichen Dekorationen sogar in abgeschwächter Form von einem weiteren Schüler Perciers und Fontaines, Jules-Jean-Baptiste de Joly (1788–1865), in der Chambre des Députés eingeführt. Sein angrenzendes Vestibül und der dazugehörige Salon du Roi, 1833 begonnen, und die reichverzierte und vergoldete Bibliothek, die einige Jahre später gestaltet wurde (zufällig hängen in beiden Gemälde von Delacroix), erschienen Quatremère de Quicy von purer Roheit zu sein. Wie wir jedoch gesehen haben, lehnte er etwas Lebendigkeit in der Dekoration oder Farbe in der Achitektur nicht ganz und gar ab. Er unterstützte immer wieder Wandmalereien. Sein *Jupiter Olympien*, der später zur Anheizung des Farbenstreits diente, wurde 1815 veröffentlicht und bewies eine Befähigung zum Überdenken von Konventionen hinsichtlich der Antike. Acht Jahre danach plante er einen Wettbewerb zur Schaffung eines Modells für eine neue und reicher ausgestaltete Architektur, als Leute wie Godde sie anbieten konnten. Der Grundriß des vorhandenen Basilikamusters sollte erhalten bleiben und etwas vom alten Glanz von S. Paolo fuori le mura in Rom eingebracht werden. Den Wettbewerb gewann Louis-Hippolyte Lebas (1782–1867), ebenfalls Schüler von Percier und Fontaine. Quatremère de Quincy mißtraute den Schülern dieser beiden immer wieder. Seine Befürchtungen in diesem Fall waren berechtigt. In den nächsten 13 Jahren baute Lebas die Kirche Notre-Dame-de-Lorette (Abb. 362) und begann mit einem Basilikagrundriß, auf dem er einen Portikus errichtete, von dem man sagte, er sei in den Maßen proportional zu dem des dorischen Tempels in Cora, der aber trotzdem mit überladenen korinthischen Säulen ausgestattet war; innen machte er eine »frühchristliche« Basilika daraus, überall bemalt und vergoldet, sowohl anspruchsvoll als auch grob (Abb. 363). Er beschäftigte eine Vielzahl von Bildhauern und Malern. Die Kirche wurde auf einmal zum Mittelpunkt künstlerischer Beachtung, die, wenn man sie mit den im *Jupiter Olympien* enthaltenen Ideen in Zusammenhang brachte, vieles dessen, was Quatremère de Quincy verteidigte, unterminierte, wenn nicht gar zerstörte.

Hittorff, der Exponent des farbenfreudigen Eindrucks der griechischen Antike, war, wie schon erwähnt, der Mann der Veränderungen. Er entwarf 1834, zehn Jahre nach seiner Rückkehr aus Italien und am Höhepunkt des Streits über die Verwendung der Farben in der griechischen Architektur, zwei Seitenaltäre für Notre-Dame-de-Lorette, vergoldet, mit Ziergiebeln versehene Gebilde mit Tafeln aus buntem Email. Der Auftrag wurde zuerst Ingres angetragen, der ihn aber an Hittorff weitergab. Dies war nur der Beginn. Er fügte leuchtend bemalte Vorhallen an seine Rotonde des Panoramas von 1833/39 und den Cirque National von 1840, beide in den Champs Élysées, und 1852 verzierte er fröhlich den Cirque d'Hiver am Boulevard des Filles-du-Calvaire. Aber die wirkliche Gelegenheit für ihn zu demonstrieren, wie der Stil des

OFFICE DE LA

355. Charles Percier und Pierre-François-Léonard Fontaine. Treppe im Montpensier-Flügel des Palais Royal, Paris, 1829.

356. Charles Percier und Pierre-François-Léonard Fontaine. Rue de Rivoli und Place des Pyramides, Paris, begonnen 1803.

frühen 19. Jh. im Einklang mit antiken Vorgängern geprägt werden kann, kam mit der Fertigstellung von St-Vincent-de-Paul an der Place Lafayette in Paris (Abb. 365–367). Die Kirche wurde erstmals 1824 von Hittorffs Schwiegervater, J.B. Lepère, skizziert, der zusammen mit Gondoin an der Colonne Vendôme gearbeitet hatte. Der Bau wurde ernstlich jedoch erst nach 1830 begonnen, und bis dahin hatte Hittorff den Entwurf vollständig überarbeitet. Es ist die größte Basilika jener Zeit mit zwei Säulenreihen im Innenraum, die ein von offenem Fachwerk getragenes Dach stützen. Außen befindet sich vor der Kirche ein großer mit Ziergiebel versehener Portikus (Abb. 365, 366), der gegen eine flache gemauerte Wand gesetzt ist und von zwei quadratischen Türmen flankiert wird (Abb. 365). Das Grundstück und die Anordnung verleihen der Komposition eine gewisse Würde, es fehlt jedoch jegliches Gefühl für die Masse, und das Detail ist enttäuschend dünn. Innen müßte die gleiche Kritik laut werden, wenn dort nicht eine Umwandlung in eine Orgie starker Farben stattgefunden hätte; die Säulen sind apricotfarben, darüber befinden sich Fresken von einer Reihe von Ingres-Schülern, zu denen auch Hippolyte Flandrin gehört. Die Dachträger sind leuchtend blau und rot und überall mit Gold versehen, was eine Imitation der Balken in der Kathedrale von Monreale ist und was Hittorff als späten Ausdruck einer farbenfrohen Architektur der griechischen Antike ansah, die er sich vorgestellt hatte. Auch heute noch wirkt dieses Interieur lebhaft. Für die Außengestaltung empfahl Hittorff eine Parallele hierzu. 1846 ließ er die Wand des Portikus mit großen emaillierten Schildern bedecken, die von Gros' Schüler Jules Jollivet (1803–1871) bemalt waren. Dieses biblische Panorama sollte sich über die gesamte Oberfläche erstrecken, aber die Geistlichkeit wies die Nacktheit Adams und Evas zurück, und jedermann war über die schreienden Farben entsetzt, die Bilder wurden wieder abgenommen.

Hittorff baute außerdem noch eine ganze Menge. Zwischen 1836 und 1840 gestaltete er Gabriels Place Louis XV um, der man dann den Namen Place de la Concorde gab, setzte schwere Statuen auf die Pavillons und fügte den Obelisk hinzu, die Brunnen (aus Gußeisen) und die Lampenpfosten. Diese waren alle ursprünglich vergoldet. Er verschönerte die Champs-Élysées mit einer Reihe von Brunnen, Schutzdächern, Restaurants und dem bereits erwähnten Zirkus und Panorama (Abb. 368, 369). Dann, im Jahr 1855, entwarf er die Häuser um die Place de l'Étoile und begann den Bau der Avenue Foch und am Ende im Bois-de-Boulogne mit der Anlage der Seen. Östlich von der Place de la Concorde führte er die Rue de Rivoli weiter und entwarf das erste der Großhotels in Paris im amerikanischen Stil, das Grand Hotel des Chemins de Fer (jetzt Grands Magasins du Louvre). Gegenüber Perraults Louvrefassade,

357. Charles Percier und Pierre-François-Léonard Fontaine. Palais des Königs von Rom, Paris, begonnen 1811.

358. Charles Percier und Pierre-François-Léonard Fontaine. Plan von Paris mit dem Palais des Königs von Rom in Chaillot und dem neuen Universitäts- und Verwaltungsquartier, begonnen 1811.

zwischen 1855 und 1861, baute er die plumpe Mairie du Ier (Abb. 370), ein Pendant zu St-Germain-l'Auxerrois, zu dessen Paraphrase er gezwungen wurde. Er fand an dieser Aufgabe keine Freude, denn er verabscheute die Gotik. Aber er zählte auch nicht zu den Favoriten des Barons Haussmann, des allmächtigen Préfet de la Seine. Es dauerte auch nicht lange, bis die beiden sich wegen der Arbeiten im Bois-de-Boulogne und wegen der Kosten gerichtlich bitter befehdeten. Hittorff gewann den Prozeß, aber Haussmann sann auf Rache. Er sorgte dafür, daß Hittorffs größtes Werk, die Gare du Nord, 1859 entworfen und zwei Jahre später begonnen, nicht als Abschluß eines Hauptboulevards fungierte; Haussmann veränderte nämlich die Fluchten. Die Gare du Nord war ein passender Abschluß für Hittorffs Laufbahn (Abb. 371, 372). Die Hallenkonstruktion war wirtschaftlich – Polonceaus neuentwickelte Giebelträger wurden eingesetzt, und die gesamte Eisenkonstruktion wurde in Glasgow gefertigt. Aber die Architektur der Fassade war ein Konglomerat klassischer Motive, die in der Größenordnung nicht aufeinander abgestimmt worden waren; Hittorff war wenig kreativ. Er applizierte Dekorationen um zu verdecken, daß er keine überzeugende Komposition hatte. Er war aber einfallsreich als technischer Neuerer. Er führte 1828 Sicherheitsvorhänge aus Eisen im Théâtre de l'Ambigu Comique ein, das 1966 zerstört wurde. Für das Dach seiner Rotonde des Panoramas von 1838 übernahm er das Prinzip der Hängebrücke (Abb. 368); für das Dach des Cirque National von 1840 verwendete er ein elegant wirkendes Holzlattenfachwerk und wiederholte diese Konstruktion mit noch größerer Raffinesse am Cirque d'Hiver von 1852 (Abb. 369). Seine Kühnheit in dieser Hinsicht wurde immer wieder bejubelt und auch seine archäologischen Theorien; obwohl diese mit Archäologie herzlich wenig zu tun hatten, öffneten sie einer ganzen Architektengeneration in Frankreich die Augen für die Möglichkeit, sich von etablierter klassischer Routine freizumachen und eine neue Architektur zu entwickeln; auch die auffallende Farbverwendung in der Architektur nach 1830 war ein Zeichen der Rebellion.

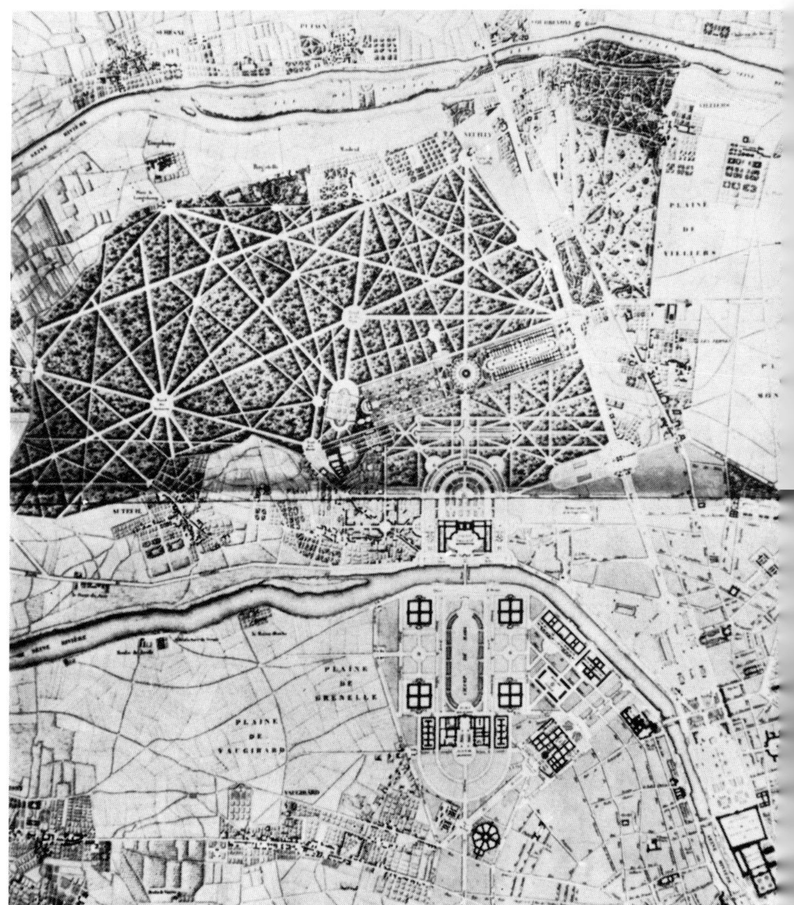

Zu den Rebellen aus den 1830er Jahren zählt man gewöhnlich Abel Blouet, É.J. Gilbert, Félix Duban, Henri Labrouste, J.L. Duc und Léon Vaudoyer. Aber ihre Beiträge zur Architektur waren verschieden stark ausgeprägt. G.A. Blouet (1795–1853) und Èmile-Jacques Gilbert (1793–1874) tauchten zuerst auf. Blouet erhielt seine Ausbildung bei Delespine, Gilbert bei Durand an der École Polytechnique und dann bei Vignon an der École des Beaux-Arts. Beide erhielten den Grand Prix, Blouet 1821 und Gilbert im Jahr danach. Sie arbeiteten in Rom zusammen und auch nach ihrer Rückkehr, als Blouet 1831 zum Architekten für den Arc de Triomphe ernannt wurde und Gilbert zu seinem Inspecteur. Blouet,

359. *Antoine-Chrysostome Quatremère de Quincy. Kanzel von Saint-Germain-des-Prés, Paris.*

Günstling von Quatremère de Quincy, hatte man 1829 mit einem offiziellen Auftrag nach Griechenland geschickt. Als seine Restaurationsstudien über den dorischen Tempel von Ägina 1838 veröffentlicht wurden, zeigten sie diesen in strahlenden Farben. Gilbert erbrachte das Zeugnis für seine Befähigung mit dem brillant kolorierten Interieur der Kapelle, die den Blickfang seines riesigen und sehr strengen Asyls für Geisteskranke in Charenton-le-Pont, am Stadtrand von Paris, bildet, das zwischen 1838 und 1845 erbaut wurde (Abb. 378, 379). Aber die Gedankengänge der beiden über die Reform der Architektur basierten nicht auf so oberflächlichen Dingen wie dem Auftrag von Farbe. Sie beabsichtigten vielmehr eine Bereicherung der Architektur, indem moralische und soziale Ziele die Anordnung der Gebäude wie nie zuvor bestimmen sollten. Wie viele Intellektuelle ihrer Generation waren sie erfüllt von den humanitären Ideen des Claude Henri de Saint-Simon und Charles Fourier. Saint-Simons Anhänger, Barthélemy Enfantin an ihrer Spitze, machten sich 1834 auf, eine Stadt für die Suezkanalarbeiter aufzubauen. Der Grundriß sollte die Form einer menschlichen Figur haben, die Häuser sollten den Körperfunktionen entsprechen. Doch kamen sie nicht sehr weit, sie wurden von der Cholera dezimiert.

Fourier empfahl eine architektonische Form für seine Ideen, zuerst zurückhaltend, aber dann im Jahr 1828, als er *Le nouveau monde* veröffentlichte, hatte er darin auch eine Grundrißskizze für eine seiner Kommunen, die er »phalange« nannte. Victor Considérant schilderte sie als einen Palast von Versailles, als er 1834 seine *»phalanstère«* (Abb. 373) in *Considérations sociales sur l'architecture* illustrierte. Die Gelegenheiten für den Bau eines solchen Gemeinwesens waren jedoch selten. In Frankreich wurde nur ein einziges gebaut, nämlich das 1859 begonnene »familistère« in Guise von André Godin (Abb. 374, 375), das immer noch steht und immer noch funktioniert. Kein Architekt war daran beteiligt. Godin beschäftigte einen früheren Kunststudenten namens E. André für die Erstellung der Zeichnungen. Dieser Typus wurde in Amerika heimisch, wo Godin selbst 1853 ein »phalanstère« in Texas finanzierte. In Frankreich waren solche Experimente derart isoliert und von so besonderer Art, daß sie nur einen indirekten Einfluß auf die Architektur hatten. Spätere preisgünstige Wohnhäuser für Arbeiter, vor allem die von Émile Müller für die Société Mulhousienne des Cités Ouvrières 1853 begonnenen und sogar die Häuser, die Émile Cacheux in den 1870er Jahren in Auteuil und andernorts in Paris errichtete, hatten alle die Einzelwohnung mit Garten, nicht aber Kollektive zum Zeil. Die Arbeiter sollten ihre Häuser kaufen und achtbare Mitglieder der besitzenden Klasse werden.

Gilberts und Blouets Modell wurde eher von C.B. Beccaria in Italien und John Howard in England angewandt, die im späten 18. Jh. eine Reihe von Strafvollzugsreformen ins Leben gerufen hatten, aufgrund deren eine stufenweise Trennung der Verbrecher von den Kranken und Geisteskranken vorgenommen wurde.

Die architektonische Verwirklichung der Idealvorstellungen von einem Gefängnis war Jeremy Benthams Panopticon; obwohl es niemals gebaut wurde, reflektiert diese Vorstellung doch aus der Anordnung des berüchtigten Gefängnisses, das zwischen 1812 und 1821 in London Millbank errichtet wurde. Das hier zum Ausdruck kommende Prinzip bestand in der dauernden Überwachung aller Gefangenen von einem einzigen Beobachtungsposten aus. Daraus entwickelte sich naturgemäß ein runder Grundriß. Dieser wurde

360. Louis-Pierre Baltard. Justizpalast in Lyon, begonnen 1835.

361. Louis-Pierre Baltard. »Salle des Pas Perdus«, Justizpalast, Lyon.

1825 in Frankreich eingeführt, als Lebas, der Architekt von Notre-Dame-de-Lorette, einen Wettbewerb für ein Modellgefängnis auf dem Gelände von La Roquette in Paris gewann. Obwohl er Millbank aufgesucht hatte, ist es ganz offensichtlich, daß er das darin steckende Prinzip nicht begriffen hatte. Was er hervorbrachte, war ein Grundriß von gigantischen Ausmaßen (Abb. 376), ein Sechseck mit sechs zusätzlichen Trakten, die mit dem Zentrum verbunden waren, an dieser Stelle errichtete er eine Kapelle. Gefängnisreformer erkannten bald, daß sich dieses Gebäude vermutlich nicht bewähren würde. 1830 sandte man den Beamten G. de Beumont mit Alexis de Tocqueville nach Amerika zum Studium von Gefängnissen; dort hatte man wirksame Organisationssysteme entwickelt, besonders in Philadelphia. De Tocqueville verbrachte allzuviel Zeit mit dem Sammeln von Material für *De la démocratie en Amérique* (1835). Im Jahr 1836 wurde eine weitere Inspektionsfahrt zu amerikanischen Gefängnissen erforderlich. Bei dieser Gelegenheit gab man F.A. Demetz G. Abel Blouet als Begleiter mit. Zur gleichen Zeit erhielt Gilbert den Auftrag zur Gestaltung von Nouvelle Force (Mazas) in Paris, zusammen mit Jean-François Joseph Lecointe (1783–1858), einem frühen Mitarbeiter Hittorffs. Die Arbeit dort wurde 1843 aufgenommen. Die große Periode der Gefängnisreform hatte begonnen, und eine den neuen humanitären Idealen Ausdruck verleihende Architektur wurde ins Leben gerufen.

Gilbert verwendete auch weiterhin immer wieder die Organisationsmuster und stilistischen Details, die er von Durand geerbt hatte, und so bezog sich die Änderung nicht so sehr auf eine Veränderung der Formen oder Details als vielmehr auf die sorgfältige Überlegung ihres Verwendungszwecks im Zusammenhang mit der von den Gebäuden zu erfüllenden Funktion. Nichts in Gilberts Architektur wurde nur wegen des Eindrucks gemacht. Alles hatte eine »raison d'être«. Sein 1850 eröffnetes Gefängnis bestand aus einem Verwaltungsblock, der mit einer kuppelförmigen Rotunde verbunden war – ein Beobachtungsposten auf dem einen Stockwerk, eine Kapelle auf dem nächsten –, von wo sechs Flügel im Winkel von 45° zueinander sternförmig nach außen verliefen, in denen sich jeweils drei Stockwerke mit Einzelzellen befanden. Alle anderen Bauwerke Gilberts waren der Ausdruck der humanitären Reform unter dem Deckmantel der Verwaltung, oft in der repressivsten, wenn auch wohlmeinenden Art. Die neuen Theorien in der Behandlung von Geisteskranken führten 1838 zu seiner Ernennung zum Architekten für das Asile d'Aliénés, das in den nächsten sieben Jahren bei Charenton im Osten von Paris als eine Reihe von Pavillons gebaut wurde, die mit Kolonnaden verbunden waren (Abb. 379). Die Kapelle bildete das Zentrum (Abb. 378).

362. Louis-Hippolyte Lebas. Notre-Dame-de-Lorette, Paris, 1823–1836.

363. Louis-Hippolyte Lebas. Innenansicht von Notre-Dame-de-Lorette, Partis, 1823–1836.

364. Étienne-Hippolyte Godde, Innenansicht von Saint-Pierre du Gros-Caillou, Paris, 1822–1832.

365. Jacob Ignaz Hittorff und Jean-Baptiste Lepère. Saint-Vincent-de-Paul, Paris, 1830–1846.

366. Jacob Ignaz Hittorff und Jules Jollivet. Entwurf für die Dekoration mit Emailplatten für die Vorhalle von Saint-Vincent-de-Paul; vier davon wurden 1846 geschaffen.

367. Jacob Ignaz Hittorff und Jean-Baptiste Lepère. Innenansicht von Saint-Vincent-de-Paul, Paris.

368. Jacob Ignaz Hittorff. Rotonde des Panoramas, Paris, 1838. Schnitt.

369. Jacob Ignaz Hittorff, Cirque d'Hiver, Paris, 1852. Schnitt.

370. Jacob Ignaz Hittorff. Mairie du Ier, Paris, 1855–1861. Der Turm von Théodore Ballu wurde zwischen 1858 und 1863 errichtet.

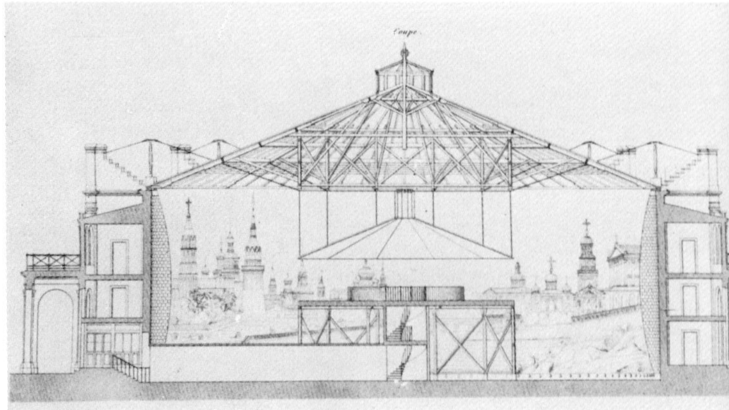

Die verschiedenen Arten von Geisteskranken wurden hier innerhalb der einzelnen Pavillons isoliert, auf der einen Seite die Männer, auf der anderen die Frauen. Reformen im Polizeiwesen führten zu Gilberts Bau der Préfecture de la Police auf der Île de la Cité in Paris von 1862 bsi 1876. Krankenhausreformen waren die Ursache für sein Hôtel Dieu ganz in der Nähe, das zwischen 1864 und 1876 mit Unterstützung seines Schwiegersohns Arthur Nicolas Diet (1827–1891) errichtet wurde (Abb. 380, 381). Zu jenem Zeitpunkt hatten sich Durands einfache geometrische Ideale als unzureichend für solche Gebäude erwiesen. Sogar noch vor seiner Fertigstellung wurden Teile wieder abgerissen und viel davon neu entworfen. Die Ärzte konnten nie zufriedengestellt werden. Doch ist die pure Gleichmäßigkeit der Architektur und die Eleganz sogar

371. Jacob Ignaz Hittorff. Gare du Nord, Paris, 1861–1865.

372. Jacob Ignaz Hittorff. Teilansicht der Bahnhofshalle, Gare du Nord, Paris.

bei den Säulenhöfen unbestreitbar eindrucksvoll. Gilberts einziges weiteres Bauwerk war die 1861–1863 am Pont-St-Michel gegenüber dem Ostende von Notre-Dame errichtete Leichenhalle, die schon lange nicht mehr besteht.

Blouet verband seine Nützlichkeitsziele zum großen Teil mit seiner Lehrtätigkeit. Als L. P. Baltard 1846 starb, war endlich eine Möglichkeit gegeben, die Ausbildung an der École des Beaux-Arts umzugestalten, und Blouet wurde zu seinem Nachfolger als Professeur de Théorie de l'Architecture ernannt. Im darauffolgenden Jahr begann er mit der Veröffentlichung seines *Supplément à la traité théorique et pratique de l'art de bâtir de Jean Rondelet,* das hauptsächlich ein Katalog der Errungenschaften des Bauwesens im frühen 19. Jh. war. Er zeichnete nur für eine einzige architektonische Arbeit, die Gestaltung der Attika des Arc de Triomphe, verantwortlich, wenn man von einer im Jahr 1839 begonnenen und einige Jahre später fertiggestellten Strafkolonie in Mettray bei Tours absieht. Die dortige Architektur besteht aus einer Reihe öder Schlafpavillons im Nützlichkeitsstil, die formell zu beiden Seiten einer nicht beschriebenen Kirche angeordnet waren, das Ganze leicht mittelalterlich in der Inspiration, dahinter die landwitschaftlichen Gebäude (Abb. 377). Aber Michel Foucault hat das Reformsystem erkannt, das innerhalb der Grenzen des Zwangs aus huminitären Gründen eingeführt worden ist. Blouet wurde die anerkannte Autorität für Gefängnisarchitektur.

Die restlichen Mitglieder der Reformergruppe, Duban, Labrouste, Duc und Vaudoyer, waren in ihrer Einstellung weniger doktrinär; sie hielten die Ideale Durands, Rondelets und Saint-Simons' hoch, gestatteten diesen jedoch keine freie Entfaltung in ihrer eigenen Architektur, sondern waren mehr darauf bedacht, diese Ideale in die erneuerte klassische Tradition einfließen zu lassen. Alle waren Gewinner des Grand Prix. Duban bekam ihn 1823 als erster. Der letzte war Léon Vaudoyer im Jahr 1826. In Rom trafen Duban und Labrouste mit Hittorff und Blouet zusammen, alle wiederum mit Gilbert, der als ihr Mentor galt. Sie bildeten eine engverbundene Gruppe und arbeiterten ih Leben lang zusammen und unterstützten sich gegenseitig. Aber ihre Architektur zeigte sich doch sehr verschieden. Félix Duban (1797–1870), der seine Ausbildung unter Percier bekommen hatte, hatte eine Leidenschaft für schwierige und lebhafte Oberflächendekorationen, die er viel erfolgreicher in seine Kompositionen integrierte als Hittorff. 1832 übernahm er von seinem Schwager François Debret den Bau der École des Beaux-Arts (Abb. 384, 385, 387). Die Fundamente waren bereits vorhanden, aber das großartige Gebäude, das auf den Hof zur Rue Bonaparte blickt, ist seine Arbeit. Es ist eine Zusammenfassung all seiner in Italien erworbenen Kenntnisse. In der Fassade sind die

GODIN

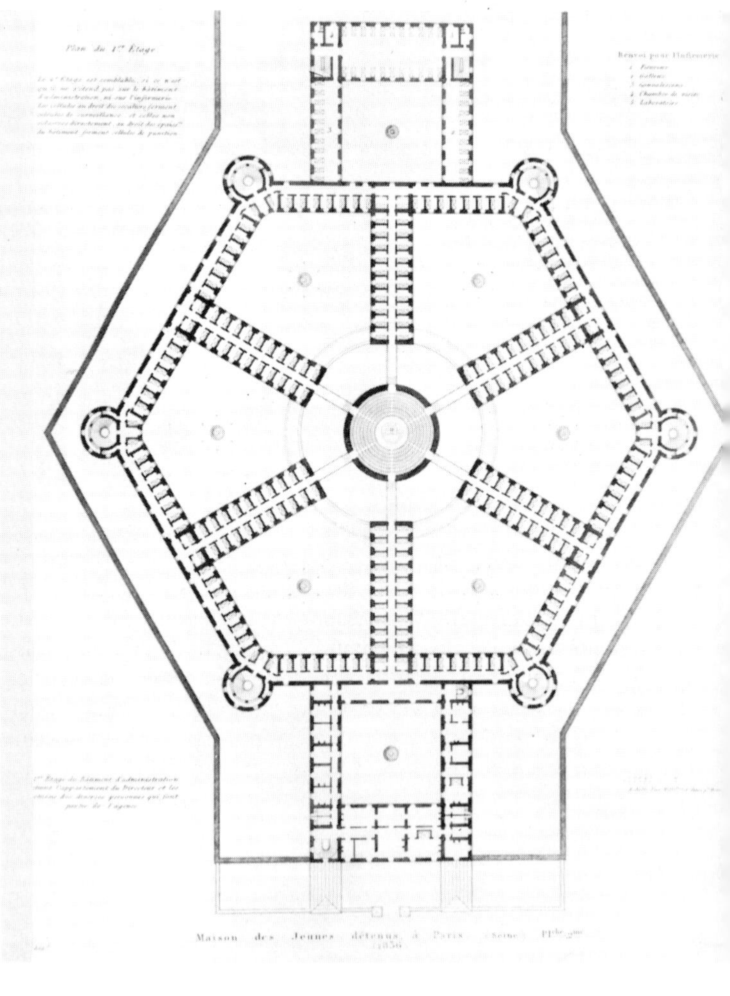
Plan du 1er Étage
Maison des Jeunes détenus à Paris (Seine) Plche 2me

373. Victor Considérant. Entwurf für ein »Phalanstère«, nach Fourier, 1834.

374. André Godin und E. André. »Familistère« in Guise, begonnen 1859.

375. André Godin. »Familistère« in Guise, Innenhof.

376. Louis-Hippolyte Lebas. Haus für junge Strafgefangene, La Roquette, Paris, 1825 (heute zerstört). Grundriß.

377. Guillaume-Abel Blouet. Landwirtschaftsgebäude der Strafkolonie in Mettray bei Tours, begonnen 1839. Grundriß.

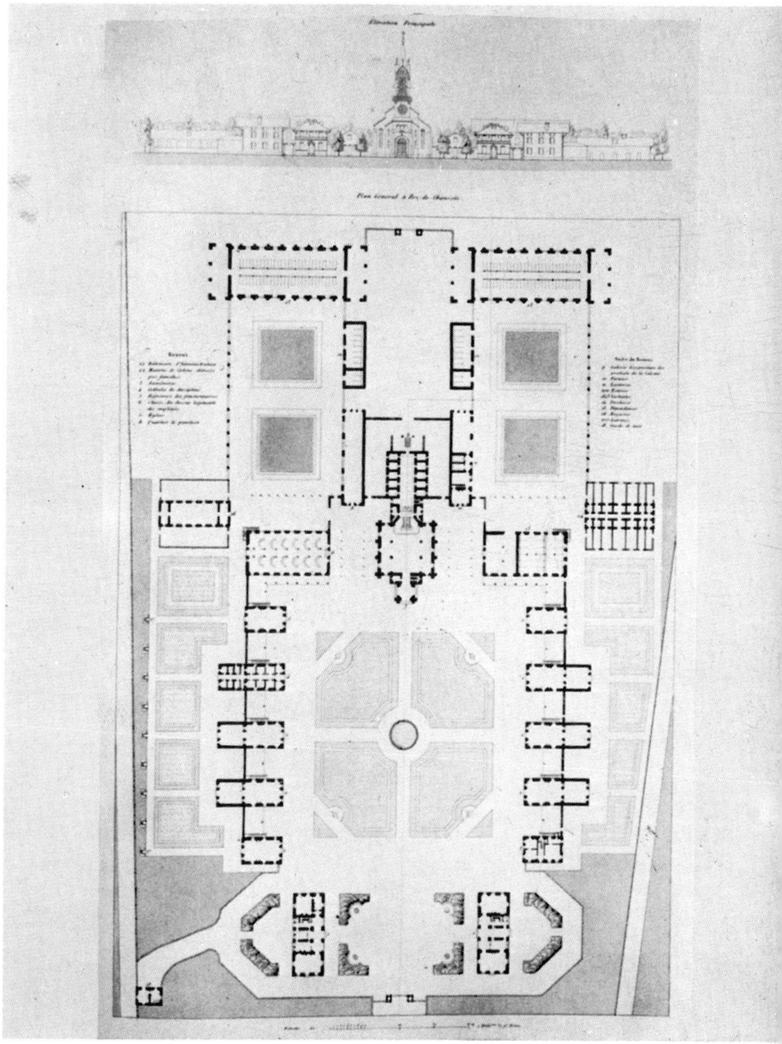

Triumphbogen von Rom, das Kolosseum und die Cancellaria alle angedeutet; innen fühlt man sich an die Fresken von Pompeji und nicht weniger an jene von Raffael erinnert. Der glasbedeckte Hof mit seinen gußeisernen Säulen war von Duban ersonnen, aber nicht entworfen, er ist das Werk E. G. Coquarts von 1871 (Abb. 387). In gleicher Weise war der Vorderhof eine Versammlung von Fragmenten mittelalterlicher und aus der Renaissance stammender Bauwerke, die von Alexandre Lenoir für das Musée des Monuments Français gerettet worden waren. Das Ganze wurde maßlos bewundert, als es 1862 fertiggestellt war, besonders wegen der Ausführung des Dachs, das man für eine Neuheit hielt. Das Walmdach hatte einen prächtig detaillierten eisernen Firstbalken. Duban hatte sich einen Ruf gemacht. Er baute jedoch nicht mehr viel Bedeutendes, obwohl sein großartiges Hôtel im italienischen Stil, Rue Tronchet 7, für den Schweizer Sammler, Graf Pourtalès, eine Studie wert ist (Abb. 382, 383). Duban war hauptsächlich als Restaurator tätig. Er begann 1837 mit der Ste-Chapelle, dann befaßte er sich mit dem Château de Blois, dem Château in Fontainebleau und dann mit dem Louvre, wo noch heute einige reich vergoldete Räume Zeugnis von seiner Tätigkeit ablegen, zusammen mit einigen Geländern in den Hofecken, derentwegen man ihn belächelte, worauf er zurücktrat. Aber im Jahr 1858 entwarf er wirklich ein Gebäude von Adel und Größe: die Erweiterung der École des Beaux-Arts am Quai Malaquais (Abb. 385). Kurioserweise hielten Kritiker, die ihn wegen der Verspieltheit in seinen Details jahrelang getadelt hatten, diese Gebäude für zu kahl und kühn.

Henri Labrouste (1801–1875) war ein Architekt von größerer Beständigkeit und Raffinesse und beachtlicher Statur. Der Beginnn seiner aktiven Laufbahn wurde jedoch stark verzögert. Er war Schüler bei H. Lebas und A. L. T. Vaudoyer, doch nicht bereit, deren akademische Ideale ohne gründlichste eigene Untersuchung zu akzeptieren. 1828 sandte er als sein »envoi« aus Rom eine Restaurationsstudie für die drei dorischen Tempel von Paestum. Seine peinlich genauen Vermessungen bewiesen, daß C. M. Delagardettes *Ruines des Paestum* von 1798 ganz und gar unzuverlässig war. Dies war ein Affront gegen die akademische Würde. Labrouste ging sogar noch weiter. Er entwickelte eine Theorie über die Geschichte des Volkes, das die Tempel gebaut hatte. Viele seiner Annahmen waren falsch; was aber die Mitglieder der Académie erboste, war seine bewußte Ablehnung des Ideals. Für die Dauer von mindestens zehn Jahren wußten sie es zu verhindern, daß er irgendwelche größeren Aufträge erhielt. Er wurde zum Idol der Studenten. Ab 1830 leitete er 16 Jahre lang das strengste Intellektuellenatelier in Paris. Nicht einer seiner Schüler bekam den Grand Prix. Während dieser Zeit nahm er an einer Anzahl

378. Émile Gilbert. Kapelle des Asyls für Geisteskranke, Charenton-le-Pont, 1838–1845.

379. Émile Gilbert. Hof des Asyls für Geisteskranke, Charenton-le-Pont, 1838–1845.

Ausschreibungen für Nutzgebäude teil und war 1837 erfolgreich beim Hospice d'aliénés in Lausanne, 1840 bei einem Gefängnis für Alexandria und 1841 bei einem Schlachthaus in Provins. Keines dieser Gebäude wurde gebaut. Trotzdem kam seine Gelegenheit dann im Juni 1838, als er zum Architekten der neuen Bibliothèque Sainte-Geneviève bestellt wurde, die auf Soufflots große Kirche blickt (Abb. 389–393). Es gab Schwierigkeiten mit dem Ankauf des Geländes, aber im Januar 1840 wurde Lebroustes Originalplan im Prinzip für gut geheißen, obwohl die Überarbeitungen nochmals zwei Jahre in Anspruch nahmen und das Geld dafür erst 1843 zur Verfügung stand. Der endgültige Plan wurde im Juli 1844 genehmigt, nachdem die Fundamentierung bereits begonnen hatte. Das im Dezember 1850 fertiggestellte Gebäude war im Arrangement sehr einfach. Es ist ein langes Rechteck, das man vom Erdgeschoß aus betritt (Abb. 390). Zur Linken liegen die Räume mit den Bücherregalen, zur Rechten befinden sich die Büros und die wertvollen Bücher. Am Gebäudeende gibt es ein separates Treppenhaus, durch das man in das obere Stockwerk gelangt, dessen gesamte Fläche der Lesesaal (Abb. 393) einnimmt, der eine großartige Würde ausstrahlt. Diese Wirkung wird durch ein völlig selbständiges System gußeiserner Säulen und Bogen erreicht, das zwei lange schmale Hauptschiffe mit einem die Mittellinie hinunterlaufenden Rücken bildet und an seinen »kommunalen« Tempel in Paestum sowie an das mittelalterliche Refektorium von St-Martin-des-Champs erinnert, aus dem Léon Vaudoyer eine Bibliothek für das Conservatoire des Arts et Métiers machen wollte. Freilich gibt es nichts offenkundig Gotisches bei Labroustes Detailarbeiten. Falls überhaupt, erinnert dies an seinen Besuch in Pompeji. Zu beiden Seiten entwarf Labrouste zwei Gebäude, die zeigen, wie er seine Anordnungen entsprechend ihren Funktionen variieren konnte und trotzdem ein einheitliches Ganzes gewährleistet blieb. Im östlichen Teil befinden sich die Verwaltungsunterkünfte, im westlichen das Collège Sainte-Barbe (1840–1845, Abb. 388), seine alte Schule, die einer seiner Brüder leitete. Ein weiterer Bruder, Théodore Labrouste (1799–1885), arbeitete mit ihm hier zusammen.
Die Fassade der Bibliothèque Sainte-Geneviève ist ganz und gar Labroustes eigene Arbeit, obwohl darauf hingewiesen werden soll, wie nahe sie stilistisch der in der Rue Racine 8 befindlichen École de Dessin steht, die 1839–1846 von Simon-Claude Constant-Dufeux (1801–1871), dem neuernannten Professeur de Perspective an der École des Beaux-Arts, gebaut worden war (Abb. 394). Labroustes Fassade enthält jedoch offensichtlich Erinnerungen an vieles andere, was es bewundert hatte, wie z. B. Wrens Bibliothek in Cambridge. Albertis Tempio Malatestiano in Rimini, Michelozzos Banco Mediceo in Mailand und Sansovinos Markusbibliothek

380. Emile Gilbert und Arthur Nicolas Diet. Hôtel Dieu in Paris, 1864–1876.

381. Émile Gilbert. Hof des Hôtel Dieu in Paris.

in Venedig. Dieses Wissensdestillat, das wir auch als Herzstück von Dubans Arbeiten gefunden haben, galt jedoch als Labroustes großer Beitrag. Daraus sollte sich die Bewegung entwickeln, die etwas ungenau unter dem Namen »neugriechisch« bekannt ist. Dieser Stil hatte seine Glanzzeit in Frankreich in den 1870er Jahren. Drei Jahre nach Fertigstellung, im Jahr 1853, wurde Labrouste zum Nachfolger L. T. J. Viscontis als Architekt für die Bibliothèque Nationale ernannt. Er ordnete das vorhandene Konglomerat mit fachmännischem Können (Abb. 395–398); 1859 begann er dann mit dem Grande Salle de Travail und füllte einen Teil des Hofes, für den Boullée seine Entwürfe gefertigt hatte. Dies war Labroustes zweites Meisterstück. So großartig es auch sein mag, stellt es nicht mehr dar als eine Erweiterung des Ideenguts, das bereits in der Bibliothèque Sainte-Geneviève bis zur Perfektion ausgearbeitet worden war. Nur sein zwischen 1862 und 1867 gebautes Büchermagazin mit Galerien aus Gußeisen (Abb. 398) zeigt, daß er auf der Suche nach neuen Wirkungen war, die sich mit seinen Anfangsthemen decken sollten. Mit den Augen des 20. Jh. gesehen, war dies seine großartigste Schöpfung.

Bei Labroustes restlichen Arbeiten müsses wir uns nicht aufhalten – eine Handvoll Grabmäler, eine landwirtschaftliche Kolonie in Mesnil-Saint-Firmin (1845), ein großes und langweiliges Seminar in Rennes (1854–1872, jetzt die Faculté des Lettres), dessen Bau er nicht überwachte, das Hôtel Fould (1856–1858, nicht erhalten), ein weiteres für M. Vilgruy (1860–1865, steht noch, 9 Rue François Ier, Paris, Abb. 399), beides enttäuschende Nachahmungen der Architektur der Epoche Louis XIII, eine kleine kistenförmige Villa für einen Juwelier namens M. Thouret (1860, Boulevard Bourdon 68 in Neuilly) und der Geschäftssitz der P.L.M. in Paris (1861–1863, 44, Rue Neuve des Mathurins), den er nicht fertigstellte und der innerhalb weniger Jahre teilweise niedergerissen wurde.

Wie Labrouste verwendeten Louis-Joseph Duc (1802–1879) und Léon Vaudoyer (1803–1872) ihre Energie nur auf ein oder zwei Gebäude. Nach seiner Rückkehr aus Rom im Jahr 1831 wurde Duc »inspecteur« unter J. A. Alavoine für die Julisäule an der Place de la Bastille. Bald übernahm er den Auftrag ganz und machte sich sofort daran, Alavoines bloßen Pfeiler mit Verzierungen zu versehen. Für die Einweihung 1840 entwarf er einige provisorische Pavillons griechischer Inspiration, in leuchtend gelben und roten Farben bemalt. Im gleichen Jahr übernahm er die Fertigstellung des Palais de Justice in Paris (Abb. 400). Dort tat er sehr viel, aber der Blickfang für all seine Anstrengungen war die Salle des Pas Perdus, die auch Salle d'Assises genannt wurde und an der Rue de Harlay stand (Abb. 401). Der Bau wurde 1857 begonnen und elf Jahre später fertiggestellt, obgleich nach seiner Zerstörung im Jahr 1870

382. Félix Duban. Hôtel Pourtalès, Paris, 1836.

383. Félix Duban. Treppe des Hôtel Pourtalès, Paris.

384. Félix Duban. Hof der École des Beaux-Arts, Paris, 1832–1858.

385. Félix Duban. Fassade der École des Beaux-Arts zum Quai Malaquais, Paris, 1858–1862.

386. Félix Duban. Galerie d'Apollon im Louvre, Paris, 1848–1852.

viel davon neu erbaut und im Innern geändert wurde. Das stark verzierte Walmdach zeigt eine unmittelbare Ähnlichkeit mit Dubans erstem Bauwerk an der École des Beaux-Arts; seine rhythmischen Jochfelder, oben verglast, darunter mit Inschrifttafeln, erinnert an die Bibliothèque Sainte-Geneviève. Doch wünschte Duc keine Fusion von Struktur, Form und Ausdruck. Die Struktur mit dem inneren Bogengewölbe, die von abgeflachten Bogenöffnungen unterbrochenen Umfassungswände betrachtete er als langweiligen Routineauftrag; die Gestaltungskraft sollte sich aus der künstlerischen Handhabung eines unabhängigen Dekorationssystems ergeben, als Gegensatz zum Rest. Die dorische Form als höchste Ausdrucksform der Architektur wurde als bildhauerisches Element vor die Wand gesetzt. In Ducs Komposition steckte aber noch mehr, so z. B. Erinnerungen an den Hathortempel in Ägypten, von dem Athener Niketempel entlehnte Details, doch brauchen diese hier nicht besprochen zu werden. Er zielte klar darauf ab, die praktischen und expressiven Elemente in der Achitektur zu trennen, und er wurde dafür bejubelt. Viollet-le-Duc selbst saß in dem Ausschuß, der ihm 1869 für das größte in diesem Jahrhundert in Frankreich geschaffene Kunstwerk den Preis von 100 000 Francs zusprach.

Léon Vaudoyer lieferte keinen solch überraschenden Beitrag zur Entwicklung der Architektur. Er stand Labrouste näher, mit dem zusammen er die Schule besucht hatte. Er galt als Denker, obwohl wir dafür kaum einen Beweis haben. 1838 begann er mit seinem Vater, A. L. T. Vaudoyer, den Umbau von St-Martin-des-Champs zum Conservatoire des Arts et Métiers. Diese Arbeit dauerte Jahre, bis 1897, sie zeichnet sich jeodch nicht besonders aus und weckt kein größeres Interesse. Der Bau wirkt ausgetüftelt und unbeholfen. 1845 jedoch, in dem gleichen Jahr, in dem er St-Martin-des-Champs von seinem Vater übernahm, arbeitete er seine ersten Pläne für sein bedeutendstes Bauwerke, die Kathedrale von Marseille, aus. Die Zusammenfassung erschien auf seinen Zeichnungen erst 1852, einem Jahr nach Ruskins Veröffentlichung der *Stones of Venice,* obwohl dessen Einfluß unwahrscheinlich ist. Die Kathedrale ist eine außergewöhnlich zusammengesetzte Arbeit (Abb. 402, 403), die auf vielen Quellen beruht und offener im Ausdruck ist als die Arbeiten seiner Freunde. Der Grundriß ist gotisch, 13. Jh. Die Formen und viele Details sind byzantinisch. Aber der bemerkenswerteste Einfluß überhaupt ist der des Florentiner Doms. Vaudoyer, der vielleicht weniger selbstsicher als Labrouste war, beabsichtigte, ein Exempel neuer Architektur zu statuieren an der Schwelle einer »organischen Periode« zum Ende einer Übergangszeit. Er baute auf der Grundlage eines gotischen Aufrisses, weil dies typisch französisch war. Er entschied sich für die

INIGO JONES

387. Félix Duban und Ernest-Georges Coquart. Gedeckter Innenhof der École des Beaux-Arts, Paris, 1871.

388. Henri Labrouste. Collège Sainte-Barbe, Paris, 1840–1845. Grundriß.

389. Henri Labrouste. Bibliothèque Sainte-Geneviève, Paris, 1844–1850. Querschnitt.

390. Henri Labrouste. Fassade der Bibliothèque Sainte-Geneviève, Paris, 1844–1850.

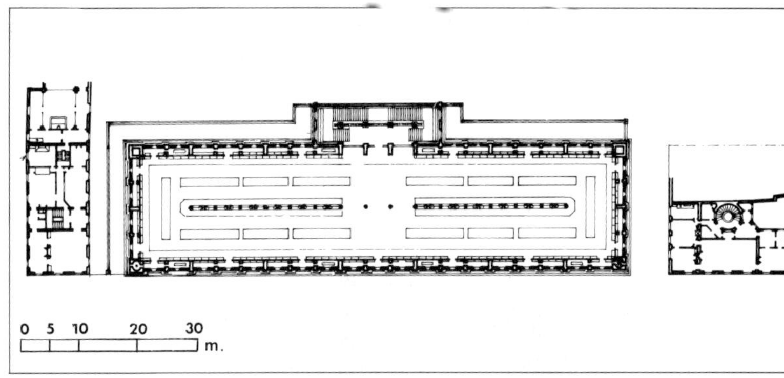

byzantinische Architektur, weil sie ein Vorspiel zur Gotik darstellte (er betrachtete den Spitzbogen als eine Entwicklung aus der Arkade), und er verwendete die Architektur der Frührenaissance, weil sie den Übergang von der kirchlichen Autorität zum klassischen Humanismus kennzeichnete. Die 1872 fertiggestellte Kathedrale wurde in Frankreich nicht oft imitiert. In den französischen Kolonien an den südlichen Gestaden des Mittelmeers kommen Nachahmungen vor. Und in Marseille selbst nahm Vaudoyers Schüler und Assistent Henri-Jacques Espérandieu (1829–1874) die Kathedrale zum Ausgangspunkt für seine erste unabhängige Arbeit von Bedeutung, die unbeholfene Notre-Dame-de-la-Garde (1853–1864). Wenn wir nach Espérandieus späteren Bauwerken, alle in Marseille, urteilen sollen, waren Vaudoyers Maximen nicht aufrüttelnd, auch nicht anerkannt. 1858 begann Espérandieu die Bibliothèque Municipale, 1862 das spätgotische, prunkvolle Palais de Longchamp, bei dem er Ideen übernahm, die einige Jahre früher von dem Bildhauer Bartholdi empfohlen worden waren. Es gab einen häßlichen Prozeß, aber Espérandieu wurde freigesprochen. 1864 fuhr er mit dem Bau der École des Beaux-Arts fort; es war eine gröbere und undisziplinierte Variante der Arbeit Dubans. Dann folgte das Observatorium und das Schlachthaus. Seine Arbeiten wirkten nur aus der Ferne ansprechend. Vaudoyer war sich zweifellos bewußt, daß er unfähig war, seinen Vorstellungen eine überzeugende Form zu verleihen – er vermied es zu bauen, solange er konnte; er machte lange Reisen durch Deutschland, England, Spanien und Algerien und lehnte viele Aufträge ab. Er war gleichermaßen zurückhaltend, wenn es darum ging, sich schriftlich zu äußern. Alle seine Freunde stimmten darin überein, daß er lange und angestrengt über die Architektur nachgedacht hat, aber er veröffentlichte darüber kein Buch, obwohl er Beiträge lieferte für romantische Journale und auch für die *Revue Générale de l'Architecture.* Tatsächlich besteht sein Hauptanspruch auf Berühmtheit darin, daß er den Ausdruck »architecture parlante« geprägt hat für die Beschreibung der Werke Ledoux', die er im Dezember 1852 im *Magazine pittoresque* besprach. Er war davon gefesselt, stimmte aber nicht bei, Ledoux' Symbolismus war ihm zu aufdringlich.

Der Einfluß der von uns hier besprochenen Architekten kam deutlich in der zweiten Hälfte des Jahrhunderts zum Ausdruck durch einen bedachteren Eklektizmus wie auch durch mehr Sorgfalt in der Planung, Technik und bei der Gestaltung im Detail; letztere wurde zwangsläufig großartiger. Ein Beipiel hierfür ist Espérandieu, obwohl man die Laufbahn Charles-Auguste Questels (1807–1888), der als erster auf Espérandieu aufmerksam wurde und Schüler von Blouet und Duban war und im größten Maßstab in Nîmes, Grenoble und Paris tätig war, als Demonstration dafür

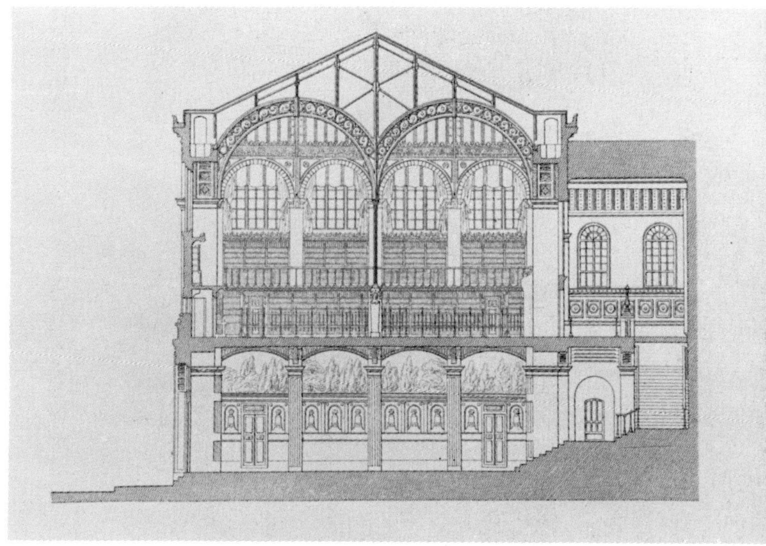

391. Henri Labrouste. Eingangshalle der Bibliothèque Sainte-Geneviève, Paris.

392. Henri Labrouste. Detail der Fassade der Bibliothèque Sainte-Geneviève, Paris, 1844–1850.

anführen kann, daß auch ein gegenläufiger Prozeß stattfand. Im ganzen gesehen dienten jedoch Ausmaß und Tempo der Bautätigkeit während des »zweiten Kaiserreiches« dazu, die Architektur zu degenerieren, die rationale Tradition wurde verheerend geschwächt.

Die großartigste Schaffensperiode in der Geschichte der französischen Architektur begann mit dem 22. Juni 1853, als Baron Georges Eugène Haussmann Berger als »Préfet de la Seine« ablöste. Am 29. Juni, genau sechs Tage nach seiner Ernennung, wurde Haussmann nach Saint-Cloud gerufen, wo man ihm einen Plan mit den persönlichen Vorschlägen des Kaisers für den Neuaufbau von Paris vorlegte, in dem die einzelnen Dringlichkeitsstufen in Blau, Rot, Gelb und Grün eingezeichnet waren. Es war dieser Straßenplan, den Haussmann in den Folgejahren verwirklichte. Paris sollte die Hauptstadt der Haupstädte werden.

Die Stadt wurde praktisch neu gebaut. Straßen und Boulevards wurden erweitert und mit regelmäßigen Fassaden versehen. Die Zerstörung war fürchterlich. An Straßenkreuzungen und zentralen Punkten wurden öffentliche Gebäude und Kirchen errichtet – in den ersten zehn Jahren unter Haussmanns Verwaltung wurden über 15 große Kirchen begonnen, und 10 weitere sollten folgen. Fast alle der alten Brücken über die Seine wurden erneuert, und mit dem Bau von fünf neuen wurde begonnen. Märkte wurden errichtet; hierzu gehörten auch die großartigen Halles Centrales, die 1853 neu als Eisenkonstruktion von den Architekten Victor Baltard (1805–1874) und F.E. Callet (1792–1854) begonnen wurden (Abb. 405–407). Der Bois-de-Boulogne (1853–1858), der Bois-de-Vincennes (1858–1860), der Parc Monceau (1860–1862), der Parc des Buttes-Chaumont (1860–1867) und der Parc de Montsouris (1867/68) sowie nicht weniger als 30 neue Plätze wurden angelegt und mit Pavillons, Einfriedigungen und Zubehör verschönert. Die Straßen erhielten Gasbeleuchtung, und das Abwassersystem wurde ausgebaut. Wasser wurde in großen Mengen in die Stadt geleitet. Bis zum Ende des Second Empire gab es in Paris 60 öffentliche Brunnen. Paris selbst dehnte sich aus. Am 1. Januar 1860 wurden Passy, Auteuil, Les Batignolles, Monceau, Montmartre und La Chapelle, La Villette, Belleville, Charonne, Bercy, Vaugirard und Grenelle offiziell in die Stadt eingemeindet. Wenige Jahre später wurde mit dem Bau der »Mairies« in diesen neuen Arrondissements begonnen. Aus diesem ganzen Gärungsprozeß stiegen jedoch nur ein oder zwei Namen von Interesse empor.

Wie sein Gönner Louis Napoléon war auch Haussmann ein Mann mit gesundem Menschenverstand, jedoch geringer Sensibilität; außerdem mißtraute er Architekten. Zu seinen Mitarbeitern erwählte er F.E. Belgrand (1810–1878), Maillebiau und Jean-Charles-Adolphe Alphand (1817–1891), alle im Amt für Brücken- und Straßenbau tätig. Baullet-Deschamps, der einzige Architekt, dem er vertraute, war als Straßeninspekteur tätig. Victor Baltard, dem 1833 der Grand Prix zugesprochen worden, war, wurde zum »Architecte en chef de la Ville de Paris« ernannt, und in dieser Eigenschaft führte er Erneuerungsarbeiten an einer Unzahl von Kirchen durch; doch abgesehen von den Halles Centrales und der Kirche St-Augustin (1860–1871, Abb. 408–410) mit ihren gußeisernen Säulen im Innern kann er wenig Anspruch auf architektonische Anerkennung erheben. Hector-Martin Lefuel (1810–1880), ein Schüler Huyots, wurde mit dem Umbau des Louvre beauftragt, den er letztlich mit den Tuilerien zu verbinden hatte. Er begann 1854, bescheiden genug, indem er den von Visconti zurückgelassenen Plan ausführte. 1853 erhielt er den Auftrag, das Theater

ISAAC DE BEAUSOBRE
J-ALB FABRICIUS
BOERHAAVE
DOM EDM. MARTENE
MONTFAUCON
ROLLIN
J-B. ROUSSEAU
HALLEY
LESAGE
VAUVENARGUES
FRÉRET
MURATORI
D'AGUESSEAU
CORMONTAIGNE
HOLBERG
FIELDING
FONTENELLE
MONTESQUIEU
MOSHEIM
RÉAUMUR
RICHARDSON
CRÉBILLON
J-CHR. WOLFF
RAMEAU
MASSILLON
VICO
POPE
LA CAILLE
CLAIRAUT
STERNE

393. Henri Labrouste. Lesesaal im Obergeschoß der Bibliothèque Sainte-Geneviève, Paris.

394. Simon-Claude Constant-Dufeux. École de Dessin, Paris, 1839–1846.

395. Henri Labrouste. Bibliothèque Nationale, Paris, begonnen 1853.

in Fontainebleau zu bauen, und zwar im Stil des 18. Jh., den er bereits beim Salle des États im Louvre eingeführt hatte.
Haussmann übertrug Antoine-Nicolas Bailly (1810–1892), einem Schüler Debrets und Dubans, die Gestaltung des Tribunal de Commerce (1858–1864), der auf Befehl des Kaisers nach dem Vorbild des Rathauses von Brescia gebaut werden sollte. Das zweite bedeutende Bauwerk Baillys aus dieser Zeit, die Mairie du IVème (1862–1867, Abb. 414), ist nicht weniger pompös. Auch Théodore Ballu (1817–1885), Sohn eines Bauunternehmers und Schüler Lebas', wurde in jener Zeit bekannt. Er vollendete Gaus gotischen Pasticcio an der Kirche St-Clotilde, restaurierte die Tour St-Jacques und baute zwischen Hittorffs Mairie du Ier und St-Germain-l'Auxerrois jenen absurden Turm, der den Spitznamen »porte-huilier« bekam. 1861 nahm er La Trinité, eine gut plazierte und reichverzierte, aber ganz und gar nicht beeindruckende Kirche in Angriff. Aber von all den neuen Architekten, die Haussmann beschäftigte, brachte nur einer etwas hervor, das mehr als einen beiläufigen Wert besaß: Gabriel-Jean-Antoine Davioud (1823–1881). Seine Bauwerke sind gut durchdacht und zeigen eine gewisse Geradlinigkeit in der Konzeption, obwohl sie unleugbar langweilig sind. Er studierte drei Jahre an der École de Dessin, vielleicht unter Viollet-le-Duc. 1841 ging er in Vaudoyers Atelier. Nach Beendigung seines Studiums begann er, mit V. Baltard an den Halles Centrales zu arbeiten und wurde auf dessen Empfehlung hin zum »Inspecteur des Promenades« ernannt. Zu seinem Aufgabenbereich gehörte der Service des Fontaines. Für Alphand errichtete er zwischen 1855 und 1859 eine Unzahl Pavillons und Gartenhäuschen im Bois-de-Boulogne, die alle absichtlich pittoresk im Sinne des englischen Stils waren und eine Beimischung des Schweizer Chaletstils aufwiesen. In ähnlicher Weise arbeitete er am Bois-de-Vincennes, dem Parc des Buttes-Chaumont (Abb. 417, 418) und Parc Monceau, wo seine prächtigen Gitter, die von jenen Héré de Cornys in Nancy inspiriert sind, besonderes Lob verdienen. 1857 entwarf er für die Champs-Élysées einen neuen Zirkus und ein Panorama, die noch stehen. Es ist ein Bauwerk geringerer struktureller Qualität. Dann, im darauffolgenden Jahr, entwarf er den ersten seiner vier großen Brunnen, die Fontaine Saint-Michel am Boulevard Saint-Michel, eine Masse aus Metall und Stein, die sowohl gelobt als auch hart kritisiert wurde (Abb. 411). 1860 schrieb Charles Darcel in der *Gazette des Beaux-Arts:* »C'est une oeuvre banal, sans signification et sans caractère« (S. 44), aber César Denis Daly, einflußreicher Herausgeber der *Revue Générale de l'Architecture,* hielt viel davon. Später folgten dann die Fontaine de Château d'Eau (1867–1874), die Fontaine de l'Observatoire (1870–1875) mit Figuren von Carpeaux und die Fontaine de la

396. Henri Labrouste. Lesesaal der Bibliothèque Nationale, Paris.

Place du Théâtre Français (1872–1874). 1860 begann Davioud mit dem Bau seiner beiden Mammuttheater, dem Théâtre du Châtelet (Abb. 415) und dem Théâtre Lyrique (jetzt Sarah Bernhardt, Abb. 416), die beide nach zweijähriger Bauzeit fertig waren. Darcel war in seinen Kommentaren so brutal wie zuvor. Daly veröffentlichte eine Monographie über die Theater. Sie sind unbestreitbar großartig, als Architektur jedoch ganz und gar unverdaulich.

Ähnlich sind die Magasins Réunis an der Place de la République, im April 1865 begonnen und im Januar 1867 fertiggestellt; sie zeichnen sich durch ihre Planung und strukturelle Organisation im Gegensatz zu vielen anderen architektonischen Werken jener Zeit aus, aber dies ist auch das einzige. Wie seine späteren Arbeiten, so z. B. die Mairie du XIXe (1876–1878) und das große Palais du Trocadéro (1876–1878) zeigen, war Davioud ein äußerst fleißiger Architekt, der viel Aufmerksamkeit auf die Ausarbeitung der Details verwandte. Viele der von Haussmann beschäftigten Architekten waren einfallslos. Trotzdem waren Leute wie Davioud einflußreich und wurden viel nachgeahmt. Und es wäre sicherlich falsch anzunehmen, daß sie auf dem Gebiet der Architektur und der Landschaftsgestaltung nichts erreicht hätten. Der Parc des Buttes-Chaumont (Abb. 417, 418) ist eine Verschmelzung des traditionellen pittoresken Stils mit einem dem Eisenbahnzeitalter angemesseneren Stil, bei dem die Schienenstränge der Landschaftsgestaltung eingegliedert wurden, genau so wie das Panorama der industrialisierten Stadt. Die neuen Ausblicke, die Haussmann Paris gab, erforderten außerdem größere Maßstäbe und eine Größenordnung der Wirkung in der Öffentlichkeit, die zumindest ein Architekt erfassen konnte. Dieser Mann war Charles Garnier (1825–1898). Er drückte sowohl das Gepränge als auch die Macht des »Second Empire« mit Intensität und Frische beim Bau der Opéra aus (Abb. 419–425). Bestimmt änderte er dadurch die Richtung der französischen Architektur.

Zwei Jahre lang arbeitete Charles Rohault de Fleury unter des Kaisers persönlicher Anleitung am Entwurf der neuen Oper, dann, 1860, wurde er plötzlich entlassen, damit, wie man annahm, der Favorit der Kaiserin, Viollet-de-Duc, zum Architekten ernannt werden könne. Wir dürfen dafür dankbar sein, daß statt dessen ein Wettbewerb ausgeschrieben wurde, für den 171 Vorschläge eingingen, darunter auch einer der Kaiserin. P.R.L. Ginain (1825–1898) wurde erster, an zweiter Stelle lagen Botrel und A.M. Crépinet, dann kamen A.M. Garnaud, und Duc. Garnier wurde fünfter. Im zweiten Durchgang des Wettbewerbs wurde dieser einstimmig gewählt. Bald darauf starb Garnaud aus Kummer, auch Ginain hat niemals verziehen. Die Kaiserin war wütend. Als Garnier in die Tuilerien kam, um ihr sein Projekt zu zeigen, rief sie aus: »Qu'est

CONTROLE

397. Henri Labrouste. Lesesaal der Bibliothèque Nationale, Paris. Detail einer der Gußeisensäulen, die das Gewölbe tragen.

398. Henri Labrouste. Büchermagazin am Lesesaal der Bibliothèque Nationale, Paris (Dokumentarfoto).

399. Henri Labrouste. Hôtel Vilgruy in Paris, 1860–1865.

400. Louis-Joseph Duc. Fassade des Palais de Justice zur Rue de Harlay, Paris, 1857–1868.

401. Louis-Joseph Duc. »Salle des Pas Perdus« an der Rue de Harlay, Palais de Justice, Paris, 1857–1868.

cela, ce n'est pas un style; ce n'est ni du Louis XIV, ni du Louis XV, ni du Louis XVI!« Garnier hatte eine Antwort. »Madame«, sagte er, »c'est du Napoléon III, et vous plaignez« (BSHAF, 1941–1944, S. 83). Somit gab Garnier dem Stil einen Namen, aber obwohl die Kaiserin sich damit abfand, wurde das Gebäude vom Kaiser nicht bewundert. Er besuchte es nur einmal, im Jahr 1862, als er den Grundstein legte. Die Galaeröffnung fand erst am. 5 Januar 1875 statt, mehr als vier Jahre nach Sedan.

Die Kommentare zu dem Gebäude hat Garnier selbst gegeben, zuerst im 1871 veröffentlichten *Le théâtre,* in dem er seine Absichten erläuterte, dann in den beiden 1878 und 1881 erschienenen großartigen Bänden *Le nouvel Opéra,* in denen er seinen Erfolg beschrieb. Er sah die Opéra als Verkörperung der Urinstinkte des Menschen, nämlich der feierlichen Versammlung zum Zweck der Teilnahme an gemeinsamen Gedanken und Träumen, zum Hören und Sehen und Gesehenwerden. Somit sollte das Schauspiel nicht nur allein auf der Bühne abrollen – die Zuschauer selbst waren Schauspieler. Und er beschrieb bis ins einzelne, wie er seine Architektur aufgrund dieser Überlegungen formte. Die große Treppenhalle war ein Höhepunkt der Architektur. Hier vergnügte sich die Gesellschaft in ihrer ganzen Pracht.

Garniers Treppenfluchten durchziehen mit perfektem Gleichmaß die Treppenhalle; sie sind leicht und überzeugend und vermitteln den Zugang zum Zuschauerraum (Abb. 423), der leider die am wenigsten markante Eigenheit dieses Gebäudes ist.

Garnier entließ die Heizungs- und Belüftungsingenieure, die bei den Châtelet-Theatern tätig gewesen waren, und gestaltete diesen Teil selbst, wie auch die Bühnenmaschinerie und suchte ganz Frankreich ab, bis er Marmorblöcke fand, die für die Säulen in der Treppenhalle groß genug waren (Abb. 422, 424, 425). Er wußte auch, wie man die Möglichkeiten der Architektur maximal ausschöpfte und wann man hinsichtlich Raum, Form oder Verzierung extravagant sein mußte. An diesem Gebäude gibt es nichts Grobes oder Vulgäres, wie manche seiner Zeitgenossen dachten und viele Leute seither behauptet haben, die von sich selbst glauben, sie hätten einen guten Geschmack. Le Corbusier z. B. verabscheute die Opéra. Garnier konnte mit vollendeter Meisterschaft und einem ebensolchen Geschmack mit den meisten jener sakrosankten Hauptbestandteile der Architektur wie Masse, Rhythmus, Textur und Kontur spielen und daraus ein großartig einheitliches Gebilde zusammenfügen.

Von der Avenue de l'Opéra wirkt die Silhouette der Oper großartig. Sogar Haussmann bewunderte sie so sehr, daß er auf die Bäume verzichtete, die dort vorgesehen waren. Die Fassade selbst ist im bestmöglichen Sinn des Wortes monumental (Abb. 419).

402. Léon Vaudoyer. Kathedrale in Marseille, 1852–1893.
403. Léon Vaudoyer. Inneres der Kathedrale von Marseille.

Alles, was Garnier tat und bewunderte, war durch seine klassische Ausbildung bedingt. Als junger Mann und Schüler Lebas' errang er den Grand Prix mit einem Entwurf für ein Conservatoire des Arts et Métiers, der im Stil ähnlich dem der Gebäude war, die Questel später in Grenoble errichten sollte. In Italien hatte er diesen Geschmack für Quattrocento und Cinquecento entwickelt, in Florenz selbst, wohin die Académie de France unter der Bedrohung des Angriffs der Armee Garibaldis von Rom umgezogen war. Er führte trotzdem römische Studien durch, Trajanssäule und Vestatempel, und reiste später auch nach Sizilien, zusammen mit dem Duc de Luynes. Nach seinem dreijährigen Italienaufenthalt begab er sich 1852, immer noch ein junger Mann von 28 Jahren, mit Théophile Gautier und Edmond About nach Griechenland. Letzterer gab später eine Beschreibung dieser Reise in *La Grèce contemporaine.* In Griechenland begriff Gariner, wie er sagte, zum ersten Mal die wirkliche Qualität der klassischen Architektur. Er sah jedoch die griechische Architektur nicht wie Winckelmann. Seine Restaurationsstudie des Tempels auf Ägina war verschwenderisch koloriert, die Säulen gelb, die Wände der Cella, die Architrave und Friese alle in leuchtendem Rot, in denen sich die Zwischenfelder in Blau ausnahmen. Er gab zu, daß es hierfür keine Rechtfertigung gäbe als die, daß es ihm gefiel.

Garnier blieb diesem mediterranen Erbe immer treu. In all seinen Gebäuden versuchte er, den Sinn für schwungvolle Leichtigkeit und Erfolg zu wecken: im Cercle de la Librairie (1878/79, Abb. 428), am Boulevard St-Germain 117 und weiter entlang, 195, in der Maison Hachette (1880, Abb. 429–431), einem verschwenderisch geplanten Wohnblock; aber noch mehr in jenen Gebäuden, die er an der Riviera erstellte, einem Hotel, einer Schule, einer Kirche, in der Villa Bischoffsheim sowie in seinem eigenen Haus in Bordighera (Abb. 426), im Observatorium in Nizza, ganz besonders jedoch im 1878 begonnenen Theater und Kasino in Monte Carlo (Abb. 432). Vor seiner Veränderung war dieses Gebäude ein weiteres Meisterstück seiner Kunst.

Als Student, noch vor seinem Eintritt in die École des Beaux-Arts, hatte Garnier unter Viollet-le-Duc an der École de Dessin studiert, wo er mit Carpeaux zusammentraf, der »Les danseuses« für die Opéra entwarf. Später arbeitete er als Assistent für Viollet-le-Duc; wie aber bereits zu erkennen ist, kam es bald so weit, daß er alles ablehnte, was dieser vertrat. Er gab dessen Architektur bald genug ganz auf, auch die aller Nachfolger von Viollet-le-Duc. Er sah keine Zukunft für eine Architektur, die auf Rationalismus, auf Wissenschaft, Technik und am wenigsten auf neuen Materialien gründete. Mit Viollet-le-Duc eliminierte er auch Durand, Rondelet, Gilbert, Blouet und Labrouste.

404. Charles-Auguste Questel. Palais de Justice in Nîmes, begonnen 1838.

405. 406. Victor Baltard und Félix-Emmanuel Callet. Außen- und Innenansicht der Halles Centrales, Paris, 1853–1857 (1972 abgebrochen).

Wenn Garniers Arbeiten nicht so offensichtlich erfolgreich gewesen wären, hätte seine Ablehnung sicher nicht viel bewirkt. Aber das Beispiel seiner Meisterschaft mit leichter Hand verhalf dazu, die gedankenreiche Tradition der französischen Architektur zu vernichten. Seine Gebäude wurden vielfach nachgeahmt, sowohl im Inland als auch außerhalb. Dies bestätigen Opernhäuser in der ganzen Welt. Im Kasino San Pellegrino wurde diese Konstruktion um die Jahrhundertwende von Squadrelli mit dem Kasino von Monte Carlo durch eine Beimischung sezessionistischer Eisenarbeiten vermengt. Erwartungsgemäß war das Ergebnis schrecklich. Sehr wenige Architekten besaßen Garniers Talent. In Frankreich unternahmen vorsichtige und ernstzunehmende Architekten einen entschiedenen Versuch, das Glaubenssystem der klassischen Tradition wiederherzustellen. E. G. Coquart (1831–1902), H. A. A. Deglane (1855–1931), P. R. L. Ginain (1825–1898), C. L. Girault (1851–1932), J. Guadet (1834–1908), V. A. F. Laloux (1850–1937), P. H. Némot (1853–1934) und J. L. Pascal (1837-1920) sind einige dieser Namen - Guadet, Némot und Pascal lernten übrigens an der Opéra, aber sie wurden nicht länger von einem Glauben getragen, nicht einmal von einem scheinbaren. Für den Augenblick hatte die französische Architektur ihre Vitalität und ihren Geschmack verloren.

England: Cockerell bis Barry

Es ist nicht abzustreiten, daß im England des 19. Jh. die meisten der großen Geister und die brillantesten Gestalter, mit Ausnahme Cockerells, von der Gotik und nicht von der Neoklassik angezogen wurden. Es gibt einfach keine klassische Parallele zu der erstaunlich reichen gotischen Reihe: Pugin, Ruskin und Morris, Butterfield, Street und Bodley. Elmes und Basevi kamen dieser reichen Ausstattung ziemlich nahe; da aber beide jung starben, erscheinen sie eher als spätgeorgianische denn als viktorianische Architekten. Pennethorne und Barry fehlte die Größe der Vorstellungskraft, während Alexander (»Greek«) Thompson eine eher für die Schotten als für die Europäer bedeutende Größe bleibt, obwohl er ein individueller Exponent der klassischen Tradition war.
Mit Charles Robert Cockerell (1788–1863) erlangt der englische Klassizismus europäische Statur. Auf seiner bemerkenswerten großen Reise von 1810–1817 wurde er nicht nur einer der führenden Archäologen in Europa, sondern auch ein bedeutenderer Fachmann für antike Architektur als jemals ein englischer Architekt vorher oder seither. Mit der Ausgrabung des archaischen Aphaiatempels auf der Insel Ägina zusammen mit einer Gruppe englischer

407. Victor Baltard und Félix-Emmanuel Callet. Halles Centrales in Paris (Dokumentarfoto).

408. *Victor Baltard. Saint-Augustin, Paris, 1860–1871.*

409. 410. *Victor Baltard. Teil des Inneren von Saint-Augustin, Paris.*

411. Gabriel-Jean-Antoine Davioud. Fontaine Saint-Michel, Paris, 1858–1860.

412. Antoine-Nicolas Bailly. Tribunal de Commerce, Paris, 1858–1864. Treppe.

und deutscher Kollegen im Jahr 1811 hatte Cockerell Anteil an der Entdeckung der Giebelskulpturen, die sich jetzt in der Glyptothek in München befinden. Im gleichen Jahr zeichnete er auch verantwortlich für die Entdeckung des Skulpturenfrieses des Apollotempels in Bassae aus dem 5. Jh. v. Chr., und 1813 half er bei den Verhandlungen, aufgrund deren diese Skulpturen von der britischen Regierung käuflich erworben wurden. Abgüsse davon baute er in mehrere seiner Gebäude ein, insbesondere beim Ashmolean Museum in Oxford (Abb. 437), während die eigenwillige ionische Säulenordnung des Tempels mit starker Wirkung wieder in einer Reihe seiner Arbeiten auftaucht. Tatsächlich verliehen ihm seine Entdeckungen in Griechenland ein Gefühl für die bildhauerische Grundlage der griechischen Gestaltung, die die Entwicklung seiner eigenen Architektur beeinflußte, indem sie ihn befähigte, die ganze Schwäche des damaligen griechischen Neoklassizismus zu erkennen.

Wir können diesen Prozeß in seinen Tagebüchern aus den 1820er Jahren verfolgen, wo er nicht nur die Arbeit seiner Zeitgenossen, sondern auch seine eigene kritisiert. An seiner »Literary and Philosophical Institution« in Bristol (1821) stellt er fest, daß der Portikus, der auf dem Vestatempel in Tivoli beruht, aber korinthische Kapitelle hat, die demjenigen nachempfunden sind, den er in Bassae entdeckt hatte, »unharmonisch an das Hauptgebäude angefügt ist«. Eine noch aufschlußreichere Selbstkritik ist die des Lough Crew, eines Herrenhauses im griechischen neoklassizistischen Stil, das er in Irland von 1820 bis 1825 gebaut hatte. Schon im Jahr 1823 fand er es »sehr hausbacken, zu nichtssagend, ... seine Rechteckigkeit hinterließ bei mir einen unerfreulichen Eindruck ..., man hätte es leicht zwischen den Pilastern rustikal gestalten können«. Nachdem er die athenischen ionischen Kapitelle des Portikus zu klein fand, um ein monumentales Gebäude zu beleben, entschloß er sich, »niemals wieder die athenische Säulenanordnung zu verwenden, es sei denn in kleinem Maßstab«.

Eines der ersten Bauwerke, bei dem Cockerell seine eigenen stilistischen Ambitionen zu realisieren begann, war das Westminster Life and British Fire Office in the Strand, London (1831, Abb. 435; 1907 zerstört). Seine griechisch-dorische Säulenordnung ist hier nicht in der gewöhnlichen Form eines angefügten Portikus verwirklicht, sondern wurde tief in die Fassade eingebettet. Die tiefe und reiche Ausgestaltung der Gliederung, der Sinn von Lagen innerhalb anderer Lagen erinnern an den italienischen Manierismus, insbesondere an zwei Gebäude Palladios: die Villa Barbaro in Maser (um 1557–1562) und die Loggia del Capitano in Vicenza (1571). Einmal formuliert, wurde dieser Stil voll Anspielungen bei der Schaffung einer Reihe unabhängiger, hochklassischer Meisterwerke

413. Antoine-Nicolas Bailly. Tribunal de Commerce, Paris, 1858–1864.

414. Antoine-Nicolas Bailly. Mairie du IVième, Paris, 1862–1867.

415. Gabriel-Jean-Antoine Davioud. Théâtre du Châtelet, Paris, 1860–1862.

416. Gabriel-Jean-Antoine Davioud. Théâtre Lyrique (jetzt Sarah Bernhardt), Paris, 1860–1862.

417. Jean-Charles-Adolphe Alphand und Gabriel-Jean-Antoine Davioud. Parc des Buttes Chaumont, Paris, 1866.

418. Jean-Charles-Adolphe Alphand und Gabriel-Jean-Antoine Davioud. Hängebrücke im Parc des Buttes Chaumont, Paris.

verwendet: Bibliothek der Universität Cambridge (Abb. 436; nur teilweise ausgeführt), Ashmolean Museum in Oxford (Abb. 437) sowie Royal Exchange in London (nicht ausgeführt), alle aus den späten 1830er Jahren, sowie die Filialen der Bank of England in Bristol (Abb. 438), Manchester und Liverpool aus den Jahren 1844/45. Eine Komposition wie seine St.-Giles-Fassade am Ashmolean Museum vermischt sich mit dem griechischen, römischen, Renaissance- und Barock-Vokabular zu einer Sprache, »deren Studium«, wie ein Kritiker der Filiale Liverpool der Bank of England äußerte, »eine liberale Erziehung ist« (H. H. Statham, *A Short Critical History of Architecture,* 1912, S. 527). Was die Besucher der Bauwerke Cockerells sofort beeindruckt, gleich ob es sich um ein größeres öffentliches Bauwerk, wie z.B. die Bibliothek in Cambridge, oder um das Torhäuschen eines Landhauses, wie z. B. das von Wynnstay in Denbighshire (1827), handelt, ist die schiere Größe des Maßstabs aller Teile und des Ganzen. Wir fühlen sofort, daß wir einem Manne gegenüberstehen, der von einem großen Geist besessen ist und der architektonisch mit beeindruckender Überzeugung und Autorität denkt. Genau den gleichen Eindruck vermittelt der Architekt Ledoux, ob in einem großen Bauwerk, wie der Rotonde de la Villette in Paris (1785–1789, Abb. 309), oder bei einem kleineren, wie dem »Grenier à sel« in Compiègne (1783). Wir wissen, daß Cockerell ein Bewunderer Ledoux' war, besonders des Hôtel de Thélusson in Paris (siehe D. J. Watkin, *The Life and Work of C. R. Cockerell R. A.,* 1974, S. 124).

In den frühen 1850er Jahren entwarf Cockerell die Interieurs von St. George's Hall in Liverpool, nachdem der Architekt des Gebäudes, Harvey Lonsdale Elmes (1813–1847), vorzeitig gestorben war. Cockerells exquisite Concert Hall (Abb. 439, 440), in der die feine Kalligraphie seiner reichen klassischen Dekoration am besten zum Ausdruck kommt, ist ein bewurdernswerter Hintergrund zu Elmes härterer Nüchternheit in der Gestaltung des Außenbaus. St. George's Hall, zu der Elmes die endgültigen Entwürfe im Jahr 1841 abgeschlossen hatte (Abb. 441, 442), ist im Grundriß eine brillante imaginäre Nachschöpfung des Tepidariums der Caracallathermen, die Elmes anscheinend von G. Abel Blouets *Restauration des Thermes d'Antonin Caracalle à Rome* (Paris, 1828) kannte. Es handelt sich keineswegs nur um eine archäologische Restauration; das Gebäude gilt als das feinste öffentliche Gebäude Europas im neoklassichen Stil.

Der Tod des begabten jungen Elmes im Jahr 1847 war eine Tragödie für die klassische Tradition in England. Das gleiche trifft auch für den im Alter von 51 Jahren zwei Jahre vorher verstorbenen George Basevi zu. Das Meisterstück des Lieblingsschülers Soanes war das Fitzwilliam Museum in Cambridge, wofür er den Auftrag

POESIE LYRIQUE
OPERA

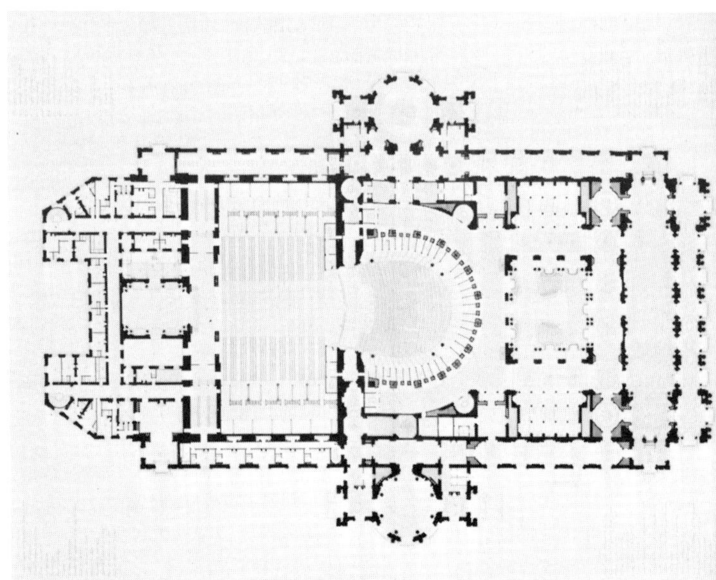

419. Charles Garnier, Opéra, 1862–1875.

420. Charles Garnier, Opéra in Paris, 1862–1875. Längsschnitt.

421. Charles Garnier, Opéra in Paris, 1862–1875. Grundriß.

422. Charles Garnier. Opéra in Paris, Treppe.

in einem Wettbewerb von 1834/35 erhielt (Abb. 443, 445). Wie bei der St. George's Hall ist seine massive Gestaltung von den öffentlichen Gebäuden der Römer inspiriert, in diesem Fall vom Kapitol in Brescia (3. Viertel, 1. Jh. v. Chr.). Von hier kommt das Verfahren, mit dem Basevis monumentaler korinthischer Portikus zu beiden Seiten zu einer Kolonnade erweitert wird, wodurch er so kraftvoll in den Gebäudekörper einbezogen ist, daß man versucht ist, den Stil barock zu nennen. Das wäre aber vermutlich das falsche Adjektiv, da Basevis stilistische Sympathien klar in seiner architektonischen Verwendung von Abgüssen der Friese von Bassae und des Parthenon zum Ausdruck kommen.

Aus mehreren Gründen wurde die englische Neugotik besonders mit einer in Oxford, Cambridge, London und generell im Süden Englands konzentrierten religiösen, architektonischen und intellektuellen Tradition assoziiert. Im Gegensatz hierzu neigte die klassische Tradition zur Blüte in Schottland und dem Norden Englands. So wurde der »hyperkorinthische Luxus« des Fitzwilliam Museums (H. S. Goodhart-Rendel, *English Architecture since the Regency,* 1953, S. 75) in Cuthbert Brodricks großartigem Rathaus von 1854 in Leeds, Yorkshire (Abb. 444), und in William Hills Rathaus in Bolton, Lancashire, von 1866, nachgeahmt. In ähnlicher Weise pflegte Liverpool eine klassische Neigung von 1823, als John Foster die St. Andrew's Church of Scotland in der Rodney Street entwarf, die offensichtlich von Cockerells Hanover Chapel in der Regent Street in London (1821) inspiriert war, bis 1875, als Cornelius Sherlock die Picton Hall mit dem spektakulären Halbkreis aus korinthischen Säulen entwarf (Abb. 446). Edinburgh, das »Athen des Nordens«, behielt eine ernstere griechische Note bei, wie man an Thomas Hamiltons Hall of Physicians (1844, Abb. 447) und W. H. Playfairs National Gallery (1850–1857) sehen kann. In Glasgow lieferte ein trefflicherer Architekt, Alexander oder »Greek« Thompson (1817–1875) eine erstaunlich reichverzierte und mächtige Interpretation des späten internationalen Neoklassizismus von Schinkel und Cockerell. Seine Caledonia Road Free Church von 1856 (Abb. 448) ist ein charakteristisches Beispiel seiner Arbeit, die, da auf Glasgow beschränkt, wenig oder gar keinen Einfluß auf die Zeitgenossen andernorts ausübte.

In London war der einzige Architekt, der zur Fortführung des intellektuellen Klassizismus Cockerells fähig schien, Sir James Pennethorne (1801–1871). Er war ein Schüler Nashs, der ihm, als er seine große Reise durch Frankreich und Italien im Jahr 1824 antrat, empfahl, den Rat Cockerells zu suchen. Später notierte Pennethorne: »Auf den dringenden Rat Cockerells befaßte ich mich mehr mit den Palästen und der modernen Architektur Italiens als mit den Werken altertümlicher Kunst.«

423. Charles Garnier. Opéra in Paris, Zuschauerraum.

424. Charles Garnier. Opéra in Paris, Treppe.

AMPHITHEATRE
BAIGNOIRES-ORCHESTRE

425. Charles Garnier. Opéra in Paris, Treppe.

426. Charles Garnier. Villa Garnier in Bordighera, 1872.
427. Charles Garnier. Panorama Français, Paris, 1881.

Pennethornes vielleicht bedeutendste Arbeit war sein Museum of Practical or Economic Geology in Piccadilly, London, das zwischen 1844 und 1846 als erstes Kulturdenkmal der Viktorianischen Zeit entworfen wurde, welches unter staatlicher Schirmherrschaft entstand (Abb. 450). Das Ernst, Nüchternheit und Autorität ausstrahlende Gebäude zeigte, wessen die klassische Tradition fähig war, wenn sie sich nicht verpflichtet fühlte, in Wettstreit zu treten mit den auffallenderen Wirkungen der neugotischen und neoitalienischen Stile, die jetzt in Mode waren. Seine monumentalen, aber undemonstrativen Fassaden in cremefarbenem Colchesterziegel und Ancastersteín verbargen einen dichten und kunstvollen Grundriß, der mit einer Kultiviertheit das Verbinden von Räumen betrieb, die man an vielen späteren Gebäuden im neugotischen Stil vermißt. Am ersten Stockwerk entlang verlief die große, von oben her beleuchtete Ausstellungsgalerie, etwa 50 m lang und mit einer großen rechteckigen Öffnung im Boden, durch die die darunterliegende dorische Halle erhellt wird. Der Galerieraum wurde von einer Eisenkonstruktion geformt: die senkrechten und waagerechten Träger waren aus Gußeisen, was sich ziemlich unterscheidet von den anderen beiden großen Gebäuden Londons, in denen in jenen Jahren Gußeisenkonstruktionen verwendet wurden, nämlich Smirkes British Museum, wo die gußeiserne Konstruktion vollständig verborgen ist, und Bunnings Coal Exchange (1847), wo das Gußeisen klar und deutlich zur Schau gestellt wird. Pennethorne entschied sich für die vielleicht attraktivere Lösung, daß er dem Betrachter gestattet, zu erkennen, daß das Guß- und Schmiedeeisen bei der Formgebung für die Räumlichkeit mitbestimmend gewesen ist, wonach er dann aber alle Oberflächen des Metalls mit Verputz bedeckt.
Pennethornes Geologisches Museum wurde 1935 zerstört, und seine bedeutende Innengestaltung im Buckingham Palace (1852–1858) wurde 1902 verstümmelt. Sein etwas grimmig dreinblickendes, doch konstruktionsmäßig interessantes Public Record Office (1851 ff.) steht heute noch genauso wie sein Westflügel (1852–1856) an Sir William Chambers Somerset House (1776–1786), wo er sich in brillanter und zurückhaltender Weise Chambers' Stil anpaßte. Als Architekt beim Office of Works erfreute sich Pennethorn einer gesicherten Beamtenposition, wie z.B. auch Schinkel. Es blieb ihm somit erspart, sich an den skandalösen Architekturwettbewerben des 19. Jh. zu beteiligen, die Cockerells Laufbahn so sehr schadeten. Ein Nutzen, der sich aus Pennethornes Stellung ergab, war der Auftrag für die Gebäude der Londoner Universität in Burlington Gardens im Jahr 1866. Er wurde jedoch zur Schachfigur im Stilkrieg, den die liberalen und konservativen Politiker in den 1860er Jahren in so absurder Weise führten. Er wurde dadurch

verpflichtet, in den Jahren 1866/67 Entwürfe im gotischen wie auch italienischen Stil vorzulegen, und das Ergebnis ist ein Klassizismus mit stark französischen Überlagerungen. Dies ist symptomatisch für das Versagen der englischen Architekten, die klassische Tradition angesichts der Konkurrenz des neugotischen und neoitalienischen Stils zu behaupten.

Der Meister des neoitalienischen Stils war Sir Charles Barry (1795–1860). Obwohl er aus ärmlichen Verhältnissen stammte, schmiedete er sich eine Karriere, die man als einen der spektakulären Erfolge des 19. Jh. bezeichnen kann. Seine ersten Arbeiten variierten im Stil und reichten vom Fonthill-ähnlichen gotischen Stil seiner St.-Peters-Kirche in Brigton (1822–1826) über die Schinkelsche Architravarchitektur seiner Royal Institution in Manchester (1823/24) und bei den Häusern 16–17 in der Pall Mall in London (1833/34, 1913 zerstört) bis zur frühitalienischen Reinaissancebauweise bei seiner Brunswick Chapel (1827) in Hove, Sussex, und zwei wichtigen Gebäuden, nämlich die Villa Attree in Brighton (1829) und der Travellers' Club in der Pall Mall (1829–1832). 1836 wurde er mit einem Schlag berühmt, als ihm das Glück widerfuhr, daß man ihn zum Architekten des neuen Westminster Palace wählte. Nach den Wettbewerbsbedingungen mußte der Bau im »gotischen oder elisabethanischen« Stil ausgeführt werden, um die mittelalterlichen Wurzeln der englischen Regierung zu betonen. Barrys kompliziertes Meisterstück in seiner hauptsächlich klassischen Anlage, trotz der aufwendigen von A. W. N. Pugin gelieferten gotischen Detailarbeiten, war eine Kuriosität, die keinen nennenswerten architektonischen Einfluß ausübte.

Barrys Wahl eines »Cinquecento-Palazzo-Stils« für den Travellers' Club im Jahr 1829 zeitigte Konsequenzen für das 19. Jh. Es war so, als sei der neopalladianische Stil des frühen 18. Jh. in England zurückgekehrt, obwohl die jetzt bewunderten Architekten und Stile nicht jene waren, die Lord Burlington und seinen Kreis angesprochen hatten. Burlington war an Palladio als Beispiel von Ordnung, Harmonie und Antike interessiert, nicht als Repräsentant der *italienischen* Kultur; die Viktorianer waren an der Wärme und Farbgebung der Renaissance als einem italienischen Phänomen interessiert. Der Travellers' Club war in gewisser Hinsicht der Höhepunkt der Besessenheit der Engländer von der »Grand Tour«, die unabgeschwächt zumindest seit der Gründung der Society of Dilettanti auch weiterhin absolviert wurde. Es war dem Club sehr daran gelegen, ein nobles Herrschaftshaus zu errichten, in dem sich all jene, die die »große Reise« absolviert hatten, treffen und jenen ausländischen Herren, die ihnen auf ihren Reisen Gutes erwiesen hatten, Gastfreundschaft zurückzahlen konnten. Barry wählte Raf-

428. Charles Garnier. Cercle de la Librairie, Paris, 1878/79.

429. Charles Garnier. Maison Hachette, Paris, 1882.

430. Charles Garnier. Grundriß des ersten Geschosses der Maison Hachette, Paris, 1882.

431. Charles Garnier. Maison Hachette, Paris. Aufriß.

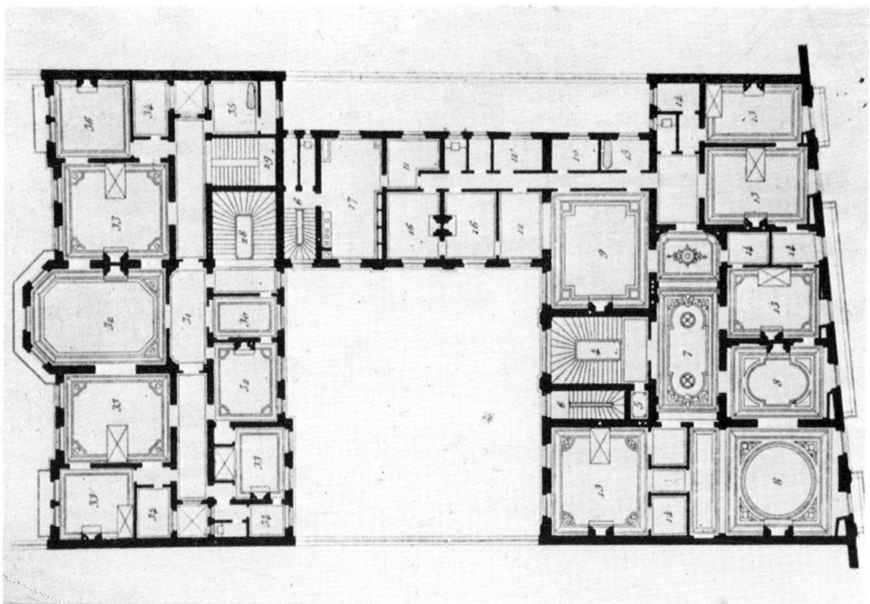

faels Palazzo Pandolfini in Florenz zu seinem Modell, obwohl er sich bei der Ausführung von der aufwendigen Rustikaeinfassung bei den Fenstern im Parterre abwandte, die bei seinen ersten Vorschlägen für die Pall-Mall-Fassade noch vorhanden waren. Für den viel größeren Reform Club von 1837 (Abb. 451–453), weiter weg in der gleichen Straße, wählte Barry den größeren römischen Palazzo Farnese von Antonio da Sangallo und Michelangelo zu seinem Modell. Aber keiner der Clubs Barrys war auf irgendeine Weise eine Kopie. Beide hatten enen neuartigen Grundriß, vor allem beim Reform Club, wo der große zentrale »Cortile« zum Thema wurde, der immer wieder in den verschiedenen viktorianischen Gebäudearten auftauchte. Als Tribut an den klassischen Anstoß für diese Gebäude schmückte man den Morning Room des Reform Club mit einem Abguß des Parthenonfrieses und die Bibliothek des Travellers Club mit einem solchen des Bassae-Frieses; letzterer geht zweifellos auf die Empfehlung Cockerells zurück, der Gründungsmitglied war.

Barry entwickelte seinen italienischen Stil in einer Reihe spektakulärer Landhäuser: so z.B. Trentham Hall, Nottinghamshire (1833–1838), Shrubland Park, Suffolk (1849–1854, Abb. 454), und Cliveden, Buckinghamshire (1850). Andere folgten bald seinem Beispiel. Thomas Cubitt (1788–1855) baute Herrschaftshäuser in diesem Stil in den 1840er Jahren für Hudson, den Eisenbahnkönig, in Albert Gate, London, und für Queen Victoria und Prince Albert in Osborne auf der Insel Wight (Abb. 455, 456). Bei weitem bemerkenswerter als alles, was Cubitt gebaut hat, und viel von Barry war Dorchester House, Park Lane, London (1848 ff., Abb. 457–461) von Lewis Vulliamy (1791–1871). Es wurde in enger Zusammenarbeit mit dem Besitzer R. S. Holford, dem Kunstsammler und Schiffsmagnaten, entworfen, der offensichtlich versuchte, Barrys Bridgewater House (1847–1849) für Lord Ellesmere zu übertrumpfen. Nach dem Vorbild von Peruzzis Farnesina in Rom (1509) erbaut, war Vulliamys Dorchester House eines der großartigsten Gebäude des 19. Jh. und seine Vernichtung im Jahr 1929 ein großer Verlust. Es war der Höhepunkt jener opulenten aristokratischen Mittelmeersympathien, die sich in den 1830er und 1840er Jahren am Ende der langen georgianischen und liberalen Glanzzeit entwickelten. Das überschwenglich dekorierte Interieur erreichte seinen Höhepunkt im Ballsaal oder Salon des ersten Stockwerks (Abb. 461), der sich mittels eines brillanten Theatertricks durch drei Durchgänge direkt in die oberen Räumlichkeiten der Treppenhalle (Abb. 458, 460) öffnete. Dadurch wurde das gesamte Haus lebendig mit Klang und Bewegung, wenn große Bälle und Empfänge abgehalten wurden. Der Speisesaal wurde von

RF

432. Charles Garnier, Kasino in Monte Carlo, 1878/79.

433. Paul-René-Léon Ginain. Fassade der École de Médecine zum Boulevard Saint-Germain, Paris, 1878–1900.

434. Paul-Henri Némot. Großer Hörsaal der Nouvelle Sorbonne, Paris, 1885–1891.

435. Charles Robert Cockerell. Westminster Life and British Fire Office in the Strand, London, 1831 (1907 zerstört).

436. Charles Robert Cockerell. Entwurf für den Ostflügel des Hofes der Universitätsbibliothek Cambridge, um 1837.

Alfred George Stevens (1817–1875) entworfen, einem Schüler Thorwaldsens und zweifellos dem feinsinnigsten aller viktorianischen Bildhauer. Er hatte eine tiefe Verehrung für das Cinquecento, besonders für Michelangelo, und kam von allen Gestaltern des 19. Jh. hinsichtlich Temperament und Talent Cockerell am nächsten. Sein Wellington-Monument in der St. Paul's Cathedral (1856, Abb. 462), ein großartiger Triumphbogen aus Marmor, ist eines der edelsten Monumente des neoitalianischen Stils des 19. Jh. Der Speisesaal des Dorchester House mit dem großartigen Kaminsims beanspruchte zehn Jahre (1859–1869) für Entwurf und Bau; der hohe Preis von 1778 Pfund schockierte sogar den Millionär Holford. Ein in gleichem Stil, vielleicht von noch höherer Qualität und Originalität, von Edward Walters (1808–1872) errichtetes Gebäude – dieser hatte sowohl bei Thomas Cubitt als auch bei Lewis Vulliamy gearbeitet –, die Free Trade Hall in Manchester (1853–1856), erinnert daran, was wir mit dem Dorchester House verloren haben. William Bruce Gingell (1819–1900) war ein weiterer talentierter Architekt für den italienischen Stil. Seine West of England Bank (jetzt Lloyds) in Bristol (1854–1858) ist eine stilistische Variante zum Thema von Sansovinos Markusbibliothek in Venedig. Auch Samuel Angell (1800–1866) hatte ein Spezialstudium der Cinquecento-Architektur absolviert – er gab im Jahr 1850 Vorlesungen über Vignola am Royal Institute of British Architects – und schuf 1856 die überschwengliche Clothworkers Hall (Abb. 465) in der Mincing Lane in London (1940 zerstört). Sie war eine interessante Nebenlinie des Geschmacks für Dinge, bei denen der italienische Stil in den 1840er Jahren in Mode war, wie der »Rundbogenstil« in der Kirchenarchitektur, wozu alles vom frühchristlichen und byzantinischen bis hin zum italienischen romanischen und normannischen Stil gehörte. Als aufwendigstes Beispiel für diesen Geschmack gilt die Church of St. Mary and St. Nicholas in Wilton, Wiltshire (1843, Abb. 466), von Thomas Henry Wyatt (1807–1880) und David Brandon (1813–1897). Ausgeführt im italienisch-romanischen Stil, mit einem mehr als 30 m hohen Campanile, findet man in ihrem Innern altrömische Marmorsäulen vom Venustempel in Portevenere.

Man war der Ansicht, daß der »Palazzo-Stil« aus vielen praktischen und gesellschaftlichen Gründen für kommerzielle Bauwerke und private Clubs besonders geeignet sei. Wenn aber der Stil zur Debatte stand, in dem ein großartiges Gebäude von nationaler und symbolischer Bedeutung zu errichten sei, kam der latente Streit zwischen Klassik und Gotik leidenschaftlich zum Vorschein. Ein Opfer dieses Streits wurde besonders Sir George Gilbert Scott, der zwischen 1857 und 1861 mehr als einmal gezwungen wurde, seinen gotischen Entwurf für das Foreign Office umzumodeln, um dem

437. Charles Robert Cockerell. Fassade des Ashmolean Museum von Südosten, Oxford, 1839–1841.

438. Charles Robert Cockerell. Bank of England, Bristol, 1844.

439. Charles Robert Cockerell. St. George's Hall, Konzerthalle, Detail einer Skulptur, Liverpool.

440. Charles Robert Cockerell. St. George's Hall, Konzerthalle, Liverpool 1851–1854.

441. Harvey Lonsdale Elmes. St. George's Hall, Liverpool, 1842–1854.

442. Harvey Lonsdale Elmes. Grundriß der St. George's Hall, Liverpool, 1842.

443. George Basevi. Fitzwilliam Museum in Cambridge, 1845 und 1870–1875.

444. Cuthbert Brodrick. Rathaus in Leeds, 1854.

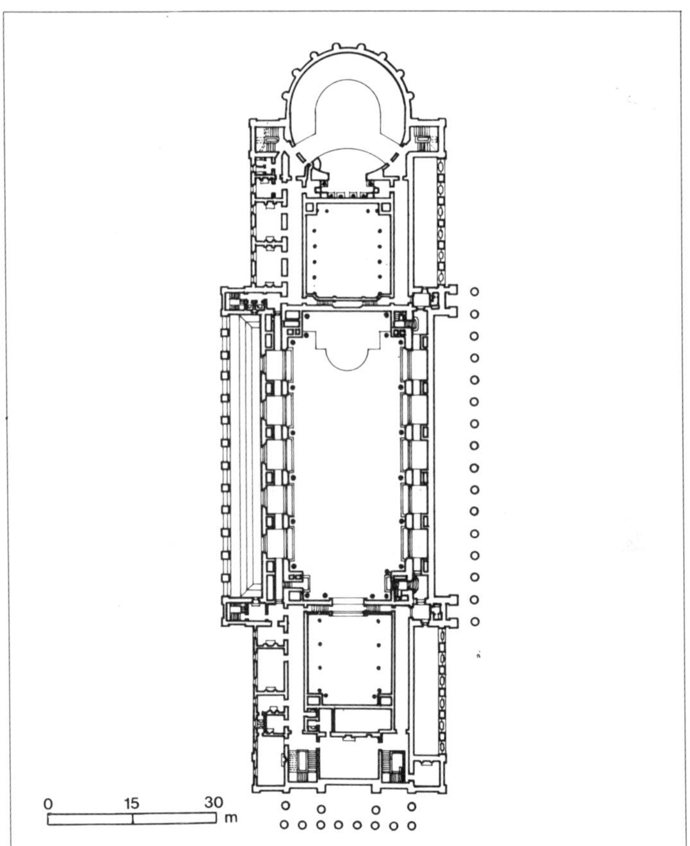

445. George Basevi. Detail der Kuppel des Fitzwilliam Museum in Cambridge, 1845 und 1870-1875.

446. Cornelius Sherlock. Picton Hall, Liverpool, 1875.

447. Thomas Hamilton. Hall of Physicians, Edinburgh, 1844.

448. Alexander Thompson. Caledonia Road Free Church in Glasgow, 1856.

Renaissancegeschmack des Premierministers Lord Palmerston gerecht zu werden. Ironischerweise war das Ergebnis eines der besten Gebäude Scotts, obwohl ihm Matthew Digby Wyatt viel dabei geholfen hat (Abb. 467, 469).
Nach den 1860er Jahren verlor die klassische Tradition ihren Schwung, und die besten Architekten arbeiteten in anderen Richtungen. Zwischen 1890 und 1910 erfuhr sie zusammen mit einem neuerwachten Interesse an Cockerell eine Wiederbelebung.

Deutschland

Zwischen 1790 und 1840 gab es viele Ähnlichkeiten in der Entwicklung der deutschen und englischen Architektur, so daß eine Anzahl der wichtigsten Entwürfe und Gebäude von Gilly, Schinkel und Klenze bereits bei der Besprechung des griechischen Neoklassizismus und des malerischen Stils erwähnt worden sind. Die stark eklektische Arbeit des größten deutschen Architekten dieser Jahre, Karl Friedrich Schinkel (1781–1841) – Griechisch, Gotisch und Malerisch – erinnert uns nicht an Frankreich oder Italien, sondern an England. Schinkel entwickelte auch eine »funktionelle« Interpretation des Klassizismus, die in Deutschland zwischen 1900 und 1940 eine Wiederbelebung als Reaktion gegen den wilhelminischen Barockstil und den Bauhausstil erfuhr. Einer der Gründe dafür, warum Schinkel zu jener Zeit besonders gefiel, war sein »Deutschtum«. Als Oberlandbaudirektor war Schinkel Regierungsarchitekt, der mit der Schaffung des neuen Deutschland zwischen den Napoleonischen Kriegen und der Gründung des Reichs im Jahr 1871 identifiziert wurde.
Er gestaltete die Berliner Innenstadt mit einer Anzahl eindrucksvoller Denkmäler in verschiedenen Baustilen: griechischer Neoklassizismus für die Neue Wache (1816), das Schauspielhaus (1818–1821) und das Alte Museum (1822/23, Abb. 470, 471), gotisch für die grimmig blickende Werdersche Kirche aus Backstein (1820 ff.) und für das gußeiserne Kriegerdenkmal auf dem Kreuzberg (1818) sowie eine Mischung zwischen funktionellem und norditalienischem Quattrocento-Stil für die Bauakademie (1831, Abb. 472). Trotz der Behauptung, er habe Fähigkeiten als Städteplaner entwickelt (H.G. Pundt, *Schinkels Berlin, a study in Environmental Planning,* Harvard University Press, 1972) muß man eingestehen, daß er im Gegensatz zu Nash in London nicht in der Lage war, einen zusammenhängenden Einfluß auf die Stadt Berlin auszuüben, das nach wie vor von seinem Barockstil und der Stadtplanung und den Monumenten des 18. Jh. beherrscht wurde: Unter den Linden, die Oper, Zeughaus und Königliches Schloß.

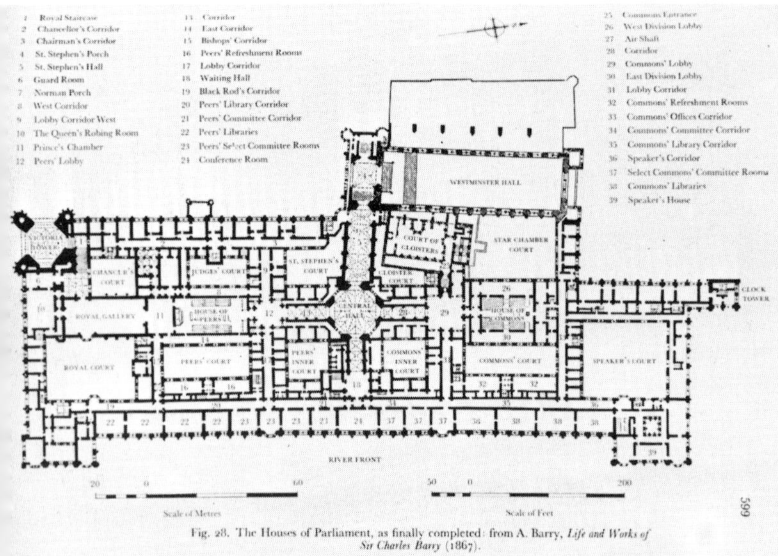

449. Sir Charles Barry. Parlament in London, 1834ff. Grundriß.

450. Sir James Pennethorne. Innenansicht des Museum of Practical or Economic Geology, London, 1844–1846.

Schinkel war der produktivste und eklektischste Architekt, man kann ihn schwer rekapitulieren, verallgemeinern oder in ein Schema einordnen. Es ist möglich, daß seine wichtige Studienreise nach England im Jahr 1826 die Entwicklung seines »funktionalen« Stils mit der vorzugsweisen Verwendung von Eisen beeinflußt hat. Er fühlte sich angezogen von der Architektur der industriellen Revolution in England, und es hat den Anschein, daß er von den riesigen Baumwollspinnereien inspiriert war, als er seine feuerfeste Architektur entwickelte, bei der eine gitterartige Backsteinhaut um einen eisernen Rahmen gelegt wird. Die verschiedentlichen Versuche, die er nach seiner Rückkehr aus England in dieser Richtung unternahm, zeigen sich in seinen nicht ausgeführten Vorschlägen für ein Kaufhaus Unter der Linden (1827) und die in der Nähe gelegene Staatsbibliothek (1835) in seinem königlichen Zollmagazin (1829), der Bauakademie (1831–1836) sowie in den spektakulären gußeisernen Treppenaufgängen in zwei Palästen der Wilhelmstraße, die er für die Söhne des Königs, Prinz Karl, 1826–1829, und Prinz Albrecht, 1830–1833, umbaute.

Wir sind schon zuvor auf Schinkels Arbeit in der malerischen Richtung mit ähnlich englischen Überlagerungen gestoßen: Schloß Glienicke, Schloß Charlottenhof und Schloß Babelsberg. Diese Schaffensrichtung gipfelte in zwei nicht ausgeführten Phantasien der späten 1830er Jahre: einem Palast für den König von Griechenland (Prinz Otto von Bayern) auf der Akropolis von Athen (1834, Abb. 475) und in Schloß Orianda auf der Krim für die Kaiserin von Rußland, eine Tochter des Königs Friedrich Wilhelm III. von Preußen (Abb. 473, 474, 476). Beide bedienten sich der reichen Vielfarbigkeit, die von Hittorffs Forschungsarbeiten inspiriert war, der als großer Bewunderer Schinkels galt. Beide sind Beispiele symmetrischer griechischer Formen in einer asymmetrisch angeordneten Komposition, und beide vermitteln den Eindruck überschwenglicher »Filmperspektiven«. Der Palast auf der Akropolis, der aus dem Parthenon eine Art glorifizierter Gartendekoration machte, ist die Apotheose dessen, was einige Wissenschaftler den romantischen Klassizismus nannten.

Das bayerische Gegenstück zum preußischen Schinkel war Leo von Klenze (1784–1864). Wie Schinkel war auch er Norddeutscher, der sich der Architektur zuwandte, nachdem er mit dem visionären und einflußreichen Friedrich Gilly zusammengetroffen war. Zu Beginn des 19. Jh. studierte er in Paris unter Percier und auch unter Durand an der École Polytechnique. Nachdem er von 1808 bis 1813 als Hofarchitekt für den König von Westfalen, Napoleons jüngsten Bruder Jérôme, gearbeitet hatte, traf Klenze 1814 den Kronprinzen Ludwig von Bayern. Der junge Prinz, der 1811 die Marmorskulpturen von Ägina gekauft hatte, teilte Klenzes Leiden-

451. Sir Charles Barry. Reform Club, London, 1837.

452. Sir Charles Barry. Reform Club in der Pall Mall, London, 1837. Grundriß.

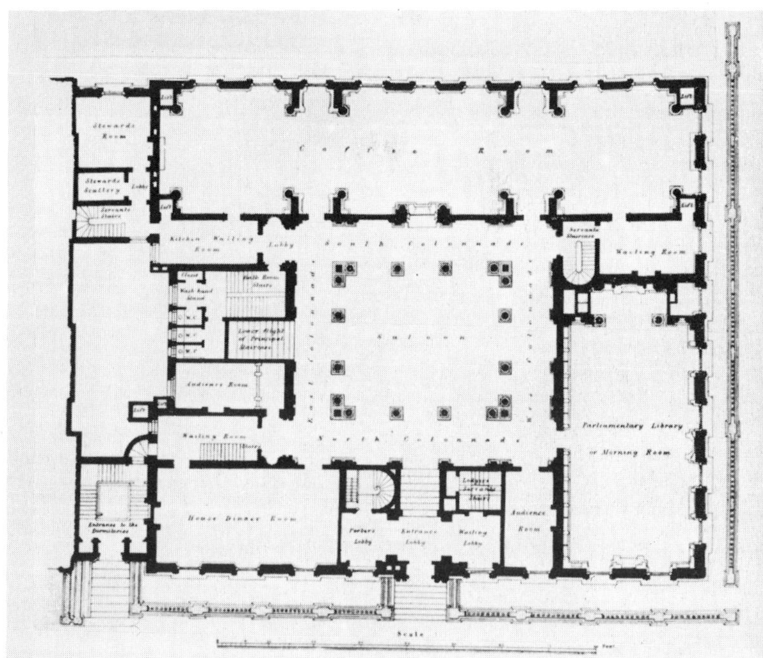

schaft für die Antike und bewog seinen Vater, Maximilian I., Klenze 1816 zum Hofarchitekten in München zu ernennen. Diese königliche Unterstützung architektonischen Eifers findet eine enge Parallele in der Beziehung zwischen Schinkel und dem Kronprinzen in Berlin, zwischen Percier, Fontaine und Napoleon in Paris und zwischen Nash und dem Prinzregenten in England. Klenze und der Kronprinz erlangten in München einen ähnlich weittragenden Einfluß wie Nash in London, obwohl sie doch ziemlich verschiedene Baustile anwandten. Ihr hauptsächlicher Beitrag war die Ludwigstraße, die von der Residenz nach Norden verläuft, und der Königsplatz westlich der Ludwigstraße, die vom Schloß Nymphenburg nach der Stadt führt. 1816 entwarf Klenze zwei größere Bauwerke, die beide den Einfluß seiner französischen Lehrherren, Durand und Percier, widerspiegeln. Die Glyptothek auf dem Königsplatz gilt als die erste öffentliche Skulpturengalerie der Welt (Abb. 478). Sie war vom Kronprinzen inspiriert, der den Marmorskulpturen von Ägina ein würdiges Domizil schaffen wollte. Sie enthält sowohl römische als auch griechische Altertümer, und der griechische Portikus wird von römischen Ädikulaaltären flankiert. Aus den Jahren 1817–1819 stammt das gänzlich anders gestaltete Leuchtenbergpalais, nahe der Ludwigstraße (für Napoleons Stiefsohn, Eugène de Beauharnais entworfen, der die Schwester des Kronprinzen geheiratet hatte). Das vielleicht erste größere Denkmal der Neurenaissance ist, wie Barrys Reform Club 21 Jahre später, vom Palazzo Farnese in Rom inspiriert.

Klenze kannte zweifellos die Stiche italienischer Häuser des 15. und 16. Jh., die Percier und Fontaine in *Palais, maisons et autres édifices modernes, dessinés à Rome* (Paris, 1798) veröffentlicht hatten. Der vom Kronprinzen ausgewählte Florentiner Stil des 15. Jh., den Klenze bei der Münchner Straßenarchitekteur viel anwandte, wurde vielleicht auch zum Teil von den 1815 in der *Architecture Toscane* von Klenzes Vorgänger als Architekt bei König Jérôme, Grandjean de Montigny, veröffentlichten Stichen inspiriert. Klenzes Pinakothek oder Gemäldegalerie in München (1822–1825 entworfen, 1826–1836 gebaut) liegt zeitlich vor Smirkes Britischem Museum und Schinkels Altem Museum und ist im Gegensatz zu diesen in einem Neurenaissancevokabular gebaut. In den Jahren 1823 und 1824 besuchte Klenze zusammen mit dem Kronprinzen Sizilien und Paestum, wo er detaillierte Zeichnungen der griechischen Tempel anfertigte, während sich der Prinz in die Palastkapelle von Palermo verliebte. 1824 wurde Klenze zum Hofbauintendantem ernannt, und seine Stellung wurde im darauffolgenden Jahr weiter gefestigt, als der Kronprinz als Ludwig I. die Regierung übernahm. Zwischen 1826 und 1843 baute Klenze die Münchner Residenz für Ludwig I. in einer Vielzahl von Stilen um; sie reichen vom Königsbau (Abb.

453. Sir Charles Barry. Salon des Reform Club, London, 1837.

454. Sir Charles Barry, Shrubland Park, Suffolk, 1849–1854.

455. Thomas Cubitt. Osborne House, Isle of Wight, 1848. Luftaufnahme.

456. Thomas Cubitt. Salon des Osborne House, Isle of Wight, 1848.

479), der im Stil des Palazzo Pitti errichtet ist, bis zur Allerheiligenhofkirche (1826–1837, Abb. 477) im Stil der Palastkapelle von Palermo.

Klenzes große Baudenkmäler im neoantiken Stil, im Gegensatz zur Tradition der Neurenaissance, sind die Walhalla bei Regensburg (1830–1842), die Befreiungshalle bei Kelheim (Vollendung des von Gärtner 1842 begonnenen Baus seit 1847, Abb. 480, 481), in München die Ruhmeshalle (1843–1853) und die Propyläen (1846–1862, aber schon 1817 konzipiert). Wir haben bereits vorher auf die Walhalla und die Propyläen als Höhepunkt jener neoklassischen Besessenheit vom athenischen Parthenon und den Propyläen Bezug genommen, die sich im Deutschland des 19. Jh. zunehmend nationalistisch färbte. Die Ruhmeshalle ist eine schmucklose griechisch-dorische Stoa, während die Befreiungshalle sich als große, bizarre Rotunde darstellt, zur Erinnerung an die Befreiungskriege gegen Napoleon errichtet. Sie ist von dem Architekten Friedrich von Gärtner (1792–1847) konzipiert und wurde nach dessen Tod von Klenze völlig umgestaltet; unter seinen Händen wurde sie zur starren, militaristischen Festung. Der Dritte des berühmten Trios deutscher Architekten im 19. Jh. ist Gottfried Semper (1803–1879), eine Generation jünger als Schinkel und Klenze. Wie diese erhielt auch er seine Ausbildung in Deutschland und Frankreich: seine Lehrmeister waren Gärtner, Gau und Hittorff. Von Hittorff stammt sein Interesse an der antiken Polychromie, die er von 1830 bis 1833 in Italien und Griechenland studierte; einige seiner Erkenntnisse veröffentlichte er in *Vorläufige Bemerkungen über bemalte Architektur und Plastik bei den Alten* (Altona, 1834). Im Gegensatz zu Hittorff und Klenze machte er keine Entwürfe im neugriechischen Stil, sondern entschied sich sofort für die Renaissance, als er als Professor der Architektur in Dresden mit den Entwürfen für größere Arbeiten begann: das Hoftheater (1838–1841), die Villa Rosa (1839), den Palast Oppenheim (1845) und die Gemäldegalerie (1847–1854). Einige seiner besten Bauwerke in dieser Richtung entstanden als Entwurf während seines Aufenthalts in der Schweiz (1855-1871): das Stadthaus in Winterthur (1863–1869, Abb. 664), das Haus Fierz in Zürich (1864/65) und sein Projekt für den Züricher Bahnhof (1860). Später wandte er sich dem Neobarock zu, als er das Dresdner Opernhaus nach einem Brand wieder aufbaute und als kaiserlicher Architekt große öffentliche Bauwerke in Wien entwarf. Was uns an ihm hauptsächlich interessiert, sind jedoch nicht seine Bauwerke, sondern seine Vorstellungen über Verzierungen und Funktionalismus, die er in *Der Stil in den technischen und tektonischen Künsten oder praktische Ästhetik* (2 Bände, 1861–1863, 2. Augsabe München 1878/79) veröffentlichte (Abb. 661).

457. Lewis Vulliamy. Fassade des Dorchester House zur Park Lane, London.

458. Lewis Vulliamy. Dorchester House, Treppe und Korridor, erstes Geschoß, London.

459. Lewis Vulliamy. Dorchester House, London, 1848.

460. Lewis Vulliamy. Treppe des Dorchester House, London.

461. Lewis Vulliamy, Salon des Dorchester House, London.

462. Alfred George Stevens. Wellington-Monument in der St. Paul's Cathedral, London, 1856.

463. Thomas Deane und Benjamin Woodward. Treppe des Museums des Trinity College, Dublin, 1852–1857.

464. Thomas Deane und Benjamin Woodward. Museum des Trinity College in Dublin, 1852–1857.

465. Samuel Angell. Clothworkers Hall in London, 1856 (1940 zerstört).

466. Thomas Henry Wyatt und David Brandon. St. Mary and St. Nicholas, Wilton, Wiltshire, 1843.

467. Sir George Gilbert Scott und Matthew Digby Wyatt. Foreign Office, London, 1857–1861.

468. Samuel Angell, Innenansicht von Clothworkers Hall, London, 1856.

469. Sir George Gilbert und Matthew Digby Wyatt. Treppe des Foreign Office, London, 1857–1861.

Rußland

Seit der Gründung durch Peter den Großen im Jahr 1703 war es das erklärte Ziel, St. Petersburg zur Eingangspforte für die westlichen Einflüsse nach Rußland zu machen. Die erstaunliche Kombination von Arbeiten italienischer, französischer, britischer, deutscher und russischer Architekten während der folgenden eineinhalb Jahrhunderte verwirklichte wie nirgends sonst auf der Welt Quatremère de Quincys klassische Vision einer »communauté d'instruction et de connaissance«.

Während der Regierungszeit der Kaiserin Elisabeth (1741–1762) hielt man es mit der Rokokomode, wie z.B. beim Palast von Zarskoje Selo (1749–1756), etwa 15 Meilen von St. Petersburg entfernt, und beim Petersburger Winterpalast (1754–1762), die beide von dem italienischen Grafen Bartolommeo Francesco Rastrelli (1700–1771) stammen. Katharina die Große (1762–1796) lehnte den Geschmack ihrer Tante ab und übernahm einen neoklassischen Stil, der in St. Petersburg mit zwei Gebäuden des französischen Architekten Jean-Baptiste-Michel Vallin de la Mothe (1729–1800) Einzug hielt: die Alte Eremitage (1764–1767) und die Akademie der Schönen Künste (1756 ff., Abb. 482), die sich auf einen gemäßigten Entwurf seines Cousins J. F. Blondel stützte. Zwei in Paris unter De Wailly ausgebildete russische Architekten entwickelten den neuen Stil weiter, nämlich Wassili Iwanowitsch Baschenow (1737–1799) in seinem bemerkenswerten, doch nicht ausgeführten Projekt von etwa 1772 für den Umbau des Kreml, und Iwan Jegorowitsch Starow (1745–1808) an seiner Kirche und dem Glockenturm in Nikolskoje (1774–1776) und am Taurischen Palais in St. Petersburg mit seiner eindrucksvollen Katharinenhalle, die auf beiden Seiten von 18 Paar ionischer Säulen flankiert ist. Giacomo Quarenghi, der 1780 aus Italien kommend in Petersburg eintraf, führte einen monumentalen Palladianismus am Englischen Palais in Peterhof (1781–1789) und beim Eremitage-Theater (1782–1785) ein.

Der bemerkenswerteste Import aus dem Ausland war vermutlich der mysteriöse schottische Architekt Charles Cameron (um 1740–1812), der in den 1760er Jahren in Rom gewesen war, 1772 *The Baths of the Ancients* veröffentlichte und für Katharina die Große um 1779 in Zarskoje Selo tätig war. Zuerst hatte sie sich für Clérisseau entschieden, den sie 1773 bat, ein Haus im »antiken« Stil zu entwerfen, das in Zarskoje Selo errichtet werden sollte. Aber ihr mißfielen Clérisseaus Vorschläge für einen römischen Palast, in dem er Elemente aus den Caracallathermen und der Hadriansvilla in Tivoli zusammenfügen wollte. Trotzdem bat sie ihn 1780 um Entwürfe für einen Triumphbogen. Aus dem noch vorhandenen

470. Karl Friedrich Schinkel. Altes Museum in Berlin, 1822/23.

471. Karl Friedrich Schinkel. Pantheon des Alten Museums, Berlin, 1823.

472. Karl Friedrich Schinkel. Bauakademie in Berlin, 1831.

473, 474. Karl Friedrich Schinkel. Entwurf für Schloß Orianda, Atrium und Hof, Krim, 1838.

475. Karl Friedrich Schinkel. Projekt für einen Palast auf der Akropolis, Athen, 1834.

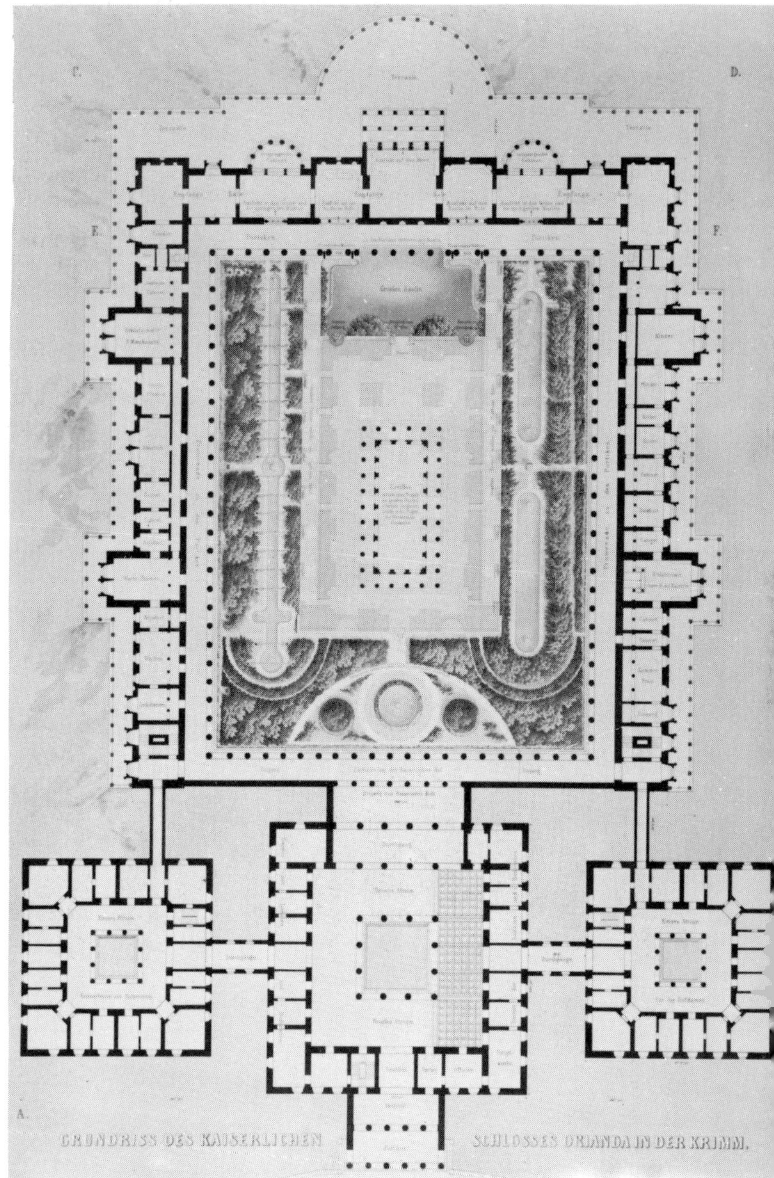

476. Karl Friedrich Schinkel. Entwurf für Schloß Orianda, Krim, 1838. Grundriß.

Modell Clérisseaus und den Zeichnungen für den Bogen ist klar zu erkennen, daß es sich um ein Gebäude außergewöhnlicher Größe und Originalität gehandelt hätte, bei dem der mittlere Rundbogen von rechteckigen Bögen auf dorischen Säulen flankiert gewesen wäre. Der Auftrag für die Innenausstattung (Abb. 483, 484) und die Palastanbauten in Zarskoje Selo ging an Cameron, der unter Verwendung einiger Zeichnungen Clérisseaus eine Reihe bezaubernder Appartements im Adam-Stil in Rastrellis Palast zwischen 1779 und 1784 schuf und die Cameron-Galerie (Abb. 487) und einen Pavillon in den Jahren 1782–1785 anfügte. Die großen, offenen Kolonnaden im ersten Stockwerk der Cameron-Galerie ähneln in kurioser Weise jenen auf der Südseite des West Wycombe Park in Buckinghamshire (etwa 1760), die man John Donowell zuschreibt.

Camerons zweites bedeutendes Werk war der Palast für den Großfürsten Paul in Pawlowsk (Abb. 485), der zwischen 1781 und 1796 gebaut wurde. Auch hier wieder ist der Einfluß Clérisseaus und Adams offensichtlich, insbesondere in dem großartigen griechischen Saal (Abb.486), der von Adams großer Halle in Kedleston, Derbyshire (um 1761), inspiriert ist, und in der Italienischen Halle, der Rotunde in der Palastmitte, die eine Nachbildung des Gesellschaftsraums in Kedleston ist. Im Park baute Cameron 1780 den rundem Freundschaftstempel (zerstört).

Die klassische Architektur im Rußland des 19 Jh. beginnt spektakulär mit dem Jahr 1804 durch die Börse in St. Petersburg, die von dem französischen Architekten Thomas de Thomon (1754–1813) erbaut wurde. Dieses monumentale Tempelgebäude, in dem sich Elemente von Boullée und von Paestum vereinen, das de Thomon besucht hatte, war Teil der größeren Neuentwicklung der Reichshauptstadt, die von Alexander I. (1801–1825) und seinem Bruder Nikolaus I. (1825–1855) durchgeführt wurde, die Katharina der Großen nacheifern wollten und beabsichtigten, der Stadt durch öffentliche Gebäude einen Glanz zu verleihen, der seinesgleichen sucht. Der Börse folgte schnell das vielleicht größte neoklassische Gebäude der Welt, die Admiralität (1806ff., Abb. 488, 489) von Adrejan Dmitrijewitsch Sacharow (1761–1811), einem in Rußland geborenen Architekten, der seine Ausbildung unter Chalgrin in Paris in den Jahren 1782–1786 erhalten hatte. Die Fassaden seines brillanten Gebäudes weisen auf Sacharows Aufenthalt in Paris hin, da sie von Rousseaus Bogengang im Hôtel de Salm inspiriert sind, das 1782–1785 errichtet wurde. In ähnlicher Weise basierte Sacharows Theater (1813 zerstört) auf De Waillys Odéon in Paris. Der französische Architekt Auguste Ricard de Montferrand (1786–1858), Schüler Perciers, baute die Isaakskathedrale (1817–1857). Der ziemlich unzusammenhängende, auf Soufflots Ste-Geneviève

477. Leo von Klenze. Allerheiligenhofkirche, Residenz, München (nach einem Kupferstich von Poppel).

478. Leo von Klenze. Glyptothek in München, 1816.

basierende Entwurf prahlt mit einem imposanten Gewölbe mit eisernem Rahmen, das äußerlich von Wrens St. Paul's Cathedral inspiriert ist. Die Bergbauakademie (1806–1811) in St. Petersburg von Andrei Nikiforowitsch Woronikin (1760–1814), einem Schüler De Waillys, hat einen riesigen 12säuligen Portikus in der dorischen Ordnung von Paestum, doch der bedeutendere Architekt Karl Iwanowitsch Rossi (1775–1849) verließ den franko-griechischen Stil und wandte sich einem mehr italienischen, festlicheren Stil zu. Rossi, der zwar in Italien geboren, aber in Rußland ausgebildet worden war, wurde der Hauptarchitekt und Stadtplaner im St. Petersburg nach 1816. Sein großartiger und schmuckreicher Stil ist zu bewundern an seinem Neuen Michaelspalais (1819–1823); jetzt Russisches Museum), dem Generalstab und den flankierenden Bürogebäuden (1819–1829, Abb. 490) vor dem Winterpalais, dem Alexandratheater (1827–1832) und dem Senat und der Synode (1829–1834, Abb. 491).

Die Umwandlung Moskaus in eine große klassizistische Stadt während des späten 18. und des frühen 19. Jh. war zwar weniger auffallend als die von St. Petersburg, sie war jedoch ein Beweis für die Vitalität und Anpassungsfähigkeit sowohl der russischen Architekten als auch des klassischen Stils. Ausmaß und Qualität der Werke, öffentliche Gebäude, Paläste und Wohnhäuser, sind noch wenig gewürdigt. Wir haben bereits den in Frankreich ausgebildeten Vater des Moskauer Klassizismus, Wassili Iwanowitsch Baschenow, in Verbindung mit seinem nicht ausgeführten Plan für den Umbau des Kreml erwähnt. Sein hochdekorativer Paschkowpalast (1784–1786; jetzt Lenin-Bibliothek) hat noch Anklänge an den Barockstil und ist das Werk seines Assistenten Matwei Fedorowitsch Kasakow (1738–1812), der mehr als irgendein anderer Architekt dem neuen Moskau seinen klassischen Charakter verlieh. Kasakows mächtiges, dreieckiges Senatsgebäude im Kreml (1776–1787; jetzt Ministerrat der UdSSR, Abb. 492) verwirklicht die Anregungen, die Baschenows Kremlprojekt gegeben hatte. Seine große dorische Rotunde wird im Innern von eindrucksvollen frei stehenden korinthischen Säulen flankiert, wie auch seine Halle der Adelsversammlung (1784–1786); jetzt Haus der Gewerkschaften). Das Werk Kasakows, der sich in Frankreich und Italien umgesehen hatte, ist insgesamt durch seine Palladiobewunderung gekennzeichnet. Sie wird auch in seinen öffentlichen Bauwerken, wie dem Golitsyn-Hospital (1796–1801), und ebenso in seinen privaten Palästen, wie z. B. dem Demidowpalais (1789–1791) und dem Bataschewpalais (1798–1802), ersichtlich. Er war zudem an der Neubelebung alter russischer Bauformen interessiert, die er mit gotischen Details mischte, wie in seinem bizarren Petrowskypalast (1775–1782; 1840 verändert). Kasakows Moskauer Kirchen der

479. Leo von Klenze. Königsbau in München, 1826.

480. Leo von Klenze. Befreiungshalle in Kelheim, 1842.

481. Leo von Klenze. Teil des Inneren der Befreiungshalle in Kelheim, 1842.

482. Jean-Baptiste-Nichel Vallin de la Mothe. Akademie der Schönen Künste, Leningrad, 1765 ff.

483. Charles Cameron. Grünes Zimmer im Palast von Zarskoje Selo, 1779–1784.

484. Charles Cameron. Detail des Schlafzimmers im Palast von Zarskoje Selo, 1779–1784.

1780er und 1790er Jahre, z. B. SS. Cosmas und Damian, Philipp der Metropolit, die Auferstehungskirche und St. Martin der Bekenner, sind, zusammen mit Baschenows ähnlicher Marienkirche, asymmetrische Kompositionen mit der vertrauten russischen Rotunde und hohen Glockentürmen, die einen Stakkatoeffekt hervorrufen, der entfernt an Gautheys Kirche von Givry (1770) und Stewarts St. Chad's, Shrewsbury (1790), erinnert.

Eine Anzahl Moskauer Bauwerke vom Ende des Jahrhunderts ist mit dem Namen Quarenghi verknüpft. Er baute das Katharinenpalais (Golowin) um, unter Zusatz einer toskanischen Säulenhalle, und fügte Kasakows Fassade des Scheremetew-Pilgerhorts einen Halbkreis toskanischer Säulen hinzu. Einer der größten Privatpaläste dieser Jahre war der Palast in Ostankino, der 1791–1798 von Quarenghi, Kasakow und Argunow für den Grafen Scheremetew gebaut wurde (Abb. 493–496). Mit seinem vortrefflich dekorierten Theater und dem Park mit Pavillons kommt Ostankino der Qualität von Camerons Arbeiten für Katharina die Große in Zarskoje Selo nahe. Im frühen 19. Jh. waren die führenden Moskauer Architekten, die in die Fußstapfen Kasakows traten, der gebürtige Italiener Domenico Gilardi (1788–1845), Afanasy Grigorjew (1782–1868) und Osip Beauvais (1784–1834), der Leiter der Kommission für den Wiederaufbau der Moskauer Innenstadt nach dem verheerenden Brand von 1812 war. Von Grigorjew und Adam Menelaws stammt das Rasumowskipalais (1801–1803), mit einer kraftvollen Fassade, die ein Motiv aufnimmt, das an Kent, Adam und Ledoux erinnert, nämlich eine offene Säulenstellung vor einer geschlossenen Apsis. Gilardis Kruschewpalais (1814) und sein Lopukhinpalais (1817–1822) sind ähnlich palladianische Themen, belebt von feiner Empiredekoration. Gilardi jedoch brachte einen ernsteren Klang in den Moskauer Klassizismus, in gewisser Weise dem Einfluß von Gilly in Deutschland vergleichbar. Offensichtlich an Gilly erinnert Gilardis Adaption (1819) von Kasakows Musikpavillon auf Gut Kuzminki, ebenso seine Fertigstellung in den späten 1820er Jahren von Quarenghis und Kasakows Vorstadtpalast (ab 1788).

Zwischen 1809 und 1818 baute Gilardi mit seinem Vater, Giacomo Gilardi, das Witwenpalais mit einem großen Portikus dorischer Säulen, und von 1823 bis 1826 errichtete er das Vormundschaftsratgebäude mit einem achtsäuligen griechisch-ionischen Portikus und einer vortrefflichen, gewölbten Treppenhalle mit zwei Reihen unkannelierter Marmorsäulen. Sein eindrucksvollstes Privathaus war das Luninpalais (1818–1823) am Nikitskij Boulevard, aber als sein Hauptwerk gilt der Wiederaufbau von 1817–1819 von Kasakows Moskauer Universität von 1786–1793. An die Stelle von Kasakows eleganter ionischer setzte er eine kraftvolle griechisch-dorische Ordnung an der Eingangshalle und überarbeitete auch die

485. Charles Cameron, Hauptfassade des Palastes des Großfürsten Paul in Pawlowsk, 1789–1803.

486. Charles Cameron. Griechischer Saal im Palast des Großfürsten Paul in Pawlowsk, 1789–1803.

487. Charles Cameron. Cameron-Galerie, Zarskoje Selo, 1782–1785.

488. Andrejan Dmitrijewitsch Sacharow, Admiralität in Leningrad, 1806–1815.

489. Andrejan Dmitrijewitsch Sacharow. Admiralität in Leningrad, 1806–1815. Detail.

490. Karl Iwanowitsch Rossi. Bogen des Generalstabsgebäudes. Leningrad, 1819–1829.

491. Karl Iwanowitsch Rossi. Senat und Synode in Leningrad, 1829–1834.

Seitenpavillons in einem schwerfälligeren Stil. In ähnlicher Haltung baute Menelaws den Englischen Club um (jetzt Museum der Revolution der UdSSR), mit einem griechisch-dorischen Portikus. Griechisch-dorisch sind auch die gedrungenen Säulen, die in einen Rustikabogen in Osip Beauvais' Grotte im Alexandrowskijgarten eingefügt wurden. Beauvais' Name ist besonders assoziiert mit der Moskauer Stadtplanung nach dem großen Brande. Gegenüber von seinem Bolschoitheater (1821–1824) wurde der Theaterplatz angelegt (jetzt Swerdlowplatz), der in den Auferstehungsplatz (jetzt Platz der Revolution) übergeht. An der Twerskaja Sastawa baute er einen stattlichen Triumphbogen (1827–1834) nach dem Vorbild des Titusbogens in Rom, zur Kennzeichnung des Ortes, wohin die siegreiche Armee aus den Napoleonischen Kriegen zurückgekehrt war; leider ist er inzwischen an die Moschaisker Chaussee verlegt worden.

In den 1830er Jahren begann der deutsche Einfluß, den Frankreich und Italien so lange ferngehalten hatten. 1838, nach dem Brand des alten Winterpalais im Dezember 1837, berief Nikolaus I. Leo von Klenze aus München nach St. Petersburg als Entwerfer des Museums in der Neuen Eremitage. Klenzes geräumiges Gebäude am Ufer der Newa neben dem Eremitage-Theater ist eine eindrucksvolle Mischung von französischem, russischem und deutschem Klassizismus: die monumentale Vorhalle, von riesigen Atlanten gestützt, die von Terebenjow gehauen sind, demonstriert russischen Größenwahn; die Haupttreppe ist eine Nachbildung der des Palais du Luembourg (1803–1817) von Chalgrin, während die zurückhaltende griechische Architravbauweise der Fassaden sowie die sorgfältige Anlage der Galerien von Schinkel inspiriert sind.

In Moskau bezeugen zwei Bauwerke des deutschstämmigen Architekten Konstantin Andrejewitsch Thon (1794–1881) das Ende der klassizistischen Tradition, der große Kremlpalast (1838–1849) und die riesige Erlöserkathedrale (1839–1883; 1931 abgetragen), in jenem übersteigerten halb byzantinischen, halb klassischen Stil, der wegweisend wurde für die nationalistische Erneuerung des späteren 19. Jh.

Skandinavien

Im frühen 19. Jh. brachten die skandinavischen Hauptstädte Kopenhagen, Helsinki und Christiania (Oslo) eine reiche Ernte an öffentlichen Gebäuden in dem klassischen Stil hervor, der sich seit der Mitte des 18. Jh. in Frankreich, England und Italien entwickelt hatte und von Schinkel in Deutschland in so eindrucksvoller Weise kodifiziert werden sollte. In der Tat zeigt der skandinavische

492. Matwei Fedorowitsch Kasakow. Senatsgebäude (jetzt Ministerrat) im Kreml, Moskau, 1776–1787.

493. Giacomo Quarenghi, Matwei Fedorowitsch Kasakow und Argunow. Scheremetewpalast in Ostankino bei Moskau, 1791–1798.

Klassizismus jener Jahre einen Geschmack, der stark von Deutschland geprägt ist. Der neue Stil wurde jedoch schon sehr früh durch zwei französische Architekten, Nicolas-Henri Jardin (1720–1799), der von 1755–1771 in Dänemark wohnte, und Jean-Louis Desprez (1743–1804), der ab 1784 in den Diensten Gustavs III. von Schweden stand, von Frankreich nach Skandinavien importiert. Jardins 1755–1757 entstandener Speisesaal für Graf Moltke im heutigen Schloß Amalienborg in Kopenhagen wurde als »der früheste noch vorhandene Raum, der von einem französischen Architekten ganz im Geschmack des Neoklassizismus ausgestaltet ist«, beschrieben (S. Eriksen, *Early Neo-Classicism in France,* 1974, S. 57).

Caspar Frederik Harsdorff (1735–1799) war zuerst Schüler bei Jardin, der an der Königlichen Akademie in Kopenhagen unterrichtete, und später bei J. F. Blondel in Paris. Die von ihm in den 1770er Jahren in dem Dom von Roskilde geschaffene Totenkapelle für Frederik IV. (Abb. 497) ist eine kühle und schöne Mischung aus Blondel und Adam. Desprez, der hauptsächlich Bühnenbildner war, baute 1788 das Botanikum in Uppsala mit einem langen, niedrigen Portikus aus acht griechisch-dorischen Säulen. Die Begeisterung für das Griechische war bereits in den Entwürfen des in Schweden geborenen Carl August Ehrensvärd (1745–1800) zum Ausdruck gekommen, dessen Besuch in Paestum 1780–1782 seinen Niederschlag in seinem jetzt berühmten Projekt von 1785 für eine Schiffswerft in Karlskrona fand. Der bedeutendste skandinavische Artchitekt jener Jahre war Christian Frederik Hansen (1756–1845). Mit seiner aus Rat- und Gerichtshaus und Gefängnis (Abb. 499) und den dazugehörigen Arkaden (1803–1816) bestehenden Gruppe brachte er den französisch-preußischen Stil nach Kopenhagen, den Gilly von Ledoux ausgehend entwickelt hatte. Hansens Hauptwerk ist der Dom von Kopenhagen, die Vor Frue Kirke (1808–1810 entworfen, 1811–1829 erbaut, Abb. 498, 500), mit ihren dorischen Kolonnaden, die ein riesiges, kassettiertes Tonnengewölbe tragen, das an Boullées gefeiertes Projekt für eine Bibliothek erinnert. Hansens Schüler, Gottlieb Bindesboll (1800–1856), schuf das bemerkenswerte Thorwaldsenmuseum in Kopenhagen (1837–1848), eine Mischung von ägyptischem, griechischem und Schinkelschem Stil (Abb. 501). In seinen weiteren Arbeiten tendierte er wie auch sein Nachfolger J. D. Herholdt (1818–1902) zum Rundbogenstil, so z. B. bei der Universitätsbibliothek Kopenhagen (1857–1861).

Die Gründung einer neuen Hauptstadt in Norwegen nach der 1814 erfolgten Trennung von Dänemark bot dem Architekten Christian Henrik Grosch (1801–1865), einem Schüler Hansens, großartige Gelegenheiten. In Christiania baute er die Börse (1826–1852), die

494. Giacomo Quarenghi, Matwei Fedorowitsch Kasakow und Argunow. Gartenansicht des Scheremetewpalastes in Ostankino bei Moskau, 1791–1798.

495, 496. Giacomo Quarenghi, Matwei Fedorowitsch Kasakow und Argunow. Innenansicht des Scheremetewpalastes in Ostankino bei Moskau, 1791–1798.

Norwegische Bank (1828) und die Universität (1840–1858). Vielleicht das attraktivste Projekt in Skandinavien war die Anlage Helsinkis, nachdem Finnland 1809 russisches Großfürstentum geworden war. Der Stadtplan Hensinkis, der neugewählten finnischen Hauptstadt, ging auf den Architekten J. A. Ehrenström zurück, aber alle wichtigen öffentlichen Gebäude wie auch viele Privathäuser stammen von dem in Deutschland geborenen Carl Ludwig Engel (1778–1840). Er schuf den großartigen Senatsplatz, der von seiner Nikolaikirche (Abb. 502) über einer riesigen Treppenflucht beherrscht wird und von seiner Universitätsbibliothek (1828-1832) und dem Senatshaus (1818-1822, Abb. 503) flankiert ist. Die Entwürfe für die Nikolakirche entstanden ab 1818, die Bauarbeiten dauerten von 1830 bis 1852. Die Universitätsbibliothek mit ihren Lesesälen in großartiger Säulenbauweise (Abb. 504) war ab 1833 in der Planung und wurde von 1836–1855 erbaut. Die vielleicht eindrucksvollsten Eigenheiten der Arbeiten Engels sind seine dorischen Treppenaufgänge: im Treppenaufgang des Senats tragen massive, freistehende Paestum-dorische Säulen unerwarteterweise Gratgewölbe, während beim Treppenaufgang in der Universität zwei Stockwerke aus kannelierten und nicht kannelierten Säulen ein kompliziertes Zwischengebälk tragen (Abb. 506).

Italien

Italien war teilweise unter französischer Herrschaft zwischen 1796 bis zum Fall Napoleons vereint, doch formell fand die Einigung erst im späten 19. Jh. unter Viktor-Emanuel II. statt. Italien bestand in der hier zu besprechenden Zeitspanne hauptsächlich aus willkürlichen und oft sich bekämpfenden Kleinstaaten, die meist von ausländischen Kräften kontrolliert waren. Piemont war gänzlich Frankreich-orientiert bis zum Friedensvertrag von Aix-la-Chapelle im Jahr 1748. Die Lombardei war bis zum Erscheinen Napoleons eine österreichische Provinz, Parma ein Vorposten französischer Kultur bis zum Jahr 1748, als Elisabeth, die Tochter Louis' XV., den Herzog von Bourbon-Parma heiratete. Venedig wahrte eine starke Autonomie, bis Napoleon den letzten Dogen vertrieb. Triest war durch einen Treueid an Österreich gebunden, wurde aber 1719 ein Freihafen, durch den sich die Situation zwangsläufig änderte. Und so könnte man fortfahren. Es gab keine gemeinsame Kultur, die Zeitläufe waren für die Architektur ungünstig.
Tatsächlich erfolgte zu Beginn des 18. Jh. ein kurzes, brillantes Erblühen des spätbarocken Stils. In Piemont arbeiteten Filippo Juvarra und Bernardo Antonio Vittone; in Rom wurden damals jene Monumente errichtet, die auch jetzt noch erfreuen, die Spanische

497. Caspar Frederik Harsdorff. Totenkapelle für Frederik IV. im Dom von Roskilde, nach 1770.

498. Christian Frederik Hansen. Vor Frue Kirke in Kopenhagen, 1811–1829.

499. Christian Frederik Hansen. Gerichtshaus und Gefängnis in Kopenhagen, 1803–1816.

500. Christian Frederik Hansen. Innenansicht der Vor Frue Kirke in Kopenhagen, 1811–1829.

501. Gottlieb Bindesbøll. Hof des Thorwaldsenmuseums in Kopenhagen, 1837–1848.

502. *Carl Ludwig Engel. Nikolaikirche in Helsinki, 1830–1852.*

503. *Carl Ludwig Engel. Senatshaus in Helsinki, 1818–1822.*

504. *Carl Ludwig Engel. Lesesaal der Universitätsbibliothek in Helsinki, 1833–1855.*

Treppe (1723–1726), die Piazza S. Ignazio (1726–1728) und die Fontana di Trevi (1732–1762). Doch in der Mitte jenes Jahrhunderts erstarb dieser eigenwillige architektonische Stil ganz plötzlich. Die Bautätigkeit ging im Süden weiter, wo die Bourbonen 1738 die Macht übernommen hatten – Karl III. befahl Ferdinando Fuga (1699–1781) und Luigi Vanvitelli (1700–1773) 1751 nach Neapel, wo sie einige der größten jemals für die Bourbonen entworfenen Projekte in Angriff nahmen – Fuga den Albergo dei Poveri und die Kornspeicher, Vanvitelli den Palazzo Reale in Caserta und die Kasernen. Die Inspiration war jedoch bescheiden, die Architektur in Italien geriet in eine Flaute.

Sogar in Venedig und dessen Hinterland, wo weitergebaut wurde und der feurige Lodoli seine radikalen Doktrinen predigte, gab es wenig von Interesse. Lodoli und sein Intellektuellenkreis hatten keinen großen Einfluß auf die Architektur, obwohl Scipione Mafferis Museo Lapidario in Verona (Abb. 507), das 1739–1746 von Alessandro Pompei (1705–1772)errichtet wurde, als Vorbote des Neoklassizismus betrachtet werden muß, während Andrea Memmos Bauwerke in Padua, Prato della Valle (Abb. 510) und das Hospital, die beide 1775 von dem ortsansässigen Professor für Architektur Domenico Cerato (1720–1792) begonnen wurden, klar beabsichtigten, Lodolis Ideen zu illustrieren. Aber die Architektur in Venetien wurde weiterhin ziemlich stark vom Einfluß Palladios beherrscht. So verschiedene Architekten wie der verschwenderische Giorgio Massari (1687–1766) und der anspruchsvolle Antonio Visentini (1688–1782), Gestalter des Palazzo Smith (1751, Abb. 508) und des Palazzo Coletti-Giusti (1766), beide am Canale Grande, verwendeten Elemente und kompositionelle Kunstgriffe, die Palladio eingeführt hatte. Bertotti-Scamozzi arbeitete zwar in Vicenza auf der gleichen Basis und konnte eine Architektur von einiger Kraft und Überzeugung entwickeln, aber es gab keine frischen Impulse. Trotzdem läßt sich eine bedeutende Linie architektonischen Niedergangs in Venedig feststellen, die mit Massaris Meister Andrea Tirali (1657–1737) und seinem Neffen Giovanni Antonio Scalfarotto (1690–1764) begann. Diese beiden waren die Gestalter des riesigen Portikus von S. Niccolò da Tolentino (1706–1714) bzw. von SS. Simeone e Giuda (1718–1738), einer hochgewölbten Rundkirche, deren Front ebenfalls einen Portikus mit Ziergiebel hat. Scalfarottos Neffe und Schüler war Tommaso Temanza (1705–1789), Architekt der kleinen, aber robust gestalteten Rundkirche S. Maria Maddalena (Abb. 509) aus dem Jahr 1748, an den man sich jedoch hauptsächlich als ernsten Lehrer und Propagandisten erinnert, vor allem als Autor der *Vita degli architetti veneziani* von 1778. Milizia entlieh viele seiner Informationen von Temanza. Lodoli verabscheute ihn als unerträg-

505. Carl Ludwig Engel, Hospital in Helsinki, 1826.

506. Carl Ludwig Engel. Treppenaufgang der Universitätsbibliothek in Helsinki, 1833–1855.

507. Alessandro Pompei. Aufriß und Grundriß des Museo Lapidario (Museum Maffeiano) in Verona, 1739–1746.

508. Antonio Visentini. Palazzo Smith, Venedig, 1751 (Aufriß von Selva, 1784).

509. Tomasso Temanza. Santa Maria Maddalena, Venedig, 1748.

510. Andrea Memmo. Prato della Valle, Padua, 1775–1790 (nach einem Kupferstich von Piranesi).

511. Gian Antonio Selva. Teatro Fenice, Venedig, 1790–1792.

512. Gian Antonio Selva. San Maurizio in Venedig, begonnen 1806.

lichen Pedanten. Sie waren erbitterte Gegner, was möglicherweise mit dem Bau des Erstwerks von Temanza, der Cappella Sagredo in S. Francesco della Vigna, zusammenhing. Temanza hatte jedoch Erfolg durch seinen Schüler Gian Antonio Selva (1751–1819), der Rom, Paris und London bereiste und später sogar Konstantinopel, bevor er sich niederließ, um eine Anzahl gutproportionierter und sauberer Gebäude zu entwerfen, die alle auf einem oder zwei Themen und nicht mehr basierten, aber in so kompetenter Weise gemeistert wurden, daß sie von mehr als provinziellem Interesse sind: das Teatro Fenice (Abb. 511), schnell zwischen 1790 und 1792 erbaut und nach einem Feuer im Jahr 1836 zum großen Teil von G. B. Meduna wieder aufgebaut, aber noch heute ein strahlendes Bauwerk; der Palazzo Dotto-Vigodarzere in der Via Rudena in Padua aus dem Jahr 1796, und die zwei venezianischen Kirchen S. Maurizio (1806 begonnen, Abb. 512) und S. Nome di Gesù (1815–1834), beide von seinem Assistenten Antonio Diedo (1772–1847) fertiggestellt. Mit Diedo zusammen gestaltete er auch die langweilige Fassade des Doms von Cologna Veneta (1810–1817) sowie das berühmteste und noch langweiligere Werk, das mit seinem Namen verbunden ist, den großen Tempio Canoviano in Possagno von 1819/20 (Abb. 516), doch steht nicht sicher fest, ob dieses Bauwerk von ihm stammt. Selvas gefeiertster Schüler war Giuseppe Jappelli (1783–1852), der erste jener venezianischen Architekten, der internationale Anerkennung, zum großen Teil, wie man zugeben muß, für das vielgesichtige Werk, das Caffè Pedrocchi und Pedrocchino in Padua, das teilweise ägyptisch aus dem Jahr 1826 und teilweise malerisch-gotisch aus dem Jahr 1837 ist und 1842 fertiggestellt wurde (Abb. 517). Doch zeichnete er auch verantwortlich für andere, gleichermaßen fesselnde Arbeiten. Der im dorischen Stil gebaute Fleischmarkt (1821), jetzt Pietro-Selvatico-Kunstschule, die Villa Treves dei Bonfili mit ihrem englischen Garten (jetzt öffentlicher Park), beide in Padua, und außerhalb der Stadt in Saonara die weit besser erhaltene Villa und der Garten der Conti Cittadella Vigodarzere (1816), die Villa Gera in der Via F. Benini in Conegliano (1827) sowie die um 1836 erbaute Villa Manzoni in Sedico, vermutlich die größte in der Provinz Belluno. Insgesamt entwickelte Jappelli einen festen Stil, der auf den internationalen Neoklassizismus übergreift, wenn er diesen auch nicht beeinflußt hat.

Als Napoleon 1807 Venedig einnahm, wollte er sofort Eindruck machen, indem er große Arbeiten in Auftrag gab. Selva baute die öffentlichen Gärten in Castello, die jetzt stark verändert sind, und den Friedhof, ebenfalls umgebaut, doch gingen die meisten der größeren Aufträge an Außenseiter wie Giuseppe Maria Soli (1747–1823) aus Vignola, obwohl er unter Malvasia in Bologna

513. Raffaello Stern. Braccio Nuovo, Vatikanische Museen, Rom, 1817–1822.

514. Michelangelo Simonetti und Pietro Camporese. Sala a Croce Greca, Vatikanische Museen, Rom, begonnen bald nach 1775.

515. Michelangelo Simonetti und Pietro Camporese. Sala delle Muse, Vatikanische Museen, Rom, begonnen bald nach 1775.

ausgebildet worden war; er begann 1810 mit der Westseite der Piazza San Marco. Lorenzo Santi (1783–1839) aus Siena, Schüler von Selva, entwarf die große Treppe und den Ballsaal im Innern des Gebäudes im Jahr 1822, und dann den Palazzo Patriarcale (1837–1850), der seitlich von S. Marco eingezwängt ist, sowie das lebendige, dorisch aufgemachte Café (1838) am Ende des Giardinetto Reale, das jetzt als Flughafengebäude verwendet wird (Abb. 519). Nach diesem Datum gab es im 19. Jh. keine bedeutende Architektur in Venedig.

In Rom, wo der von ausländischen Besuchern verursachte Auftrieb den internationalen Neoklassizismus stark beeinflußte, gab es sogar noch weniger architektonische Tätigkeit. Piranesi, der 1740 von Venedig hierher kam, baute lediglich die enttäuschende Kirche S. Maria del Priorato, die 1764 auf dem Aventin begonnen wurde (Abb. 518). Giacomo Quarenghi (1744–1817), der im Jahr zuvor von Bergamo nach Rom gekommen war, wo er Selva traf und mit ihm zusammen studierte, blieb lange genug, um die Kirche S. Scolastica (1769–1777) in Subiaco umbauen zu können, bevor ihn Grimm 1779 auf eine Reise nach Rußland schickte. Carlo Marchionni (1702–1786), ebenso ein Außenseiter, aus Ancona und Schüler Vanvitellis, war für den Bau der Villa Albani selbst verantwortlich, das Mekka Winckelmanns und Mengs', die 1746–1764 gebaut wurde. Dieses Gebäude war stark gegliedert, sowohl innen wie außen, und offensichtlich von Piranesis Theorien beeinflußt, jedoch in keiner Weise inspirierend. Dies gilt auch für Marchionnis weitere bedeutende Arbeit, die neue Sakristei für den Petersdom, die zwischen 1776 und 1784 errichtet wurde. Diese wurde von Francesco Milizia (1725–1798) verächtlich kritisiert, der über Neapel von Otranto nach Rom gekommen war. Er wurde wegen seiner Anmaßung mit Hunden aus der Stadt gehetzt, hatte sich aber bereits einen Ruf gemacht. Er hatte 1768 damit begonnen, als er die erste Ausgabe der *Vita degli architetti più celebri* veröffentlichte, der vier Jahre später *Del teatro* und 1781 die *Principii di architettura civile* folgten. Diese wurden alle im Ausland übersetzt. Der Neoklassizismus hielt in Rom erst nach Winckelmanns Tod im Jahr 1768 Einzug, als der Archäologe Giovanni Battista Visconti sein Nachfolger als »Commissario dei Musei e Soprintendente alle Antichità« wurde. Dieser nahm sofort den Umbau des Kasinos Innozenz' VIII. im Vatikan zum Museum vor. Die Umgestaltungen zum achteckigen Hof wurden von Alessandro Dori begonnen, aber 1772 nahm Michelangelo Simonetti (1724–1781) seine Arbeit dort auf, die aber erst mit wirklichem Enthusiasmus nach der Wahl Pius VI. im Jahr 1775 fortgeführt wurde, als Pietro Camporese (1726–1781) sich zu Simonetti gesellte. Die Sala delle Muse (Abb. 515), Sala a Croce Greca (Abb. 514) sowie die neue Zugangstreppe sind

516. Gian Antonio Selva und Antonio Diedo (zugeschrieben). Tempio Canoviano in Possagno, 1819/20.

517. Giuseppe Jappelli. Caffè Pedrocchi in Padua, 1826–1831.

518. Giambattista Piranesi. Santa Maria del Priorato, Rom, begonnen 1794.

519. Lorenzo Santi. Café (jetzt Flughafengebäude), Venedig, 1838.

520. Matteo Pertsch. Palazzo Carciotti, Triest, 1799–1805.

521. Matteo Pertsch. Palazzo Carciotti (rechts), Canale Grande und Sant'Antonio Nuovo (im Hintergrund), Triest.

522. Peter von Nobile. Sant'Antonio Nuovo, Triest, 1825–1849.

523. Antonio Asprucci. Äskulaptempel, Villa Borghese, Rom.

524. Pasquale Poccianti und Giuseppe Cacialli. Villa di Poggio Imperiale, Florenz, begonnen 1806.

525. Pasquale Poccianti. Sala d'Elci, Biblioteca Laurenziana, Florenz, 1816–1847.

von ihnen; der Braccio Nuovo, zwischen 1817 und 1822 erbaut (Abb. 513), ist von Raffaello Stern (1774–1820). Diese Räume bilden eine Folge, deren jeder einen antiken Vorläufer hat und deren Einzelheiten ebenfalls mit ungewöhnlicher archäologischer Korrektheit ausgeführt sind. Das Ergebnis ist in der Tat neoklassisch und äußerst eindrucksvoll, kann aber nicht ohne weiteres auf Bauwerke kleineren Maßstabs übertragen werden.

Ein überzeugender, leicht imitiert neoklassischer Stil kam in Rom erst mit dem Eintreffen der Franzosen auf. Giuseppe Valadier (1762–1839) hatte lange in den päpstlichen Staaten und insbesondere in Urbino gearbeitet, wo er den Dom erneuerte. Er lieferte das Ausgangsprojekt für die Planung und Entwicklung der Piazza del Popolo und des Pincio im Jahr 1794. Dieses ehrgeizige Projekt mit seinen den Berg erklimmenden Rampen und Fahrwegen wurde von den Franzosen bei ihrer Ankunft sofort aufgegriffen, doch wurden Guy de Gisors und Louis Martin Berthault von Frankreich herübergesandt, um die Arbeit zu beaufsichtigen, einschließlich des phantastischen Kasinos auf der Bergspitze. Das endgültige Projekt wurde aber erst im April 1813 genehmigt, obwohl Pius VII. weitere Modifikationen vornehmen ließ, als er 1816 wieder die Kontrolle übernahm. Bis dahin hatte Valadier einige weitere Arbeiten in neoklassischer Manier ausgeführt: Restaurationen am Titusbogen (1819/20) und am Kolosseum (1820), hauptsächlich jedoch große und protzige Villen. Aber die großartigste in jener Zeit erbaute, die Villa Torlonia an der Via Nomentana, wurde in den ersten Jahren des 19.Jh. begonnen nach Plänen von Valadier, dessen Nachfolger nach einigen Jahren Giambattista Caretti (1803–1878) wurde. Die Gärten, Pavillons und Ruinen wurden 1840–1846 von Jappelli angelegt.

In Rom hatten diese Arbeiten wenig Nachfolge, obwohl Valadiers Schüler, Lorenzo Nottolini (1787–1851), der in Lucca tätig war, dort einen großen Entwurf für den Prato del Marchese im Jahr 1826 in Vorschlag brachte, der Memmos Stadtplanung in Padua nicht unähnlich war; dieser baute in den Folgejahren eine Reihe von Brücken und Aquädukten und insbesondere die Specola und Rotunde im nahe gelegenen Marlia, die etwas kosmopolitische Verfeinerung in diesen provinziellen Vorposten brachten.

Diese kurzen Zusammenfassungen über die Entwicklung der Architektur in Venedig und Rom zeigen deutlich, daß diese Entwicklung zuerst träge vonstatten ging und daß sie viel dem von außen kommenden Einfluß verdankte. Selva verdankte vermutlich mehr dem englischen Beispiel als den Franzosen (obwohl sein Schüler Diedo seine Frühwerke in seinem Nachruf als »gusto francese« beschrieb), aber die meisten Architekten nahmen ihre Anregungen von Paris. Dies soll freilich nicht den Eindruck

526. Pasquale Poccianti. Cisternone, Livorno.

527. Antonio Niccolini. Teatro San Carlo, Neapel, 1809–1811.

erwecken, daß die Italiener selbst nichts zu bieten hatten, sondern daß der Stil von 1800 von den Franzosen zuerst geprägt und angewandt, ja sogar mißbraucht wurde, lange bevor die Italiener ihn aufgriffen und ihn mit ihrer eigenen Note versahen. Die Franzosen lieferten nicht nur die Ideen und Beispiele, sondern auch die Autorität und Macht. Sie waren Eindringlinge, die bestrebt waren, ihre Anwesenheit fühl- und sichtbar zu machen. Sie waren große Baumeister. Das gleiche, wenn auch in geringerem Ausmaß, gilt für die Österreicher, in ganz Italien kam die Anregung zu Änderungen von außen.

In Triest waren starke germanische Einflüsse vorhanden. Das begann mit Matteo Pertsch, der seine Ausbildung unter Piermarini in Mailand erhalten hatte und die Scala zum Vorbild für sein erstes bedeutendes Werk, das Teatro Grande (1798–1801, jetzt Verdi), zum Vorbild nahm. Seine reifen Werke sind ebenfalls mit dem Mailänder Klassizismus verwandt – der große Palazzo Carciotti (1799–1805, Abb. 520, 521), auffällig gewölbt, ferner die Fassade von S. Niccolò dei Greci (1818/19), nahe der Riva 3 Novembre, und – noch innerhalb des neuen Viertels der Stadt, das sich gerade entwickelte – die Rotonda dei Pancera (um 1818). Der zweite und bei weitem fähigere Architekt, der damals dort tätig war, war Peter von Nobile (1776–1854), der aus dem Tessin kam und von 1801 bis 1806 in Wien praktische Kenntnisse erwarb, wo er den Theseustempel im Volksgarten (1821–1823) sowie das in der Nähe gelegene Burgtor (1821–1824) baute. Er hielt sich in Triest lange genug auf, um dort die Casa Fontana (entworfen 1813–1816), gebaut erst 1827–1830) sowie die Accademia di Commercio e Nautica (1817, jetzt Biblioteca Civica Hortis) zu entwerfen. Sein Hauptwerk war S. Antonio Nuovo (1826–1849), eine vornehme Kirche am Canale Grande, die hinsichtlich Raumeinteilung interessanter ist als irgend sonst ein Gebäude aus dieser Zeit (Abb. 521, 522). Sein Palazzo Costanzi in Triest aus dem Jahr 1840, sauber und ohne Schmuck, zeigt einen Stil, der damals im übrigen Europa schon längst aus der Mode war. In Genua machte De Wailly aus dem Funken ein Feuer. Sein Salon für den Palazzo Spinola, 1772 in Auftrag gegeben, wurde von Emanuele Andrea Tagliafichi (1729–1811) überwacht, der zwei Jahre später nach Paris reiste, wo er korrespondierendes Mitglied der Académie wurde. Sein Erstbeitrag war das Treppenhaus und der Salon des Palazzo Durazzo Pallavicini in der Via Balbi, 1780 begonnen. Aber der einzige konsequente Architekt, der Gestalter des Camposanto von Staglieno (1825, 1844–1851) und des Teatro Carlo Felice (1826–1828, 1944 schwer zerstört), war Carlo Francesco Barabino (1768–1835), der seine Ausbildung in Rom bei Giuseppe Barberi erhalten hatte.

528. Leopold Laperuta, Antonio de Simone und Pietro Bianchi. San Francesco di Paolo, Neapel, begonnen 1810, Planänderung 1817, vollendet 1831.

529. Venanzio Marvuglia. Villa Favorita (Chinesisches Palais), Palermo, 1799–1802.

530. Ennemond-Alexandre Petitot. Venaria, Colorno, 1753–1755.

531. Ennemond-Alexandre Petitot. San Liborio, Colorno, 1775–1791.

532. Giuseppe Piermarini. Palazzo Belgioioso, Mailand, 1772–1775.

In Florenz entstand Bewegung durch die Neudekoration des Palazzo Pitti ab 1796 durch Gaspare Maria Paoletti (1727–1813), der für den Ballsaal verantwortlich war, und seine Schüler Giuseppe Cacialli (1778–1828) und Francesco Gurrieri Pasquale Poccianti (1774–1858), die die stark gegliederte Treppe im Gartentrakt gestalteten. Sie alle waren auch an dem Umbau der Villa di Poggio Imperiale (Abb. 524) außerhalb von Florenz für Königin Marie Luise beteiligt, deren Königreich von Etrurien von 1801 bis 1809 dauerte. Die mächtige Fassade dort wurde von Poccianti 1806 entworfen, die Ausführung überließ er aber Cacialli, um zum Palazzo Pitti, zur Sala d'Elci (1816–1847, Abb. 525) neben Michelangelos Bibliothek, zurückzukehren und insbesondere die Arbeiten am System der Aquädukte und Zisternen in und um Livorno (Abb. 526) herum aufzunehmen, die in der Cisternone (1829–1842) kulminierten, einem Nachfolger von Ledoux' Torbau von Arc-et-Senans, bestimmt der erfolgreichste Versuch in Italien, wenn nicht in ganz Europa, die Träume der französischen Visionäre zu realisieren. Es scheint, daß Giovanni Antonio Antolini seinen Rat hierfür angeboten hat, aber Poccianti verzichtete dankend darauf. Auch der später zwischen 1837 und 1848 hinzugekommene Cisternino ist kraftvoll, doch ohne dramatische Wirkung.

Pocciantis Fassade der Villa di Poggio Imperiale muß den jungen Antonio Niccolini (1772–1850) als Bühnengestalter tief beeindruckt haben. Er hatte dort und auch in Livorno gearbeitet. Als er nämlich 1807 (ein Jahr dem Erscheinen der Franzosen) in Neapel ankam und zwei Jahre später mit der Gestaltung einer neuen Fassade für G. A. Medranos Teatro San Carlo beauftragt wurde, war er in der Lage, ein robustes florentinisches (und französisches) Monstrum hervorzubringen, das im Widerstreit mit der barocken Architektur lag, die die Bourbonen bis zu jenem Zeitpunkt kultiviert hatten und deren Schrittmacher Vanvitelli gewesen war. Die Fassade wurde 1809–1811 gebaut (Abb. 527). Um 1818 brannte das alte Theater ab, und Niccolini wurde mit Antonio de Simone mit der Errichtung eines dahinterliegenden neuen Theaters beauftragt. Für die 1815 zurückgekehrten Bourbonen baute er viel – auf dem Vomero die Villa Floridiana (1817–1819) und die angrenzende Villa Lucia für Ferdinand I. und seine morganatische Frau Lucia Partanna; auf der Piazza dei Martiri schmückte er den Palazzo Partanna und gestaltete die Fassade um. Seine meiste Energie verwendete er aber auf die Entwürfe für die Neuordnung des königlichen Palastes selbst, doch sah er nichts davon jemals gebaut. Außerhalb Neapels waren seine hauptsächlichen Bauwerke in Bari das Teatro Piccini (jetzt Teil des Palazzo Comunale) und die Kirche S. Ferdinando. Der Bau von beiden wurde von seinem Sohn Fausto überwacht.

Das zweite in Neapel unter den Franzosen begonnene über-

533. Giuseppe Piermarini. Scala in Mailand, 1776–1778.

534. Simone Cantoni. Salon im ersten Geschoß des Palazzo Ducale in Genua, dekoriert 1783.

535. Giuseppe Piermarini. Villa Ducale in Monza, 1776–1780.

536. Giocondo Albertolli. Innnendekoration, 1787.

537. Simone Cantoni. Palazzo Pertusati in Mailand, 1789–1791 (zerstört).

538. G. Perego und I. Giusti. Palazzo Rocca Saporiti, Mailand, vollendet 1812.

raschende Gebäude war die Kirche S. Francesco di Paola, die die Piazza del Plebiscito mit Kurvenkolonnaden einschließt. Das Foro Murat, wie es zu Baubeginn hieß, wurde im Februar 1809 verfügt, doch Leopoldo Laperutas Entwurf wurde erst später im gleichen Jahr ausgewählt. Die Kolonnaden wurden gebaut und die Kirche mit Hilfe von Antonio de Simone begonnen, aber als die Bourbonen zurückkehrten, entschieden sie, daß daraus eine dynastische Kapelle werden solle, die den umbenannten Foro Ferdinando beherrscht. Es wurde ein Wettbewerb für eine neue Kirche ausgeschrieben. Endlich, nach vielen Intrigen wurde Pietro Bianchi (1787–1849), ein Schüler Luigi Cagnolas aus der Gegend von Ticino, im Jahr 1817 mit dem Bau beauftragt, der 1831 vollendet und die am sorgfältigsten detaillierte und geschmückte aller neuen Kirchen in Italien war (Abb. 528). Verwandt, aber doch verschieden von seiner Tätigkeit in Neapel war jene in Sizilien, in Palermo, wo die Abkehr vom Spätbarockstil durch den Franzosen Léon Dufourny (1754–1818) ausgelöst wurde. Er verbrachte dort sechs Jahre und baute von 1789 bis 1792 die Villa Giulia, auch Flora genannt, im Botanischen Garten, steif und quadratisch, deutlich von den dorischen Tempeln der Insel inspiriert. Später wurde dieses Gebäude in einem bewußt noch primitiveren Stil von Venanzio Giuseppe Marvuglia (1729-1814) erweitert. Er hatte unter Vanvitelli in Rom studiert und seine Laufbahn in Palermo verfolgt, bis Dufourny ihn anfeuerte und er 1799 die Villa Favorita begann, ein kurioses, aber faszinierendes Bauwerk, teils klassisch, teils chinesisch (Abb. 529). Im Garten errichtete er die Fontana dell'Ercole, eine monströse dorische Säule, die eine winzige Herkulesstatue trägt. Sein zweites Spätwerk, die Villa Belmonte von 1801 hoch auf den Hängen des Monte Pellegrino, war bei weitem zurückhaltender. Abgesehen von dem napoleonischen Zwischenspiel war die architektonische Tätigkeit insgesamt sporadisch. Nur in der Lombardei war sie über eine lange Zeit hinweg ermutigend, aber der »locus classicus« für die dortige Reform war nicht Mailand, sondern Parma, wo 1752 eine Akademie errichtet wurde, für die auf Caylus' Anraten im darauffolgenden Jahr Soufflots Schüler Ennemond-Alexandre Petitot (1727–1801) eingeladen wurde.Er kultivierte und führte die französische Tradition sowohl in seinen Unterricht als auch in seinen Beispielen ein.

Als Hofarchitekt, zu dem er ernannt wurde, baute er die neue Fassade von S. Pietro (1761) und den Palazzo della Riserva (1764), die beide einen gelben Anstrich erhielten. Er zeichnete die Pläne für La Pilotta (1766), einen Erweiterungspalast, der dann doch nicht gebaut wurde, aber trotzdem als Bezugspunkt für seine Schüler dienen konnte, und änderte und vergrößerte den Palazzo Ducale (1767), der auch unter dem Namen Palazzo del Giardino bekannt

539. *Giovanni Antonio Antolini. Foro Bonaparte, Mailand, entworfen 1801.*

540. *Luigi Canonica. Arena in Mailand, 1805–1831. Lutftaufnahme.*

ist. Ganz in der Nähe, in Colorno, baute er die Venaria (1753–1755), Abb. 530) und S. Liborio (1775–1796, Abb. 531). Beide machen einen französischen Eindruck, die Venaria wegen der oben geschwungenen Fenster, die Kirche wegen ihrer freistehenden Innensäulen, die im ersten Plan deutlicher hervortraten als später in der Ausführung. Petitots Stil konnte kaum als fortschrittlich angesprochen werden trotz der Tatsache, daß er darin seine Projekte aus der Studienzeit verarbeitete. Er konnte jedoch die Elemente des Stils Gabriels einsetzen. Seine Akademie wurde berühmt. Als sich Katharina die Große dazu entschloß, eine solche Akademie einzurichten, wandte sie sich brieflich an Petitot und bat ihn um Rat. Er hatte zahlreiche Schüler, so u.a. Gerli, Cantoni, Soave, Albertolli, Aspari und Rodi. Agostino Gerli, der auch in Paris arbeitete, vielleicht sogar mit Guibert zusammen, gilt häufig als derjenige, der die Anfänge des Klassizismus des späten 18 Jh. in der Lombardei mit seinen Verzierungen für die Hauptsalons der Villa Longhi in Vialba, die 1769 in Angriff genommen wurde, bezeichnete. Aber der neue Stil bestand ja nicht nur aus Dekorationen.

In Mailand befand sich die Macht lange in den Händen der Österreicher, aber nach 1796 ging sie in französische Hände über, wodurch Umwälzungen verursacht wurden; doch waren beide Verwaltungen leistungsfähig, und ihre Ziele waren sich nicht unähnlich. Die architektonische Entwicklung wurde so fast ununterbrochen fortgeführt. Als Caylus in der ersten Hälfte des Jahrhunderts Mailand besuchte, fand er, es sei eine miserable Stadt. Als aber in der lombardischen Ebene Kanäle angelegt wurden, wodurch sich die Landwirtschaft ausdehnen konnte, wurden die Grundbesitzer reicher und wollten sowohl Stadt- als auch Landhäuser bauen. Außerdem waren die Österreicher bei der Steuereintreibung erfolgreicher. Mailand wurde langsam neu erbaut. Es wurden Straßen gebaut und neue Gebiete erschlossen, die den Klöstern gehört hatten – allein 1782 wurden 26 von ihnen aufgehoben. 1790 wurden die alten Stadttore eingerissen und die Stadtgrenzen erweitert.Unter Napoleons Verwaltung wurden sogar noch größere Projekte ins Auge gefaßt und viele davon verwirklicht. Das Aussehen der Stadt änderte sich jedoch nicht sehr bis zur Mitte des 19. Jh., als die Industrialisierung begann.

Unter den Österreichern wurde die mailändische Architektur von Giuseppe Piermarini beherrscht, der 12 Jahre lang in Rom und Caserta mit Vanvitelli zusammengearbeitet hatte und von diesem auch im Jahr 1769 nach Mailand geholt wurde, wo man ihm den Umbau des Palazzo Ducale antrug. Bald danach übernahm Piermarini diese Arbeit und wurde zum Architetto di Stato ernannt; diese Position hatte er inne bis zu Flucht vor den Franzosen im Jahr 1796.

25 Jahre lang war er für die gesamte Bautätigkeit verantwortlich, und er stellte sicher, daß nach seinem Geschmack weitergebaut wurde, da er auch den Vorsitz der 1776 gegründeten Brera-Akademie hatte. Seine erste unabhängige Arbeit war die Accademia Virgiliana in Mantua, die 1770 entworfen und 1773–1775 gebaut wurde. Sie ist schwunglos, und das ungeschickte Verhältnis zwischen Grundriß und Aufriß zeigt seine Schwäche als Architekt. Er begann in Mailand mit dem riesigen Palazzo Belgioioso (1772 ff., Abb. 532) auf der Piazza gleichen Namens mit einer stark gegliederten Fassade. Es folgten weitere Häuser, die besten davon sind: der Palazzo Greppi (1772–1778), der Palazzo Moriggia (um 1775) in der Via Borgonuovo und die Casa Casnedi (um 1776), bei der die Fassaden aus dünnen Lagen rechteckiger Platten bestanden. Aber das Hauptwerk dieser Zeit war der Palazzo Ducale, den er 1773 von Vanvitelli übernommen hatte und bis 1778 weiterführte, wobei er hier erstmals den berühmtesten der sieben Albertollis, Giocondo (1742–1839), einführte (Abb. 536), der in Parma zehn Jahre lang Dekorationsgestaltung gelehrt hatte, bevor er 1772 nach Rom zog und dann nach Neapel, um dort mit Vanvitelli zusammenzuarbeiten. Um 1774 war er in Florenz. Mit Paoletti arbeitete er zu dieser Zeit an der bei Florenz gelegenen Villa di Poggio Imperiale und später, 1779, an der Sala della Niobe in den Uffizien. Ende 1774 lud Piermarini Albertolli nach Mailand ein, wo er am Interieur des Palazzo Ducale begann. Bald übernahm er die gesamte Dekorationsarbeit in Piermarinis Bauwerken und begann auch, an der Brera-Akademie zu unterrichten. Er hatte viele Schüler, und es wurde sogar behauptet, daß Percier und Fontaine dazu gehörten, sicher gilt dies von Selva. Albertollis Veröffentlichungen, *Ornamenti diversi* (1782), *Alcune decorazioni di nobili sale ed altri ornamenti* (1787) und *Miscellanea per i giovani studiosi del disegno* (1796), machten seinen Stil sogar noch zugänglicher, der schwer wirkte und jenem Prieurs und Neufforges nicht unähnlich war. Sein einziges selbständiges Gebäude war die Villa Melzi (1808–1815) in Bellagio, mit Blick über den Comer See. Wie an Piermarinis Häusern ist die Fassade flach.

Außerhalb Mailands, in Monza, baute Piermarini die Villa Ducale (1776 ff., jetzt Reale, Abb. 535), ebenfalls von Albertolli dekoriert, obwohl die noch intakte Kapelle ganz und gar Piermarinis Entwurf ist. In Cassano d'Adda schuf er eine kleinere Variante beim Umbau der Villa Borromeo (um 1780–1785). Diese beiden Gebäude sind als kubische Massen gebaut, die Oberflächen glatt und abgeflacht, insgesamt ohne Stärke, wie tatsächlich auch sein letztes größeres Werk in Mailand, die Scala (1776–1778, Abb. 533). Doch innerhalb des Jahres, in dem der Grundstein gelegt wurde, war Piermarini an einem weiteren Theater in Mailand, der Cannobiana,

541. Leopold Pollack. Gartenfassade der Villa Belgioioso (jetzt Galleria d'Arte Moderna) in Mailand, 1790–1793.

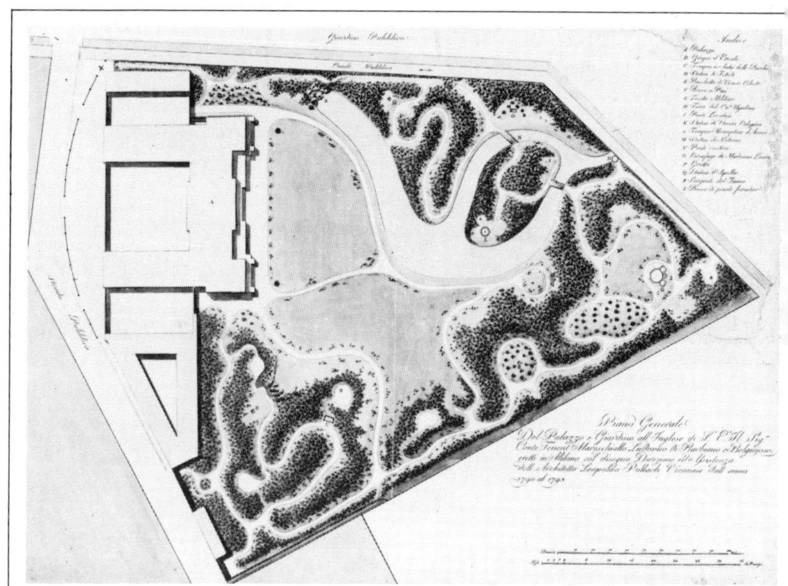

542. Leopold Pollack. Plan der Gärten der Villa Belgioioso in Mailand, 1790–1793.

543. Luigi Cagnola. Porta Ticinese (oder Marengo) in Mailand, 1801–1813.

beschäftigt und arbeitete bald auch an anderen in Novara (1777), Monza (1778), Mantua (1782/83), Crema (1783–1785) und Matelica (entworfen 1803, gebaut 1805–1812). Diejenigen, für die er nicht baute, imitierten ihn – in Triest, in Piacenza und an anderen Orten, ja sogar so weit entfernt wie Lissabon, wo J. Costa und Silva 1792 die neue Oper bauten. Silva, der als Architekt des Theaters in Triest durch Piermarinis Schüler Pertsch abgelöst wurde, mochte die Scala nicht; sie war, wie er meinte, viel zu französisch. Aber es gibt nicht viel Französisches bei Piermarinis Arbeit. Sein Zeitgenosse Simone Cantoni (1739–1818), der auch für Vanvitelli gearbeitet hatte, aber seine Ausbildung 1767/68 in Parma und dann bei Tagliafichi in Genua erhalten hatte, war mehr vom französischen Stil inspiriert. Piermarini wußte zu verhindern, daß Cantoni offizielle Aufträge erhielt, aber dieser baute eine große Anzahl Stadt- und Landhäuser und ein öffentliches Gebäude, den Palazzo Ducale (1778–1783) in Genua. Milizia inspizierte den dortigen Salon noch vor seiner Fertigstellung und äußerte sein Einverständnis (Abb. 534). Aber die beiden Arbeiten, in denen sich Cantonis gallische Art am meisten manifestiert, sind der Palazzo Serbelloni (1775, erbaut 1779–1794), 16 Corso Venezia, in Mailand, wo Napoleon 1796 empfangen wurde, obwohl der große Salon 1814 noch nicht fertig war, sowie der Palazzo Pertusati (1789–1791) in Mailand (Abb. 537), jetzt zerstört. Ähnliches hatte man in Italien noch nicht gesehen. Der erste hat zwei dünne ionische Säulen in antis als Wandgliederung, von einem steilen Ziergiebel überdacht, mit einer durchgehenden Flachreliefplatte. Der zweite war fast noch mehr wie ein Pariser Hôtel nach Art des Hôtel d'Argenson gebaut. Aber Cantoni war ein eigensinniger Architekt. Ebenfalls für die Serbelloni baute er SS. Protasio e Gervasio in Gorgonzola (wo er 1775 bereits den Friedhof entworfen hatte), eine kühne, aber unzusammenhängende Komposition, die aus einem zentralen Portikus bestand, der durch niedrige Arkaden mit zwei Pavillons verbunden war, deren große Bogenöffnungen in die Ziergiebel oberhalb einschnitten. Die Kirche wurde 1802 begonnen, der Bau dauerte bis 1842, als G. Moraglia (1791–1860) den Campanile fertigstellte. Zwischen diesen Arbeiten lag eine ganze Reihe von Villen, beginnend mit der Villa Olmo in Como-Borgovico (1782–1794), über die Villa Giovio in Breccia (1790–1795) bis zur Villa Scotti in Oreno (1790–1793), die zusammen eine außergewöhnliche Stilvermischung, einige in der traditionalistischen, andere in der fortschrittlicheren Richtung präsentierten.

Piermarinis Schüler Leopold Pollack (1751–1806) und Luigi Canonica (1762–1844) gaben den Ton einer überarbeiteten Architektur wirksamer an. Pollack erhielt seine Ausbildung in Wien bei seinem Vater, einem Baumeister – genau wie sein jüngerer Bruder Michael, der der aktivste Architekt in Pest werden sollte. 1775 ging Pollack nach Mailand, wo Piermarini ihn sofort am Palazzo Ducale beschäftigte. Der im Tessin geborene Canonica erhielt seine Ausbildung bei Piermarini an der Brera und erbte dessen administrative Fertigkeiten. Als 1796 die Franzosen kamen und Piermarini nach seiner Heimatstadt Foligno floh, erhielt Canonica den Titel eines »Architetto di Stato«, was man ihm nicht vergab. Aber die Franzosen vertrauten ihm und luden ihn 1805 nach Paris ein; er hatte ebenso das Vertrauen der Österreicher, denn er blieb in seinem Amt bis 1807, als man es für demokratischer hielt, zur Überwachung der Bautätigkeit in Mailand einen Fünferausschuß einzusetzen, die »commissione d'ornato«.

544. Luigi Cagnola. Arco della Pace (oder Sempione) in Mailand, 1807–1833.

Canonica trug viel zur Gestaltung Mailands bei und errichtete dort zahlreiche öffentliche und administrative Gebäude, er führte auch die Erweiterung des Collegio Elvètico für den Senat durch. Seine großen Qualitäten zeigen sich besonders in seinen Arbeiten, die sich zu einem Straßenmuster vereinigen, z. B. in der Via Manzoni, Nr. 6 ist der Palazzo Brentani Greppi (1829–1831) der »Piano nobile«, die Nr. 10 ist sein Palazzo Anguissola (1829/30), mit kannelierten korinthischen Pfeilern und einem reichgestalteten Fries; weiter hinten, in der Via del Morone befindet sich die Casa Anguissola (1775–1778) mit ihren lebendigen und gut durchdachten Details, vor allem auf der Gartenseite und im Interieur von Carlo Felice Soave (1740–1803), einem weiteren Tessiner, der in Parma gelernt hatte. Zusammen demonstrieren sie die außergewöhnliche Stilhomogenität, die in jener Zeit in Mailand entwickelt wurde. Canonica entwarf nur ein einziges Gebäude, das bemerkenswert ist, die große Arena im Park (Abb. 540), die zwischen 1805 und 1807 angelegt wurde, mit ihrem Triumphbogen von 1813. Die Anlage ist sehr einfach, aber Größe und Maßstab verleihen ihr Pracht. Die Konzeption stammt nicht von Canonica allein: sondern geht auch auf die Tätigkeit Giuseppe Pistocchis (1714–1814), der von Faenza kam, und Giovanni Antonio Antolinis (1756–1841) zurück, der im Jahr 1800 von Rom nach Mailand gekommen war. Sie schwelgten in einigen öffentlich inspirieten Projekten für die Gegend um das Castello Sforzesco im Mammutmaßstab. Canonicas Arena war das einzige, tatsächlich gebaute Ergebnis. Pollack war ein weniger getreuer Nachfolger Piermarinis, er hatte seinen eigenen Stil. Dies wurde von Anfang an deutlich, als er von Piermarini den Bau der Universität Pavia übernahm. 1785 folgte dann der Hörsaal für die Anatomie, ab 1786 der dritte Hof, 1787 der Hörsaal für Physik, alle im modischen französischen Stil. Die Haupttreppe folgte erst 1828 und war die Arbeit G. Marchesis. Petitot stimmte dem, was er dort sah, zu. Aber Pollacks Ruf ergab sich mehr durch die Villa Belgioioso (1790–1793), später Reale genannt, in Mailand (Abb. 541). Wieder einmal deutet er auf französische Quellen hin, aber zusätzlich zeigt er die gedrängte Qualität der Fassaden Piermarinis am Palazzo Belgioioso. Die reichgeschmückten Interieurs liefern heute einen ungewöhnlichen Rahmen für die Galleria d'Arte Moderna. Der Garten (Abb. 542), zu dem auch Selva und Amati beitrugen, ist einer der ersten in der Stadt, der sich vollständig im malerischen Stil präsentiert und fast ein Jahrzehnt vor der Veröffentlichung der avantgardistischen Studie Ercole Silvas *Dell'arte dei giardini inglesi* (1801) angelegt wurde, freilich nicht vor Silvas eigenem Garten bei der Villa Ghirlanda Silva in Cinisello Balsamo. Bald darauf folgten Pollacks bedeutendste Arbeiten, nämlich die Villa Casati in Muggio und die Villa Rotonda in Como-Borgovico. In beiden spielt der zentral gelegene ovale Salon eine beherrschende Rolle. Pollack war wie Piermarini und Canonica ein nur mittelmäßiger Planer. Und wieder einmal, wie bei Canonica, sieht man seine Arbeit am besten im Kontext der zeitgenössischen Architektur. Dies kann man noch in Borgovico auf der Westseite des Comer Sees feststellen, wenn man bei der Villa Carminati (Resta Pallavicino) von C. F. Soave beginnt und weitergeht zur Villa Rotonda auf halbem Weg bis zu Cantonis Villa Olmo und dann eine Seitenstraße hinunter zu Soaves Villa Salazar zum Schluß. Dieses architektonische Panorama ist wundervoll variiert und trotzdem einheitlich.

Nur ein Architekt kann als bemerkenswerter Nachfolger dieser

545. R. Vantini. Porta Venezia in Mailand, 1827–1833.

546. Luigi Cagnola. Kirche in Ghisalba, 1820–1834.

547. Luigi Cagnola. Villa La Rotonda, Inverigo, 1814–1830.

548. Giuseppe Pistocchi. Entwurf für ein Denkmal auf dem Moncenisio, 1813.

549. Luigi Cagnola. Campanile der Kirche in Urgnano, 1824–1829.

Männer gelten, nämlich Luigi Cagnola (1762–1833), aber er repräsentiert den Höhepunkt der von Piermarini ausgehenden Entwicklung von einer dürren, ebenen Geometrie für Fassaden zur robusten und sehr soliden Geometrie der Form. Cagnola wollte ursprünglich Diplomat werden und studierte Rechtswissenschaft in Rom; er begann seine Laufbahn 1795 in Wien. Dort begann er, Architektur als Hobby zu betreiben und entwarf einen Torbogen. Seine Erstlingsarbeit in Italien war die Villa Zurla (Vimercati Sanseverino) in Vaiano Cremasco, die 1802 fast fertiggestellt war, als sie durch ein Erdbeben beschädigt wurde. Dieses Gebäude mit niedriger Kolonnade war das Ergebnis einiger Studienjahre an der Akademie in Venedig sowie einer genauen Überprüfung der Arbeiten Palladios – nicht daß Cagnolas Anleihen jemals leicht sichtbar gewesen wären. Er war ein fanatischer Nationalist. Aus diesem Grund ließ er sich von italienischen Quellen inspirieren, so von Palladio, von der florentinischen Resaissance und vom alten Rom. Diese beeinflußten sogar seine frühesten Arbeiten. In Mailand baute er die Porta Ticinese oder Marengo (1801–1813), einen einfachen mit Ziergiebel versehenen Portikus (Abb. 543), und den Arco del Sempione oder Arco della Pace (1807–1833, Abb. 544), den von allen dort in diesen Jahren errichteten Torbauten – Porta Nuova (1810–1813) von Giuseppe Zanoia (1752–1817), Porta Comasina, jetzt Porta Garibaldi (1826), von G. Moraglia (1791–1860), und die beste von allen, die Porta Venezia (1827–1833, Abb. 545) von R. Vantini (1791–1856) – derjenige ist, der am gezieltesten auf den Vorgängern im alten Rom gründet und in den besten Materialien und bildhauerischen Details ausgeführt ist. Die feinsten Reliefs wurden von Pompeo Marchesi gemeißelt. Cagnola sollte nach der Entlassung Perciers und Fontaines einen Entwurf für Malmaison ausarbeiten, aber seine nächste ausgeführte Arbeit war sein eigenes Haus, das ein oder zwei Jahre vor 1816 begonnen wurde, als er seine Kusine Francesca dei Machesi d'Adda heiratete. Die Bauarbeiten dauerten noch 17 Jahre. Dieses Bauwerk, die Villa La Rotonda (Abb. 547), war sein Meisterstück. Es ist eine große, pompöse Architektur, die hoch von einem Berg aus Inverigo überblickt. Alle Säulen und mit Ziergiebeln versehenen Portiken erreicht man auf einer Seite über riesige Treppenwege, alles Rustikamauerwerk auf den restlichen Seiten ist von oben abgerundeten Öffnungen unterbrochen. In der Mitte befindet sich ein flaches Gewölbe über einer runden Halle. Ein kleiner Portikus auf halber Höhe des Berges zeigt riesige Atlanten von Pompeo Marchesi. Überall wirkt die formale Geometrie als bestimmender Faktor. Die Planung und räumliche Aufteilung im Innern des Hauses ist insgesamt untauglich. Nachdem aber Cagnola seinen Stil gefunden hatte, blieb er dabei – bei der Villa Cagnola

550. Giuseppe Mengoni. Galleria Vittorio Emanuele II in Mailand, 1865–1877.

in Verdello (um 1820), in deren Räumlichkeiten sich überraschend hübsche Blumenfresken befinden und in deren Garten romantische Ruinen stehen, bei der Arkadenkirche von Concorezzo (1818–1858) und bei der Kirche von Ghisalba in einem Mammutpantheon-ähnlichen Stil (1822 geweiht, Abb. 546). Für keine der beiden Kirchen hat er den Turm gestaltet, obwohl er für den stilisierten Turm der Kirche in Urgnano (1824–1829, Abb. 549) in der Nähe von Ghisalba verantwortlich war, wie auch für den der Kirche in Chiari (1832) weiter im Südosten. In seinen letzten Lebensjahren baute er sehr wenig. Aber seine Studenten und die Architekten in ganz Italien und sogar im Ausland zollten ihm noch lange Achtung. Er entwarf ein Mausoleum für Metternich und einen Kaiserpalast für Wien, die beide jedoch nicht verwirklicht wurden. Seinem Einfluß auf alle jene Architekten, zu denen auch Selva, Cantoni und Pistocchi zählten, die 1813 für das Monumento alla Riconoscenza al Moncenisio riesige Entwürfe ausarbeiteten (Abb. 548), konnte man anscheinend nur schwer widerstehen. Seine Fähigkeiten werden sofort sichtbar, wenn man seine Arbeit mit der eines Nachfolgers, wie z.B. Carlo Amati (1776–1852), vergleicht. Amati ist der Architekt von S. Carlo al Corso in Mailand, die trotz aller Warnungen wegen ihrer strukturellen Stabilität zwischen 1839 und 1842 gebaut wurde. Diese überdimensionierte Kirche beendet die klassische Bewegung in Mailand, vielleicht sogar in Italien. Der Rest sind kraftlose Nettigkeiten. Die nächste Phase – sie geht über den Rahmen dieses Buches hinaus – wird von der Galleria Vittorio Emanuele II. repräsentiert, die von englischen Bauunternehmern mit englischem Kapital zwischen 1865 und 1877 nach Entwürfen von Giuseppe Mengoni (1829–1877) erbaut wurde (Abb. 550). Sie ist ein Aspekt der Industrialisierung und der Neuplanung in großem Maßstab im Italien des späten 19. Jh., deren verheerendstes Kennzeichen die Zerstörung des Herzens der Stadt Florenz im Jahr 1888 ist.

In dieser gesamten Geschichte hat sich nicht viel intellektuelles Streben gezeigt, einiges davon kam während des 18. Jh. aus Frankreich. Milizias Anteil wurde bereits erwähnt. Weitere Autoren könnten angeführt werden, so z.B. Paolo Frisi, dessen *Saggio sopra l'architettura gotica* 1766 in Livorno veröffentlicht wurde, oder Ermenegildo Pini, Autor des 1773 veröffentlichten *Dell'architettura dialoghi.* Doch sind diese nicht sehr wichtig; es sind Sammlungen französischer Ideen.

Das Eindringen neuer Ideen im 19. Jh. ist den Anhängern der Neugotik zu verdanken, wie dies fast in ganz Europa der Fall war. Die Neugotik kam spät nacht Italien. Es begann zu Beginn des 19. Jh. mit Importen aus dem Ausland, hauptsächlich England, und in erster Linie im Zusammenhang mit der Gestaltung von Gärten.

551. Camillo Boito. Palazzo delle Debite in Padua, 1872–1874.

552. Camillo Boito. Museo Civico in Padua, 1879.

553. Pelagio Palagi. La Margheria in Racconigi, 1834–1839.

554. Hans Christian und Theophil Hansen. Bibliothek Vallianeios, Universität und Akademie in Athen, 1839–1891.

555. Luftaufnahme von Athen (1932), aus der das urbanistische System ersichtlich wird, das Friedrich von Gärtner 1836 projektierte, sowie die wichtigsten neoklassischen Gebäude: der Königliche Palast und das Zappeion (rechts), die Universität und die Akademie (links).

Doch das erste Werk von Bedeutung war wohl La Margheria in Racconigi bei Turin, 1834–1839 erbaut und von Pelagio Palagi (1775–1860) entworfen (Abb. 553). Auf der anderen Seite Italiens, in Padua, hatte Giuseppe Jappelli 1842 seinen gotischen Flügel am Café Pedrocchi fertiggestellt. Im Grund genommen waren dies jedoch leichtherzige, frivole Strukturen. Mit dem Entstehen des italienischen Nationalismus wurde allmählich das Interesse an Italiens eigener gotischer Vergangenheit geweckt und ein ernsthaftes Wiederaufleben geplant. Die einflußreichsten Exponenten waren in diesem Zusammenhang Pietro Selvatico (1803–1880) und Camillo Boito (1836–1914).

Selvatico aus Venedig war kein großer Revolutionär. Er übernahm Ideen von Pugin, Ruskin und Viollet-le-Duc, fügte aber eigene hinzu. Er baute nicht viel Interessantes, bildete aber Boito aus. Obwohl Boito in Rom geboren war, wurde er von 1857 bis 1859 von Friedrich von Schmidt (1825–1891) an der Brera in Mailand unterrichtet, der dort aber zurücktrat, als Mailand an Österreich abgetreten werden mußte. Er widmete viel Zeit seines späteren Lebens der Fertigstellung des Kölner Doms. Aber Boito entlieh seine Ideen weder von Selvatico noch von Schmidt. Diese kamen vielmehr aus den Schriften Viollet-le-Ducs, den er wohl kennengelernt hat, als sie als Juroren für den Wettbewerb zur Gestaltung der Domfassade von Florenz fungierten. Boito unterrichtete an der Brera als Nachfolger Schmidts und übte diese Tätigkeit ganze 48 Jahre lang aus. Auf diese Weise hatte er einigen Einfluß auf eine neue gestärkte Doktrin in Richtung Viollet-le-Ducs. Unter seinen Schülern waren Brentano, Beltrami, Moretti und Sommaruga. Seine eigenen Bauwerke in einem gereinigten, vereinfachten italienisch-mittelalterlichen Stil sind bemerkenswerter als alle anderen dieser Art in Italien, obwohl in keiner Weise anziehend. In Gallarate bei Mailand befinden sich zwei seiner frühen Arbeiten, ein 1865 angelegter Friedhof und ein sechs Jahre später gebautes Krankenhaus. Diese Bauwerke sind vergleichsweise zurückhaltend, aber Boitos Gotik wurde hier bereits prunkvoller und venezianischer. 1827–1874 erbaute er in Padua den Palazzo delle Debite (Abb. 551) und fünf Jahre später das Museo Civico (Abb. 552). Der Höhepunkt seiner Laufbahn ist aber in Mailand die Casa Verdi von 1899 an der Piazza Buonarroti (Verdis Librettist, Arrigo Boito, war Camillos Bruder).

Es gibt eine Anzahl solcher Gebäude in Italien, doch wurden nur wenige so sorgfältig im Detail geplant. Meist handelt es sich um Grabkapellen. Die Verfechter der Neugotik konzentrierten aber ihre Anstrengungen eher auf die Fertigstellung und den Umbau von Fassaden mittelalterlicher Kirchen. In ganz Italien gab es Wettbewerbe und Bauprogramme für die Fertigstellung gotischer Kirchen.

556. *François Boulanger und Theophil Hansen. Rundhof des Zappeion, Athen, begonnen 1874.*

557. *Charles Bulfinch. Massachusetts State House in Boston, 1792.*

558. *Thomas Jefferson. University of Virginia, Charlottesville, 1804–1827, Ansicht gegen die Pantheon-Bibliothek.*

559. Benjamin Latrobe. Kathedrale in Baltimore, 1804–1818.

Es gab auch eine Handvoll phantastischer gotischer Häuser gegen Ende des Jahrhunderts – Ernesto Pirovanos Villa Crespi in Capriate d'Adda aus dem Jahr 1890 und Gino Coppedis Castello Mackenzie in Genua, das einige Jahre später erbaut wurde, sowie viele weitere, sogar in Sardinien. Es waren jedoch nicht diese stilistischen Extravaganzen, die die Zukunft beeinflußten, sondern eher die Schriften und Vorlesungen Boitos. Er ermutigte die Architekten zur Verwendung verschiedener Materialien wie Backstein. Manchmal wurde er verputzt, obwohl man dies für nicht »ehrlich« hielt. Man verwendete Stein zur Verstärkung der Fensteröffnungen. Eine rein dekorative Aufgabe durften nur farbige Ornamenttafeln und Kacheln übernehmen. Jedes Element sollte bedeutungsvoll sein. Boito lieferte die Grundlage für neue künstlerische und handwerkliche Ideen und letztlich für den »Stile Floreale« und für den Futurismus.

Die Architektur in Griechenland

Am Ende des 3. Jahrzehnts des 19. Jh. war Athen zu einer Gemeinde von unter 10 000 Einwohnern geschrumpft. Das Wiederaufleben der Architektur, besonders der klassischen, begann erst spät. Tatsächlich konsolidierte sich diese Bewegung in Athen erst, als sie im restlichen Europa bereits wieder aus der Mode war. Es mag paradox erscheinen, aber der Stil war vom Ausland importiert. Er kam im Jahr 1832 zusammen mit dem neuen Monarchen, Prinz Otto von Bayern, ins Land. Der erste Plan für die Erneuerung der Hauptstadt Athen wurde von Stamathios Kleanthis aufgezeichnet, der in Berlin zusammen mit Eduard Schaubert von Schinkel ausgebildet worden war. Aber dieser Plan wurde nicht akzeptiert, und das gleiche Schicksal erlitt der im darauffolgenden Jahr von keinem Geringeren als Leo von Klenze erstellte, der von Ottos Vater, Ludwig I. von Bayern, nach Griechenland entsandt worden war, um dort die Dinge ins reine zu bringen. Von Klenze schlug einen großen Palast im Kerameikos-Bezirk unweit des Hephaestostempels vor.

Im gleichen Jahr empfahl Schinkel, angespornt durch die Kenntnis dieses großartigen Unternehmens, einen Königspalast direkt auf der Akropolis. Sein Plan war ein prächtig malerisches Bündel klassischer Formen, vermischt mit den Tempeln aus dem Altertum. Innen sollten die Gebäude farbenprächtig ausgestaltet werden. Schinkel kam aber nicht nach Griechenland und konnte seine Vorstellungen nicht durchsetzen. Der neue Stadtplan sowie der Königliche Palast wurden endlich 1836 nach den Plänen eines weniger ehrgeizigen und praktischeren Baumeisters, Friedrich von Gärtner, begonnen (Abb. 555). Diese deutschen Architekten, obwohl sie wenig bauten (von Klenzes einziges Gebäude in Athen, die römisch-katholische Dionysioskirche, ab 1853 errichtet, im Renaissancestil), gaben den Ton an und bestimmten das Aussehen aller später errichteten wichtigeren Gebäude. Der Neoklassizismus wurde als offizieller Stil übernommen. Diese Architektengruppe wurde (wie auch die Wittelsbacher Dynastie) von Dänen abgelöst, nämlich von Hans Christian Hansen (1803–1883) und seinem Bruder Theophil von Hansen (1813–1891). Diese Männer etablierten den Neoklassizismus in Griechenland und erstellten eine Reihe von Denkmälern in jenem Stil, der heutzutage überall in der Welt zu sehen ist. Drei davon gehören zusammen (Abb. 554): die Universität (1839–1849, H. Chr. Hansen), die Akademie der Wissenschaften (1859–1887, Th. von Hansen) und die Bibliothek Vallianeios (1888–1891), Th. von Hansen). Die beiden haben aber noch viel mehr gebaut, und das gleiche trifft auf ihren Schüler Ernst Ziller (1837–1923) zu, der erstmals 1861 nach Athen kam, sowie auf ihre Rivalen und Nacheiferer, die Franzosen François Boulanger (1807–1875) und E. Troumpe, ebenso auf die griechischen Architekten Panayotis Kalkos (1800–1870), Stamathios Kleanthis (1802-1862) und Lysandros Kaftanzoglu (1812–1885). Kaftanzoglu bekam seine berufliche Ausbildung sowohl in Paris als auch in Rom. Selbstverständlich waren diese Männer hauptsächlich in Athen tätig, wo sie solche Extravaganzen wie den Rundhof des Zappeion (François Boulanger begann ihn 1874, aber Theophil von Hansen übernahm diese Arbeit, Abb. 556) und das Haus Heinrich Schliemanns, das Iliou Melathron, jetzt Oberstes Gericht (E. Ziller, 1878) schufen. Aber bedeutende neoklassische Gebäude wurden auch in Piräus errichtet und weit verstreut sogar bis Patras und auf den entlegeneren Inseln. Ihre lebhaften, starren Formen und Details wurden in ganz Griechenland kopiert, so daß sogar die

560. Benjamin Latrobe. Supreme Court Chamber, Washington, 1815–1817.

ärmlichsten Häuser zu Modellen klassischer Geradheit umgewandelt wurden. So gut wie unverändert und intakt überlebte dieser Stil bis zum Jahr 1920. Seither wurden viele der weniger wertvollen Gebäude zerstört, andere wurden drastisch verändert, wie z.B. der Palast Dimitriou am Syntagmaplatz von Theophil von Hansen, aus dem das Hotel Grande Bretagne wurde, das in dieser Form bis 1958 überlebte; dann wurde es abgerissen und neu aufgebaut, wobei nur die Eisenkonstruktion für das neue Hotel übernommen wurde. Sicherlich wurde dieser außergewöhnliche Nachtrag zur neoklassischen Bewegung sowohl von den Ausländern als auch von den Griechen selbst stark unterschätzt.

Amerika

Leute, die für den neugriechischen Architekturstil schwärmen, finden kein lohnenderes Land als Nordamerika. Hier erlebte dieser Stil in der ersten Hälfte des 19. Jh. eine fruchtbare, manchmal vielleicht etwas grobe Blüte, für die James Stuart 1758 in seinem dorischen Tempel in Hagley den Samen gelegt hat. Thomas Jefferson (1743–1826) und Benjamin Latrobe (1764–1820) waren die interessantesten Architekten im Amerika des späten 18. Jh. Obwohl sich viele andere darum bemühten, deren Beispiel vom neugriechischen Stil des 19. Jh. nachzueifern, besaß doch keiner die Qualität eines Latrobe. Amerika mußte auf einen zweiten klassischen Architekten, der eine vergleichbare Vorstellungskraft besaß, bis zum Erscheinen von Charles Follen McKim (1847–1909), in den 1870er Jahren warten; er hatte seine Ausbildung an der École des Beaux-Arts in Paris erhalten.

Der Architekt Charles Bulfinch (1763–1844) zeigt die unbestimmte Wirkung, die der Klassizismus eines Chambers und R. Adams auf Amerika hatte. Sein gewölbtes und mit Säulen versehenes Massachusetts State House in Boston (1795–1798) ist eine grobe und prahlerische Ausgabe Perraults, Chambers' und Adams, das als Vorlage für viele staatliche Gebäude des 19. Jh. diente (Abb. 557). Inzwischen arbeitete der geschicktere Jefferson an den immer wieder geänderten Entwürfen für sein eigenes Monticello in Virginia. Das begann 1771 mit einem Grundriß, den er aus Robert Morris *Select Architecture* (1755) entnommen und mit einer Fassade von Palladios *Quattro Libri* verbunden hatte. Die Bauarbeiten für dieses sorgfältig durchdachte Gebäude wurden zwischen 1771 und 1782 ausgeführt. Als die Arbeiten am nicht fertiggestellten Gebäude zwischen 1793 und 1809 wieder aufgenommen wurden, wurde es vollständig umgestaltet in eine einstöckige Villa. Mit seiner vielseitigen und originellen Planung, dem malerischen Park und

561. Thomas Jefferson. Ein Pavillon der University of Virginia, Charlottesville, 1804–1817.

großartigen Ausblicken auf die Berglandschaft realisiert Monticello Jeffersons Traum des Wiedererstehens der römischen Villen, wie sie von Plinius beschrieben, von Lord Burlington und den Palladianern in England bewundert und in Robert Castells *Villas of the Ancients Illustrated* (1728) aufgezeichnet wurden.

In den Jahren 1785–1789 entwarf Jefferson das Virginia State Capitol mit einem großen ionischen Portikus; die Inspiration hierzu stammt vermutlich von der korinthischen Maison Carrée in Nîmes, die er etwa ein Jahr vorher gesehen und bewundert hatte. 1790 wurde das Gebiet bestimmt, auf dem die neue Bundeshauptstadt Washington erstehen sollte. Die Pläne hierzu wurden von dem Franzosen Pierre-Charles L'Enfant erstellt. Auf Jeffersons Empfehlung hin wurden 1792 Wettbewerbe für das Haus des Präsident und das Kapitol ausgeschrieben. Der Ire James Hoban (um 1762–1831) gewann den Wettbewerb für das Haus des Präsidenten (das Weiße Haus) mit einem altmodischen Entwurf, den er aus James Gibbs' *Book of Architecture* (1728) kopiert hatte. Der Wettbewerb für das Kapitol blieb ohne Ergebnis, und der ziemlich prosaische Gebäudekomplex, der zwischen 1792 und 1828 erstellt wurde, war das Ergebnis einer unerquicklichen Allianz zwischen dem Franzosen Étienne-S. Hallet und drei in England geborenen Architekten, William Thornton (1759–1828), George Hadfield (um 1764–1826) und Benjamin Latrobe. Die Seitentrakte und das beherrschende Gewölbe mit seinem gußeisernen Gerippe wurden 1851–1865 von Thomas U. Walter (1804–1887) zugefügt.

Es ist direkt eine Erleichterung, sich vom Kapitol dem neuartigen Baustil und Charme von Jeffersons University of Virginia zuzuwenden. Die Idee eines »akademischen Dorfes«, das aus kleinen miteinander verbundenen Gebäuden besteht (Abb. 561), die von Rasen und Bäumen umgeben sind, war in Jeffersons Vorstellungswelt zwischen 1804 und 1810 entstanden, doch wurden erst 1817 die endgültigen Pläne gezeichnet und der Grundstein gelegt. Der charmante Grundriß mit den beiden aus fünf palladianischen Pavillons bestehenden Gruppen, die mit Arkaden untereinander verbunden sind und, durch einen großen Rasen getrennt, sich gegenüberstehen (Abb. 558), scheint — für den Indeterministen Jefferson ironischerweise — von Louis' XIV. Schloß Marly, dem bedeutendsten Denkmal des französischen Absolutismus, inspiriert zu sein, das Jefferson bei seinem Aufenthalt in Paris aufgesucht hatte. In der Tat hatte Jefferson in Soane bereits einen Vorgänger, dessen nicht ausgeführte Pläne von 1809 für die Royal Academical Institution in Belfast in gleicher Weise von der Pavillonanordnung in Marly inspiriert waren. Mit den niedrigen, frei stehenden, um eine riesige Rasenfläche gruppierten Gebäuden ist auch Wilkins' Downing College in Cambridge (entworfen 1804–1806, ausge-

562. *William Strickland. Die Börse in Philadelphia, 1832.*

führt 1807–1820) ein Vorgänger der Anlage der Virginia University. Jeffersons zehn Pavillons, in denen sich Vorlesungsräume und die Unterkünfte für die zehn Professoren befinden, waren alle verschieden gestaltet. In den meisten von ihnen fand man Bezüge auf Quellen des alten Roms, wie z.B. die ionische Säulenordnung des Tempels der Fortuna Virilis (Pavillon II) oder die dorische Ordnung der Thermen Diokletians (Pavillon I), während Pavillon IX mit seiner zentralen Exedra von Ledoux' Hôtel Guimart (1773–1776, Abb. 226, 227) oder Soanes Projekt für Shotesham Park in Norfolk (1785) inspiriert sein mag. Auf Benjamin Latrobes Empfehlung hin stellte Jefferson an den Kopf der gesamten Komposition ein großes Pantheon oder eine Rotunde (1823–1827 ausgeführt), worin sich eine Suite von drei ovalen Räumen und eine großartige kreisförmige Bibliothek befinden (Abb. 558).

Benjamin Latrobe kam nach einer Ausbildung in England bei dem originellen, etwas exzentrischen Architekten Samuel Pepys Cockerell (1753–1827), 1796 nach Virginia. Latrobes erste bedeutende Arbeit in Amerika war das Staatsgefängnis in Richmond, Virginia (1797/98), mit einem kraftvoll gerundeten Eingangstor in Soanes »primitivistischem« Stil. Bald zog es jedoch Latrobe nordwärts noch Philadelphia. 1798 erhielt er den Auftrag zum Bau der Bank of Pennsylvania in Philadelphia. Latrobes asketischer Tempelbau, ein einfaches Rechteck mit einem griechisch-ionischen Portikus an beiden Stirnseiten, gipfelte in einem zentralen, runden, gewölbten Raum, der sich offensichtlich aus den Doktrinen Laugiers ableitet, während das von oben erhellte Gewölbe an Soanes Effektenabteilung von 1792 in der Bank of England erinnerte. Die Zerstörung von Latrobes Gebäude in den 1860er Jahren war ein unersetzlicher Verlust für die amerikanische Architektur. Seine nächste Arbeit, die Wasserwerke von Philadelphia (1798–1801, 1827 zerstört), in denen sich eine Rotunde auf einer rechtwinkligen Basis erhebt, die mit einer radikalen und nicht kannelierten griechisch-dorischen Säulenordnung gegliedert ist, scheint eine Nachahmung von Ledoux' Rotonde de la Villette (1785–1789, Abb. 309) zu sein.

Im Jahr 1803 wurde Latrobe zum Inspekteur der Öffentlichen Gebäude der Vereinigten Staaten ernannt. Zu seinem Aufgabenbereich gehörte auch die Fertigstellung von Thorntons Kapitolgebäuden in Washington. Latrobes erstes House of Representatives war ein ovaler Raum mit Säulen, deren Kapitelle jenen des Lysikratesdenkmals in Athen nachempfunden waren. Sein Soane-ähnliches Vestibül mit amerikanischen Maisblattkapitellen wurde 1809 im östlichen Sockelgeschoß errichtet und von ihm nach dem Brand 1814 wieder aufgebaut. Wie Soane bei der Bank of England und den Law Courts reagierte auch Latrobe sehr einfallsreich auf die Aufgabe, in bereits vorhandenen Strukturen arbeiten zu müssen.

563. William Strickland. Second Bank of the United States in Philadelphia. Grundriß, 1818.

564. Thomas U. Walter. Andalusia, Pennsylvania, 1836.

565. Thomas U. Walter, Hauptgebäude des Girard College, Philadelphia, 1833–1847.

566. Thomas U. Walter. Ohio State Capitol, Columbus, 1838ff.

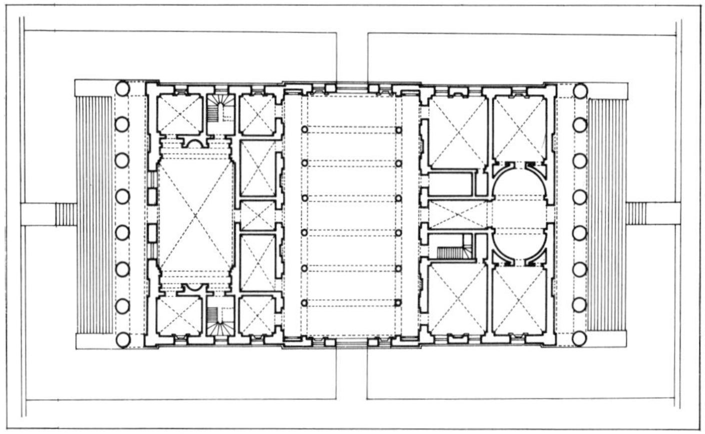

So baute er nach dem Brand auch den Senat und das House of Representatives nach einem verbesserten Grundriß wieder auf und baute eine kleine Rotunde mit Tabakblattkapitellen eigener Erfindung ein. Sein Supreme Court Chamber (1815–1817) für das Oberste Gericht, der sich unterhalb des Senats befindet, ist eine der am einfallsreichsten augestatteten Räumlichkeiten des amerikanischen Klassizismus (Abb. 560). Auf der Grundlage von Plänen, die er bereits 1806/07 angefertigt hatte, verdankt dieses Bauwerk mit seinem Bogentrio, die von verkümmerten griechisch-dorischen Sandsteinsäulen getragen werden, sowie auch das in eigenartiger Weise mit gotischem Maßwerk versehene Halbgewölbe viel den Architekten Ledoux und Soane.

Latrobes bekanntestes Gebäude ist die Kathedrale von Baltimore (Abb. 559). Mit ihrem niedrigen Flachbogengewölbe erinnert die Innenkonstruktion an Soanes Bank of England, obwohl der gesamte Bau keine Ähnlichkeit mit irgendwelchen Kirchen aufweist, die Soane jemals entworfen hat. Das Gebäude, ein Meisterwerk an Nüchternheit und Raffinement, wurde 1804–1808 geplant und 1809–1818 ausgeführt. Die zwiebelförmigen Aufsätze der Glokkentürme kamen 1832 dazu, doch die Entwürfe hierzu waren nicht von Latrobe. Sein ionischer Portikus wurde erst 1863 fertig, und im Jahr 1890 wurde der Chor taktvoll verlängert.

Latrobes Schüler, Robert Mills (1781–1855) und William Strickland (1788–1854), beherrschten die Architekturszene bis in die 1840er Jahre. Mills arbeitete bei Latrobe von 1803 bis 1808, und seine Frühwerke waren zentral geplante Kirchen in Philadelphia und Richmond, Virginia. In seiner achteckigen Monumental Church in Richmond (1812) interpretierte er die Neugotik mit durchdachter Originalität, die ihn als Erbe von Architekten wie Bonomi und Gentz auswies. In ähnlicher Manier baute er auch das Record Office 1822 in Charleston, South Carolina, mit unkannelierten dorischen Säulen, das wegen seiner Bauweise als »Fireproof Building« bekannt ist. Sein Ruf verfestigte sich mit dem Washingtonmonument in Baltimore (1814–1829), einer gigantischen unkannelierten dorischen Säule, nach deren Fertigstellung er in die Stadt Washington übersiedelte. In der Hauptstadt errichtete er große öffentliche Gebäude, wie z.B. das Schatzamt (1836–1839), das Patentamt (1836–1840) und das Washingtondenkmal (1836) sowie das Postamt (1839). Mit ihren riesigen Vorhallen und Arkaden begründeten sie ein mächtigeres und wirksameres nationales Image als die vergleichbaren, obgleich etwas früheren Gebäude in England von Wilkins und Smirke.

William Strickland wurde prominent durch seine bedeutende Second Bank of the United States (1818 ff.) in Philadelphia, das erste amerikanische öffentliche Gebäude, das dem Parthenon

nachgebaut war (Abb. 563). Seine United States Mint (1829–1833) in Washington ist ein unbedeutender Block im klassischen Stil, doch 1832 folgte sein einfallsreichster Beitrag zum neugriechischen Stil, die Börse in Philadelphia (Abb. 562). Die kreisförmig angeordnete korinthische Kolonnade der Börse, die von einer hoch aufstrebenden Laterne bekrönt und dem Lysikratesdenkmal nachempfunden ist, strahlt eine beeindruckende Dramatik aus, die seinem letzten größeren Werk, dem State Capitol in Nashville, Tennessee (1845–1849), fehlt.
Mindestens so erfolgreich wie Strickland waren sein Schüler, Thomas U. Walter und Alexander Jackson Davis (1803–1892), der sich 1829 mit Ithiel Town (1784–1844) zusammentat. Towns tempelartiges State Capitol von Connecticut, in New Haven (1827–1831), war ein würdiger Nachfolger von Stricklands Bank in Philadelphia und führte zu weiteren Aufträgen für ähnliche Kapitole. Der Parthenon diente auch als Modell für Davis' und Towns beeindruckendes Custom House in New York (1833–1842) wie für das gewölbte und mit Arkaden versehene, aus Granit gebaute Custom House in Boston (1837–1847) von Ammi B. Young (1800–1874). Ithiel Towns Bowers House in Northampton, Mass. (1825/26), mit seinem riesigen ionischen Portikus ist charakteristisch für zahllose Häuser im Tempelstil aus der ersten Hälfte des 19. Jh., während James Coles Bruces griechisch-dorisches Berry Hill in Virginia (1835–1840) dem Musterbeispiel Grange Park von 1809 von Wilkins sogar noch näherkommt. Und noch ein anderes »archäologisches« Haus, das man ebenbürtig neben Grange Park stellen kann, ist Andalusia nördlich von Philadelphia, 1836 von Thomas U. Walter entworfen (Abb. 564). Bauherr war der einflußreiche Nicholas Biddle, der, was für seine amerikanische Generation selten war, die griechischen Überreste selbst studiert hatte, als er 1806 durch Griechenland reiste. Biddle ist auch die Inspiration für Walters schönes Girard College in Philadelphia (1833–1847) zu verdanken (Abb. 565). Der zentral angelegte korinthische Peripteraltempel dort »enthält einen genial geplanten drei Stockwerk hohen Komplex gratgewölbter Räume, die ganz und gar in der neuesten (Millsschen) feuerfesten Bauweise errichtet sind« (W.H. Pierson, *American Buildings and their Architects, The Colonial and Neo-Classical Styles,* New York 1970, S. 437). Der zentrale Tempel wird auf jeder Seite von einem Paar tempelartiger Studentenwohngebäude flankiert, so daß insgesamt der Eindruck einer Version des Themas entsteht, das Wilkins beim Downing College in Cambridge in den Jahren 1804–1806 abgehandelt hatte. Für den riesigen Portikus seiner Hibernian Hall in Charleston, South Carolina (1835), übernahm Th. U. Walter den griechisch-ionischen Stil des Erechtheion, aber sein Ohio State Capitol, Columbus (1838 mit Hilfe von A. J. Davis entworfen und ab 1848 von W. Russel West und N. B. Kelly erbaut), ist insgesamt in einem heroischeren Maßstab gedacht (Abb. 566).
Diese fruchtbare klassische Tradition, die nach und nach in der Qualität, wenn nicht gar in der Quantität nachließ, bererrscht die amerikanische Architektur bis in die 1860er Jahre. Die Rückkehr Henry Hobson Richardsons (1838–1886) im Jahr 1865 von Paris nach Boston eröffnete eine neue Phase in der Geschichte der amerikanischen Architektur. Obwohl er an der École des Beaux-Arts in Paris von 1859 bis 1865 studiert und anschließend unter Labrouste und Hittorff gearbeitet hatte, importierte Richardson keinen französischen Klassizismus nach Amerika. Seine frühen Arbeiten, wie die Grace Episcopal Church in Medford, Mass. (1867/68), und das Crowninshield House in der Marlborough Street in Boston (1868/69), verdanken einiges den zeitgenössischen neugotischen Gebäuden in England, während er in den 1870er Jahren einen unerschütterlichen romanischen Baustil entwickelte, so z.B. bei der Brattle Square Church (1870–1872) und der Trinity Church in Boston (1873–1877), der Frankreich – und dort Vaudremer – mehr zu verdanken hatte. Richardsons vielleicht feinste Arbeit waren seine privaten Häuser aus den 1870er Jahren, wie William Watts Sherman House in Newport (1874/75) und Stoughton House in Cambridge (1882/83) in einem mit Platten verkleideten Landhausstil, der an die Arbeit Norman Shaws erinnert.
Somit gehört Richardson eigentlich nicht in das vorliegende Kapitel, das sich mit der »spätklassischen und italienischen Architektur« befaßt. Es war Charles Follen McKim, Student an der École des Beaux-Arts (1867–1870) und Assistent Richardsons, der einen akademischen neoklassischen Stil ins Leben rief. Zusammen mit seinen beiden Partnern, William Rutherford Mead und Stanford White, schuf er eine Reihe klassischer Meisterwerke mit eher römischem als französischem Flair (Abb. 567). Trotz der Brillanz der Boston Public Library (1888–1892) und umfangreichen Arbeiten in New York – die Villard Houses (1882), Columbia University (1893), University Club (1899), Morgan Library (1903) und Pennsylvania Railway Station (1904–1910) – hat der deterministische Hang der vorangegangenen Architekturhistoriker verhindert, daß man der Firma McKim, Mead & White die ihr zustehende kritische Aufmerksamkeit zugewandt hat.

567. McKim, Mead & White.
Bibliothek der Columbia University,
New York, 1893.

568. John Chute und Thomas Gayfere. Kapelle im Walde, Strawberry Hill, Middlesex, 1772–1774.

Von Walpole bis Rickman

1750 hatte die Neugotik in England bereits eine lange Geschichte hinter sich. Eines der beeindruckendsten und frühesten Beispiele dafür ist die Bibliothek des St. John's College in Cambridge von 1623/24. Auf die Gotik griffen auch schon Sir Christopher Wrens Tom Tower der Christ Church in Oxford (1681) und Nicholas Hawksmoors Anbauten an das All Souls' College in Oxford (1715–1734) sowie seine Westtürme an der Westminster Abbey in London (1735–1745) zurück. Als einer der ersten Architekten deutete Vanbrugh an, daß der gotische Stil eine Romantik und Qualität eigener Prägung haben könnte, obwohl er den gotischen Bogen niemals selbst verwendete. Aber sein 1717 begonnenes schmales Haus in Greenwich ist zweifellos »emotionell gotisch« (J. Summerson, *Architecture in Britain 1530–1830,* 5. Aufl. 1969, S. 237). Er setzte sich auch sehr für die Erhaltung des Holbein-Tors in Whitehall und, wie in Kapitel 2 erwähnt, für die Ruinen des alten Woodstock Manor im Park von Blenheim ein. Wenn Vanbrugh eine neue emotionelle Anregung gegeben hat, so schuf William Kent (um 1685–1748) die neue Formensprache, die unter dem Begriff »georgianische Gotik« bekannt wurde. Hierdurch erhält Kents Erneuererrolle eine große stilistische Bedeutung, doch muß festgestellt werden, daß die folgende Aufzählung seiner hauptsächlichen Werke im »Gothick«-Stil nicht ein Gebäude nennt, das mehr wäre als ein Anbau an bereits bestehende mittelalterliche oder Tudorgebäude: Esher Place, Surrey (1729–1733), Tor in Hampton Court, Middlesex (1742), Courts of Chancery and of King's Bench, Westminster Hall (1739), die Kanzel in York Minster (1741) und das Chorgitter in der Kathedrale von Gloucester (1741). Kents »mittelalterlicher« Stil war im Grund eine ignorante »gotische« Behandlung der klassischen Ordnungen und erwies sich in dieser Form als leicht nachahmbar. Batty Langeley (1696–1751) entwickelte Kents Andeutungen und kodifizierte die Details in seinem zuversichtlich betitelten Buch *Gothic Architecture, improved by Rules and Proportions* (1742), obwohl er offensichtlich einige Kenntnisse der mittelalterlichen Arbeiten aus erster Hand besaß. Die Früchte all dessen finden sich in den späteren 1740er und 1750er Jahren und sind besonders mit dem Namen des Gutsbesitzers in Warwickshire und Amateurarchitekten Sanderson Miller (1717–1780) verbunden. Abgesehen davon, daß er imitierte Burgen in Edge Hill (1745–1749), Hagley (1749), Wimpole, Cambridgeshire (1750), und Prior Park, Bath (1762), erbaute, gehörte Miller zu einer Reihe von Architekten, die für die Umgestaltung der Arbury Hall in Warwickshire ab 1750 für Sir Roger Newdigate verantwortlich zeichneten. Arbury war ein Tudorhaus klösterlichen Ursprungs aus der Vorreformationszeit, weshalb die Wahl des gotischen Stils gerechtfertigt erschien. Seine dramatische und schöne Gotisierung, die während der gesamten zweiten Hälfte des 18. Jh. währte, ist zum großen Teil auf den Architekten Henry Keene zurückzuführen, und obwohl es eine ganze Menge von Anklängen an mittelalterliche Quellen aufweist, ist der Gesamteindruck ganz und gar der des 18. Jh. In der Laycock Abbey in Wiltshire fügte Sanderson Miller 1754/55 ein bezauberndes »gothick« Tor und eine große Halle an, die zu den vorhandenen Klostergebäuden passen sollten. Aber sein überraschendstes Bauwerk im »Gothick«-Stil ist das erstaunliche Pomfret Castle, das 1760 in der Arlington Street in London für die verwitwete Gräfin Pomfret erbaut wurde. Es war als sei James Gibbs' gotischer Tempel in Stowe (1741) aus einer ländlichen in eine städtische Umgebung übertragen worden. Die Wahl der Gotik als Stil, der unabhängig bewundert wird, nicht einfach aus Assoziationsgründen, wurde 1750 von Horace Walpole in Strawberry Hill vorgesehen. Mit einer Vielzahl von Einzelheiten, die aus einer erstaunlichen Vielfalt mittelalterlicher Quellen entnommen sind, einschließlich Grabmälern von Westminster, Canterbury, Salisbury, Ely und Worcester wie Motiven von der alten St. Paul's Cathedral, der Kapelle Heinrichs VII. in Westminster Abbey und der Kathedrale von Rouen, ist Strawberry Hill ein Produkt kollektiven Strebens. Zwischen den 1750er und 1790er Jahren wurden die gelehrten Amateure Richard Bentley, John Chute, Thomas Pitt und James Essex von einer Vielzahl berufsmäßiger Architekten, einschließlich William Robinson, Robert Adam, James Wyatt und dem Baumeister der Westminster Abbey, Thomas Gayfere, unterstützt.

Chute und Gayfere arbeiteten 1772–1774 zusammen an der Gestaltung der Chapel in the Woods, die mit ihrer dem Grabmal Bischof Audleys in der Salisbury Cathedral nachempfundenen Fassade das solideste und überzeugendste Stück Gotik in Strawberry Hill war. Überall sonst herrschte die Fröhlichkeit des Rokokostils. Tatsächlich hatte das Haus, das Walpole von der Besitzerin eines gutgehenden Spielwarengeschäfts in London kaufte, immer die Atmosphäre von Spielzeug behalten. Strawberry Hill war tatsächlich eine Art Papierarchitektur, da viele der darin enthaltenen Details nicht direkt von mittelalterlichen Gebäuden, sondern von den entsprechenden Stichen kopiert waren, die sich in den Büchern von Walpoles Bibliothek befanden, insbesondere Dugdales *Warwickshire* (1656) und *St. Paul's* (1658) sowie Darts *Westminster* (1723) und *Canterbury* (1726). Paradoxerweise ist die engste Parallele zu dieser »malerischen Archäologie« das Verfahren, mit dem ab 1764 James Stuart den Park in Shugborough, Staffordshire, mit Miniaturausgaben der Athener Gebäude schmückte, die er

569. *James Wyatt. Fonthill Abbey, Wiltshire, 1795–1807.*

570. *James Wyatt. Fonthill Abbey, Wiltshire, Außenansicht von Südwesten, 1795–1807.*

571. *James Wyatt. Galerie von Fonthill Abbey, Wiltshire, 1795–1807.*

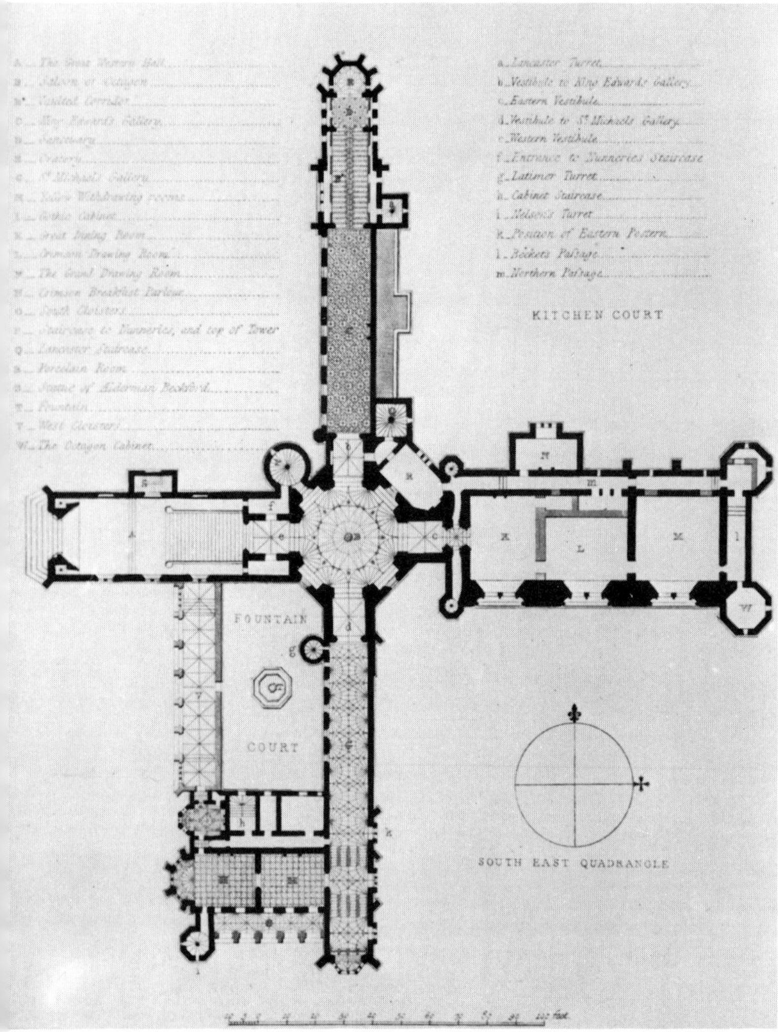

zusammen mit Revett in *Antiquities of Athens* veröffentlichte.
Ein Produkt malerischer Archäologie, das die ungeteilte Zustimmung Walpoles fand, war das Landhaus seines Freundes, Thomas Barrett, in Lee Priory bei Canterbury (1782). Hier lieferte James Wyatt, möglicherweise auf Empfehlung Walpoles an Barrett, eine Extravaganz, die in archäologischer Hinsicht in einigen Details genauer war als Strawberry Hill und trotzdem zu gleicher Zeit fast noch ausgefallener wegen eines achteckigen Turms mit Turmspitze. In Lee gab es keine mittelalterlichen oder klösterlichen Anklänge, das Wort Priory ist eine falsche Beifügung Barretts, die Wahl des gotischen Stils war aus rein ästhetischen Gründen getroffen worden. Tatsächlich arbeitete Wyatt sowohl klassische als auch gotische Entwürfe für Barrett aus, damit dieser wählen konnte. Was Barrett und Walpole besonders anzog, war Wyatts Fähigkeit, Wachstum und Veränderung an einem Gebäude vorzutäuschen.
Die gewölbte achteckige Bibliothek, die den eindrucksvollen Mittelpunkt der gesamten Komposition bildet, verdankt ihr Aussehen vielleicht zum Teil der Laterne aus dem 14. Jh. über der Vierung der Kathedrale von Ely. Ely oder möglicherweise die Stiche in J. Benthams *History and Antiquities of Ely* (1771) dient ebenfalls als Quelle eines phantastischen Mittelturms in Wyatts Fonthill Abbey, Wiltshire (1795–1807). Doch der brillante kreuzförmige Grundriß mit seinem atemberaubenden Blick über eine Entfernung von mehr als 300 Fuß vom Erkerfenster am Ende der St. Michaels Gallery durch das zentrale Achteck zur kleinen Kapelle am Nordende der St. Edwards Gallery ist allein Wyatts Vorstellungskraft entsprungen (Abb. 569–571). Beckfords ursprüngliche

572. Augustus Welby Northmore Pugin. St. Marie's Grange, Wiltshire, 1835.

573. Richard Norman Shaw. Adcote, Shropshire, 1876.

574. Anthony Salvin. Scotney Castle, Kent, 1835–1844.

Vorstellung, analog mit Barretts in Lee Priory, befaßte sich mit einem Gebäude, das einem Konvent ähnelte, teilweise für die Benützung als Wohnhaus umgebaut, das gelegentlich für Picknicks oder Gesellschaften diente. Seine Vorliebe für diesen Ort wuchs, bis er sich endlich 1805 entschloß, dort für dauernd zu wohnen. Das Gelände wurde angelegt und bepflanzt, so daß das Haus und die Umgebung langsam zum Inbegriff der malerischen Gotik wurden.

Bis hierher haben wir den neugotischen Stil als einen Aspekt der malerischen Theorie gesehen, der von Vanbrugh über Strawberry Hill und R.P. Knights Downton Castle bis zu Fonthill Abbey und Nashs brillant asymmetrischen irischen Burgen Killymoon (1803), Shanbally (1812) und Lough Cutra (um 1817) reicht, wobei wir freilich Nashs eigenen Landsitz East Cowes Castle auf der Insel Wight (um 1798; zerstört) nicht vergessen dürfen. Wir sollten aber auch zwei weitere Traditionen untersuchen, die eine im Zusammenhang mit dem Schloß und die andere mit der Kirche, die dem Malerischen weniger verdanken. Bei Clearwell Castle in Gloucestershire (1727) und in Inveraray Castle, Argyllshire (1745 begonnen), ahmte Roger Morris (1685–1749) das symmetrische Burggefüge des Mittelalters nach, das bereits in der Elisabethanischen und Jakobeischen Zeit in Mount Edgecumbe, Cornwall, Lulworth Castle, Dorset, und Ruperra Castle, Glamorganshire, neu entstanden war. Von hier aus war es nur noch ein Schritt bis zu James Wyatts Kew Palace (1802–1811) und Ashridge in Hertfordshire (1808–1813), Smirkes Lowther Castle in Westmoreland (1806) und Eastnor Castle in Herefordshire (1812) und Taymouth

575. Augustus Welby Northmore Pugin. Alton Castle, Staffordshire, 1847–1851.

576. William Butterfield. Pfarrhaus in Coalpit Heath, Gloucestershire, 1844.

577. Augustus Welby Northmore Pugin. Scarisbrick Hall, Lancashire, 1837–1845.

578. *William Butterfield. Baldersby Village, Yorkshire, 1855.*

579. *George Edmund Street. Kirche, Pfarrhaus und Schule in Boyne Hill, Maidenhead, 1854.*

Castle in Pertshire (1808) von J. und A. Elliot.
Weit mehr noch als der Burgenbau scheint der Kirchenbau im gotischen Stil eigene Merkmale gehabt zu haben. Die vielen gotischen Kirchen, die etwa in der Zeitspanne zwischen der von dem jüngeren Wing stammenden Kirche in King's Norton, Leicestershire (1760–1775), und Charles Barrys St.-Peters-Kirche in Brighton (1823–1826) gebaut wurden, zeigen keine wesentliche Entwicklung des Verständnisses mittelalterlicher Struktur, obwohl James Savages St. Luke's in Chelsea (1819–1825) erstmals ein gemauertes anstelle eines verputzten Gewölbes aufwies. In Theale in Berkshire bauten Edward Garbett und John Buckler von 1820 bis 1832 Holy Trinity, eine beeindruckend vollständige und korrekte Nachbildung des Spitzbogenstils der Kathedrale von Salisbury. Nachdem gewöhnlich beim Kirchenbau im 18. und zu Beginn des 19. Jh. der Perpendikularstil die gebräuchliche Bauweise war, stellt Theale einen bedeutenden Versuch zur Verbreitung des historischen Verständnisses der mittelalterlichen Architektur dar. Indem sie sich bei der Gestaltung des Turms an den zerstörten Turm der Salisbury Cathedral hielten, konnten Garbett und Buckler den Verfechtern des gotischen Baustils aus dem 18. Jh. eine scharfe Zurechtweisung erteilen, da man die in Salisbury durchgeführte Zerstörung nicht ganz fairerweise James Wyatt anlastete.
Aber die neue und ernsthaftere Phase der Neugotik, deren Vorbote der Entwurf der Holy Trinity in Theale ist, wurde nicht so sehr von den Architekten, sondern von den Altertumsforschern und Verlegern durch das eingeleitet, was Dr. Crook die »bibliographische Revolution« (C.L. Eastlake, *A History of the Gothic Revival,* 1872, Neuausgabe von J.M. Crook, Leicester University Press, 1970) nannte. Zwischen den 1790er und 1830er Jahren veröffentlichten John Carter (1748–1817) und John Britton (1771–1857) eine Reihe einflußreicher Bücher über mittelalterliche Architektur, die wie Stuarts und Revetts *Antiquities of Athens* den Architekten ein authentisches neues Vokabular an die Hand gaben. Zu Carters Veröffentlichungen gehörten *Views of Ancient Buildings in England* (1786–1793), *Ancient Architecture of England* (1795 und 1807) sowie zahlreiche Artikel im *Gentleman's Magazine,* in denen die unsachgemäße Wiederherstellung mittelalterlicher Gebäude angeprangert wurde. Brittons wichtigste Arbeiten waren *The Architectural Antiquities of Great Britain* (1804–1814) und, noch bedeutender, die hervorragend illustrierten 14 Bände *The Cathedral Antiquities of Great Britain* (1814–1835). Thomas Rickmans *Attempt to Discriminate the Styles of English Architecture* (1817) lieferte ein Vokabular für die Kennzeichnung »Early English«, »Decorated« und »Perpendicular«, was eine beruhigende Parallele zu den vertrauten Begrif-

580. Augustus Welby Northmore Pugin. St. Giles' in Cheadle, Staffordshire, 1839–1844.

581. Augustus Welby Northmore Pugin. Innenansicht von St. Giles' in Cheadle, Staffordshire, 1839–1844.

582. Augustus Welby Northmore Pugin. Chor von St. Augustine's in Ramsgate, Kent, 1845–1850.

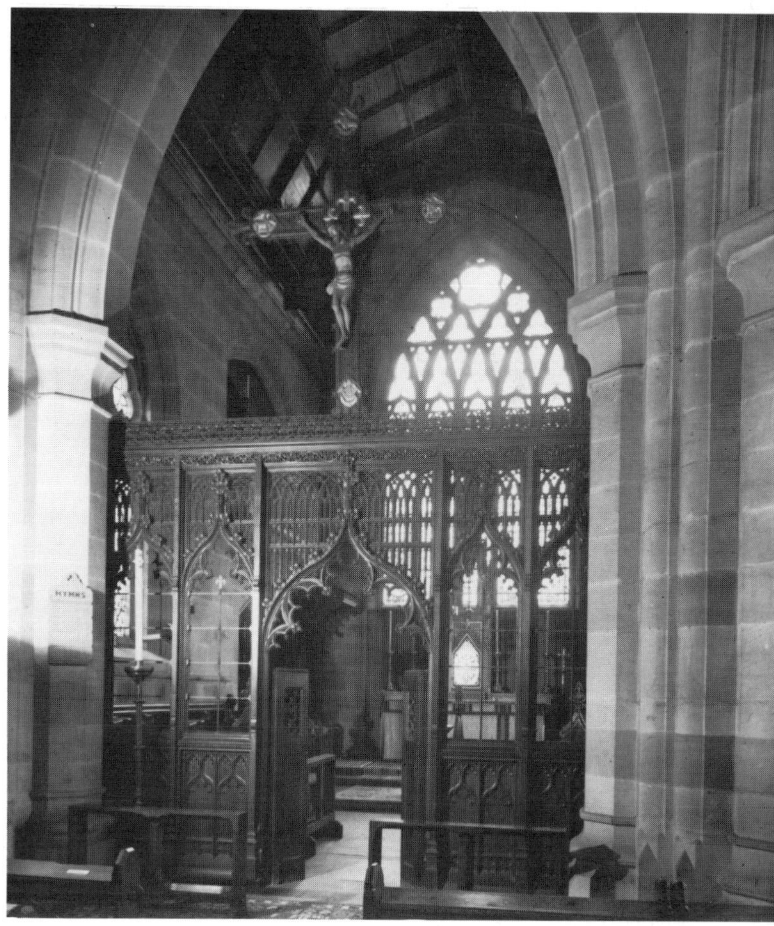

583. John Loughborough Pearson. St. Mary's in Dalton Holme, Yorkshire, 1858.

fen »dorisch«, »ionisch« und »korinthisch« der klassischen Architektur ergab und den Vorteil hatte, daß man es leicht im Gedächtnis behalten und anwenden konnte. Und zu guter Letzt zeigten A.C. Pugins *Specimens of Gothic Architecture* (1821–1823) die Sprache des gotischen Details auf technischen Zeichnungen zum Nutzen der Handwerker und Zeichner.
Die Szene war nunmehr für die Ankunft des Helden bereit: A.C. Pugins gefeierter Sohn, Augustus Welby Northmore Pugin.

Pugin und sein Einfluß

A.W.N. Pugin (1812–1852) hat vermutlich genausoviel Einfluß auf die englische Architektur ausgeübt wie irgendein anderer einzelner Architekt jener Zeit (Abb. 572, 575, 577, 580–582). In einer Reihe vielbeachteter Bücher – *Constrasts* (1836), *The True Principles of Pointed or Christian Architecture* (1841), *The Present State of Ecclesiastical Architecture in England* (1843) und *An Apology for the Revival of Christian Architecture in England* (1843) — vertrat Pugin die Ansicht, daß die Gotik *der* Stil überhaupt sei, daß es sich in der Tat kaum um einen »Stil« handle, sondern um die »Wahrheit«. Gotik sei der wahre Ausdrck echten Bauens und echter Funktion, echter Religion (d.h. des römischen Katholizismus) und des wahren Wesens des englischen Volkes. Somit konnte er behaupten, daß er »keinen Stil, sondern ein Prinzip« verteidige (*An Apology...,* 1843, S. 44). Dadurch legte er das Fundament für die viktorianische Architektur. Seine Schlußfolgerung, einem Gebäude, das seine Konstruktion offenbart, gebühre besonderes Verdienst, gewann auch für die moderne Architektur große Bedeutung.
Wie immer wir zu seinen Schlußfolgerungen stehen, kann nicht bestritten werden, daß Pugin einer der wenigen Engländer war, die in verständlicher Weise über die architektonische Theorie nachgedacht haben. Sein Vater war französischer Emigrant, und der Sohn gehörte der französischen Intellektuellentradition der architektonischen Theoretiker von Perrault bis Laugier an. Pugins erstes Buch *Contrasts* (1836) verteidigte die Sache der Gotik, indem es in unterhaltsamer Weise die Reformation als Urheber einer falschen Religion und einer falschen, d.h. klassischen Architektur angriff. Fünf Jahre später jedoch, als er vermutlich fühlte, daß seine protestantischen Zuhörer in England doch eine breitere Argumentation verlangten, verteidigte er seine leidenschaftliche Parteinahme für den gotischen Stil, indem er die Sprache des neoklassischen Rationalismus des 18. Jh. wiederholte. Die Gleichsetzung architektonischer Schönheit mit struktureller Ehrlichkeit wäre in Frankreich und Italien aus den Schriften von Männern wie Cordemoy, Laugier

584. George Frederick Bodley. Holy Angels in Hoar Cross, Staffordshire, 1872 ff.

585. George Frederick Bodley. Detail des Inneren von Holy Angels in Hoar Cross, Staffordshire, 1872–1900.

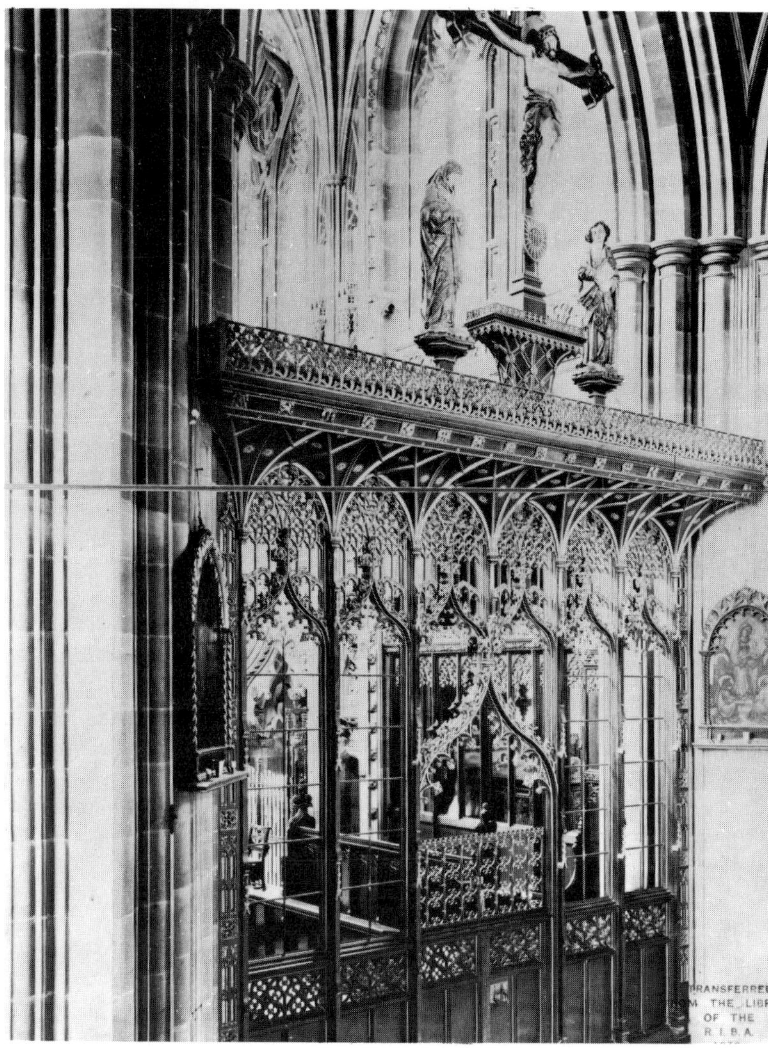

und Lodoli vertraut gewesen, aber in England hatte dies wenig Einfluß. Die rationale und akademische Analyse der gotischen Bauweise als Grundlage für eine moderne Architektur, die von Cordemoy ausgelöst wurde, brachte Pugins Zeitgenosse Viollet-le-Duc zum Höhepunkt. Pugins Beitrag zu dieser Tradition war weniger einflußreich als seine soziologische und ethische Interpretation der Architektur als Hinweis auf den Zustand der Gesellschaft. Dies war die Vision, von der die viktorianischen Gotikverfechter Butterfield, Street, Pearson, Bodley beflügelt wurden: christliche Architekten schaffen eine christliche Gesellschaft mit christlichen Gebäuden.

Bei der Untersuchung der malerischen Tradition im Kapitel 2 haben wir die Bedeutung unterstrichen, die Salvins Scotney Castle in Kent (1835–1844, Abb. 574) zukam, besonders hinsichtlich seiner Beziehung durch einen landschaftlich angelegten Garten mit den Ruinen des mittelalterlichen Scotney Castle. Salvins neues Bauwerk war selbst gleichermaßen revolutionär. Die asymmetrische Trennung an der Vorderseite des Eingangs, die anscheinend funktionelle Anordnung von Fenstern und Kaminen, die in beredtem Kontrast zu den blanken Wandflächen standen, die kraftvolle diagonale Linienanordnung, all dies könnte man als »Pugin-Stil« beschreiben, obwohl paradoxerweise der 23 Jahre alte Pugin selbst noch nicht fähig war, eine Arbeit von dieser Qualität hervorzubringen.

Was Pugin 1835 entwarf, können wir an seinem eigenen Haus St. Marie's Grange in Wiltshire (Abb. 572) sehen. Obwohl kleiner im Maßstab, sehen wir hier wieder die gleiche entschlossene Asymmetrie, die Scotney charakterisierte und die uns befähigen soll, den inneren Zweck des Gebäudes zu erkennen. Das Haus wurde vermutlich von Pugin selbst umgebaut und vergrößert, doch ist sein ursprüngliches Aussehen in einer von ihm 1835 gefertigten Skizze festgehalten, in der er sorgfältig die Beziehung des Hauses zur in der Ferne sichtbaren Salisbury Cathedral darstellt – wiederum eine Parallele zur Beziehung zwischen den beiden Schlössern in Scotney. Die engen Proportionen von St. Marie's Grange, der ehrgeizige Vertikalismus bei den hohen Dächern und Türmen, das steil abfallende Gelände und die Zugbrücke, all das erinnert überraschenderweise an ein anderes bahnbrechendes Haus, das von einem Architekten als eigener Sitz mehr als ein Jahrhundert vorher erbaut wurde: Vanbrugh Castle in Blackheath.

Obwohl Salvins spätere Laufbahn produktiv und in vieler Hinsicht bemerkenswert war, erfüllte er doch nicht ganz die seit Scotney in ihn gesetzten Erwartungen. Es war Pugin, der jene Sprache der Wohnhausgotik in einer paradoxen Kombination von funktionellem und malerischem Stil entwickelte, die in so brillanter Weise von

586. Edward Buckton Lamb. Nunn Appleton Hall, Yorkshire, 1867.

587. William Butterfield. Innenansicht von All Saints', Margaret Street, London, 1849–1853.

588. William Butterfield. All Saints' in Margaret Street, London, 1849–1853. Grundriß.

589. William Butterfield. Kanzel in All Saints', Margaret Street, London.

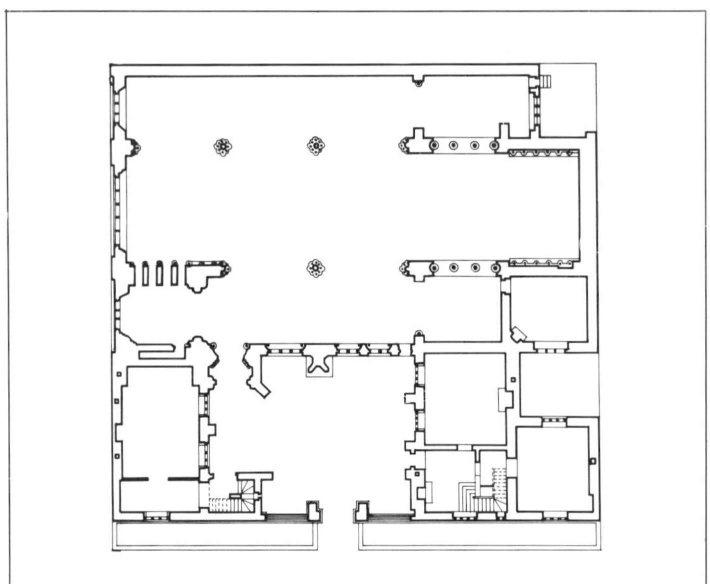

590, 591. William Butterfield. Kapelle von Keble College in Oxford, um 1867.

Richard Norman Shaw verwendet wurde. Zwischen St. Marie's Grange und Shaws Adcote in Shropshire (1876, Abb. 573) liegen Pugins Scarisbrick Hall in Lancashire (1837 ff., Abb. 577) und Alton Castle in Staffordshire (1847ff., Abb. 575) mit der harten Trennung von Bauelement zu Bauelement, wobei jedes funktionelle Element seine eigene deutlich erkennbare Form und sein eigenes Dach hat. Auch eine etwas bescheidenere Wohnhausserie stammte aus Pugins frühem Experiment mit St. Marie's Grange. Zwischen 1840 und 1843 entwickelte er das Thema der »malerischen Zweckbauweise« (S. Muthesius, *The High Victorian Movement in Architecture 1850–1870,* 1972, S. 4–10) in einer Reihe bedeutender und einflußreicher Häuser – Bishop's House in Birmingham (zerstört), Catholic School and House in Spetchley, Worcestershire, und sein eigenes Haus, The Grange in Ramsgate, Kent. Diese ernstgemeinte und angeblich »wahre« Bauweise fand sofort Eingang in die Ecclesiological Society, die sich damals bemühte, Ideen in der anglikanischen Kirche zu popularisieren, von denen Pugin behauptete, sie seien im wesentlichen katholisch. Butterfields Pfarrhaus in Coalpit Heath, Gloucestershire (1844, Abb. 576), und Baldersby Village in Yorkshire (1855, Abb. 578), Streets Pfarrhaus in Colnbrook, Buckinghamshire (1853), und die aus Kirche, Pfarrhaus und Schule bestehende Gruppe in Boyne Hill, Maidenhead (1854–1860, Abb. 579), sowie William Whites Pfarrhäuser in Lurgeshall, Sussex (1852), und Little Baddow, Essex (1857/58), sind alle undenkbar ohne den Präzedenzfall Pugin. Nicht weniger bedeutsam ist das Gebäude, das am Ende dieser Entwicklung steht, nämlich William Morris' Red House in Bexley Heath, das Philip S. Webb im Jahr 1859 für ihn entwarf und das lange Zeit, so ironisch das auch klingen mag, als Meilenstein auf dem Weg zur modernen Bewegung bejubelt wurde.

Vermutlich beeinflußte Pugins Kirchenbaustil seine Zeitgenossen weniger als sein Hausbaustil. Dessenungeachtet hat er uns einige einmalig schöne Innenausstattungen hinterlassen, die von St. Chad's in Birmingham (1839) aus seiner frühen Schaffensperiode bis zur soliden frühviktorianischen St. Giles', Cheadle, Staffordshire (1839 ff., Abb. 580, 581) reichen. Zu dieser Reihe gehört auch sein Spätwerk St. Augustine's in Ramsgate (1854 ff., Abb. 582), vielleicht seine am vollendetsten gestaltete Kirche. Bei der Kirche in Ramsgate, deren Baukosten zum größten Teil er selbst trug, konnte er in seinem profunden Gefühl für die kraftvolle Struktur und verschwenderische Verzierung der englischen Gotik aus dem frühen 14. Jh. schwelgen. Das Ergebnis ist ein Stück lebender Archäologie, das einen tiefen Eindruck bei solchen Nachfolgern Pugins wie Sir G.G. Scott (1811–1878), J.L. Pearson (1817–1897) und G.F. Bodley (1827–1907) hinterließ. Pearsons üppige Kirche

592. *George Edmund Street. Apsis von St. James-the-Less, London, 1859.*

593. *George Edmund Street. Innenansicht (Detail) von St. James-the-Less, London.*

von Dalton Holme (1858, Abb. 583) ist eine Verwirklichung des Puginschen Traums wie auch viel später die pompöse Holy Angels in Hoar Cross (1872–1900, Abb. 584, 585) von Bodley, in dessen Laufbahn wir eine Wiedergeburt des Pugin-Stils feststellen können. Bodleys All Saints' in Cambridge (1863–1870) ist der Wendepunkt, an dem er die Überschwenglichkeit der 1850er Jahre zugunsten des ruhigeren mittelalterlichen Stils Puginscher Prägung aufgab.

Hochviktorianisch

Soeben wurde die Überschwenglichkeit als charakteristisches Merkmal der 1850er Jahre angeführt. Es gilt als allgemein anerkannt, daß ziemlich unerwartet die Neugotik zwischen 1850 und 1870 einen leidenschaftlichen Zeitabschnitt durchmachte, indem sie sich deutlich von dem unterschied, was vorher und nachher war. Diese Neugotik ist abwechselnd kraftvoll und geometrisch, naturalistisch und vielfarbig, unfreundlich, ja sogar brutal. Insbesondere sind die Namen Butterfield, Lamb, Teulon, Burges, White, Brooks und die frühen Arbeiten Streets und Bodleys damit verbunden. Auch die aufwendigen Profanbauten von Scott und Waterhouse müssen hier genannt werden.

Der älteste dieser Architekten war Edward Buckton Lamb (1805–1869). Sein bizarrer gotischer Stil hatte seine Ursprünge im malerischen Stil der präpuginschen Welt John Claudius Loudons und seines Kreises. Er schuf diesen Stil schon früh und entwickelte ihn nicht nach den Doktrinen Pugins und Butterfields. Infolgedessen wurde er von der Ecclesiological Society abgelehnt, doch rechtfertigt die Leidenschaftlichkeit seiner Arbeit in den 1850er und 1860er Jahren, so z.B. Nunn Appleton Hall, Yorkshire (1864, Abb. 586), seinen Platz in der hochviktorianischen Bewegung. Die Verworrenheit des Turms seiner Christ Church in West Hartlepool, Durham (1854); kehrt mit unverminderter Kraft wieder in St. Martin, Gospel Oak, London (1862–1865).

Ein weiterer Architekt mit gleichermaßen individueller Sprache ist William Butterfield (1814–1900), Abb. 576, 578, 587–591. Zusammen mit Pugin ist er der originellste und einflußreichste der ekklesiastischen Architekten in der Mitte des Jahrhunderts. Butterfields »Modellkirche« All Saints' in der Margaret Street in London (1849–1859), die für die Ecclesiological Society gebaut wurde, ist eine doktrinäre Aussage dieser neuen, reformierten Gotik (Abb. 587–589). Es handelt sich um eine kraftvolle Arbeit, bei der man schwerlich den Wunsch zu schockieren übersehen kann. In seiner ausgezeichneten Monographie, *William Butterfield* (1971), hat Dr. Paul Thompson versucht, Butterfield von seiner Neigung zu einer

594. William White. St. Michael's in Lyndhurst, Hampshire, 1858.

595. Samuel Sanders Teulon. Bestwood Lodge, Nottinghamshire, 1862–1864.

kreativen Häßlichkeit freizusprechen, die man hin und wieder in seinen Arbeiten sehen wollte. Wir sollten in diesem Zusammenhang jedoch nicht die Tatsache übersehen, daß der »Ekklesiologe« selbst in einem Artikel über die Kirchenweihe im Jahr 1859 (Band XX, S. 185) auf eine »beabsichtigte Präferenz der Häßlichkeit« Bezug nahm. In den frühen 1850er Jahren wandte sich Butterfield von seiner konstruktionellen Polychromie ab, kehrte aber zu ihr in überreichem Maß zurück in Kirchen wie St. Alban's in Holborn (1860) und in einem seiner kraftvollsten und bekanntesten Meisterwerke, dem Keble College in Oxford (1866–1886, Abb. 590, 591). Genauso brillant wie Butterfield und vielleicht noch etwas vielseitiger war George Edmund Street (1824–1881). Seine Frühwerke, das Pfarrhaus und das theologische College in Cuddesdon, Oxfordshire (1852), und die Kirche in Boyne Hill, Maidenhead (1854), trugen bereits den Samen jenes massiven und trügerisch einfachen Stils in sich, der Charles Eastlake zu der Annahme veranlaßte, daß Cuddesdon College und East Grinstead Convent »buchstäblich keinen architektonischen Charakter über das hinaus besitzen, was man durch grobschlächtige Maurerarbeit, ein steil abfallendes Dach und einige Dachgauben erreichen kann», obwohl er gleichzeitig behauptete, »jeder Entwurf trägt ein echtes Siegel, das man unmöglich verwechseln kann. Sie stammen von einer künstlerischen Hand« (*A History of the Gothic Revival,* 1872, S. 323).

Im Jahr 1855 veröffentlichte Street *Brick and Marble in the Middle Ages, Notes of a Tour in the North of Italy,* wo er die Kombination von Motiven verschiedener Stile und Länder verteidigte. In den späten 1850er und 1860er Jahren fuhr er damit fort, eine Gruppe origineller Kirchen zu schaffen, bei denen er sein aus erster Hand stammendes Wissen über die farblichen und konstruktionellen Einzelheiten der italienischen Gotik entwickelte. Aus dem Jahr 1859 datieren drei bemerkenswerte Kirchen in sehr verschiedenen Landesteilen; St. John the Evangelist, Howsham, Yorkshire, St. Philip and St. James, Oxford, und St. James-the-Less, London (Abb. 592, 593). Die massive Stämmigkeit von Howsham mit dem italienisch anmutenden westlichen Querschiff erscheint wieder in der größeren und plastischeren Kirche in Oxford, doch bleibt es St. James-the-Less vorbehalten, Street in seiner kräftigsten und brillantesten Form aufzuzeigen. Die gestreiften und rautenförmig gemusterten roten und schwarzen Backsteine ergeben eine interessante Mischung: Butterfield mit frühfranzösischen und norditalianischen Details.

Der ohne Strebepfeiler errichtete Backsteinbau ist 134 Fuß hoch und wird von einem massiven Ruskinschen Turm beherrscht. Die kraftvolle äußere Geometrie wiederholt sich im Innern durch die beharrliche Musterung in Fliesen und Marmor. »Maßlosigkeit«

596. John Loughborough Pearson. St. Peter's, Vauxhall, London, 1860.

597. James Brooks, St. Columba's in London, 1867.

598. William Burges. Decke des »smoking room« in Cardiff Castle, 1868–1874.

599. William Burges. Banqueting Hall in Cardiff Castle, 1868–1874.

600. Thomas Deane und Benjamin Woodward. Außenansicht des Universitätsmuseums in Oxford, 1853.

kann man sicherlich in den Arbeiten von William White (1825–1900) und Samuel Sanders Teulon (1812–1873) finden. Polychromatisch und eigensinnig ist Withes bizarre Kirche St. Michael's in Lyndhurst, Hampshire (1858/59, Abb. 594), die viele Eigenschaften mit Streets St. James-the-Less (Abb. 592) teilt, der aber insgesamt die Ausgeglichenheit fehlt.

Aber sogar White verblaßt zur Normalität neben der ganz und gar launischen Muskularität von Teulons Shadwell Park in Norfolk (1856–1860) oder Burges' Anbauten an Gayhurst, Bukkinghamshire (1859/60). Die Früharbeit Teulons, so z.B. Tortworth Court in Gloucestershire (1849–1852), sind mehr in der geschäftigen Art eines E.B. Lamb ausgeführt, aber spät in den 1850er Jahre schuf er Werke in einer plastischen Ausdrucksweise ähnlich der Streets, wie z.B. St. Mark's in Silvertown, Essex. Aber Teulons idiosynkratischer Genius fand seinen vollsten und erschreckendsten Ausdruck in der Gestaltung von Landhäusern. Sein Elvetham Park in Hampshire (1859–1862) ist das profane Gegenstück zu Streets zeitgenössischer St. James-the-Less (Abb. 592), was auch für John Prichards Ettington Park in Warwickshire (1858–1863) zutrifft. Vielleicht der Höhepunkt dieser sofort erkennbaren Teulonschen Art ist Bestwood Lodge in Nottinghamshire (1862–1864, Abb. 595).

John Longhborough Pearson (Abb. 583), der bei Salvin gearbeitet hatte, schuf 1857 für einen Geistlichen ein hochviktorianisches Landhaus in der Art Teulons, doch in geordneter Art: Quar Wood in Gloucestershire(1954 verstümmelt). Pearsons in ruhiger Geometrie gehaltene St. Peter's in Vauxhall, London (1860, Abb. 596), mit ihren Streetschen und Teulonschen Nachahmungen führt uns in stilistischer Hinsicht zu den Arbeiten James Brooks' (1825–1901). Brooks wurde durch seine mächtigen Kirchen in den Londoner Slumgebieten bekannt: St. Michael's, Shoreditch (1865), und Holy Saviour's, Hoxton (1866), St. Columba's (1867, Abb. 597) und St. Chad's (1868), beide in Haggerston, sowie Christ Church in Clapton (1870).

Einer der attraktivsten der eng zusammengehörigen Gruppe hochviktorianischer Gestalter war George Frederick Bodley (1827–1907). Als Dichter, Musiker und christlicher Gentleman, der die geschäftliche Seite seiner Arbeit verabscheute, lebte er in besten Verhältnissen und umgab sich mit schönen Dingen. Wie Butterfield lehnte er Architektenwettbewerbe entschieden ab und befaßte sich mit der Gestaltung luxuriöser, doch anspruchsvoller Kirchen (Abb. 584, 585). Wie Street und White war auch er Schüler Scotts, und sein Frühwerk, die Normal School in Cheltenham, Gloucestershire (1854), leitet sich über Pugin von Streets Cuddesdon aus dem Jahr 1852 ab. Bodleys St. Michael and All Angels in Brighton (1859)

601. *Thomas Deane und Benjamin Woodward. Innenansicht des Universitätsmuseums in Oxford.*

ist eine Stadtkirche aus Backstein mit frühfranzösischem Plattenmaßwerk und Bändern italienischer konstruktioneller Polychromie. Weit fesselnder ist seine Kirche All Saints in Selsley, Gloucestershire (1858–1862). In gewissem Sinn kann Selsley als das Juwel des viktorianischen christlichen Traums von reformierter Gotik und einer reformierten anglikanischen Kirche gelten.

Es wäre falsch zu schließen, daß sich die besondere hochviktorianische Ästhetik lediglich in der Gestaltung von Kirchen und Landhäusern ausgedrückt habe. Wir können diese Bauweise auch in bestimmten öffentlichen Gebäuden erkennen. Ein zukunftsträchtiges Gebäude war das Museum der Oxford University (Abb. 600, 601), das 1853 von Benjamin Woodward 1815–1861) von der Firma Deane und Woodward entworfen wurde. Dieses Gebäude zeigte die gesamte von den »realistischen« Hochviktorianern geforderte Polychromie und abrupte Winkligkeit im Detail und in der Baumasse, doch verband es damit erfolgreich eine eindrucksvolle symmetrische Eingangsfassade, die von einem zentral angeordneten Turm beherrscht wurde (Abb. 600). Dieses Rezept verbreitete sich sofort. So wurde es z.B. von Sir George Gilbert Scott in seinen nicht ausgeführten Skizzen für das Hamburger Rathaus (1854, Abb. 603) und für das Foreign Office in London (1856, Abb. 606) sowie von E.W. Godwin (1833–1886) in seinen eindrucksvollen Rathäusern in Northampton (1861) und Congleton, Cheshire (1864), verwendet.

Die Wettbewerbe für die staatlichen Büros in Whitehall im Jahr 1856 und die Law Courts in the Strand, 10 Jahre später (Abb. 602), ergaben eine reiche Ernte an »Papier-Architektur«, die sich mit mehr oder weniger Phantasie an der hochviktorianischen Gedankenwelt orientierte. Neben dem bereits erwähnten Entwurf von Scott für das Foreign Office standen die bemerkenswertesten Vorschläge von Street, Deane und Woodward sowie von Prichard und Seddon. Ein Jahrzehnt später waren die Eingänge der Law Courts noch überladener: Burges führt uns in eine nie gesehene Traumwelt. Auch die Entwürfe von John Pollard Seddon (1827–1906) scheinen aus einer anderen Welt zu stammen; er baute nämlich das Castle Hotel (später University College) in Aberystwyth, North Wales (1864). Der Geschmack von Alfred Waterhouse (1830–1905) ist nicht ganz so extrem zwischen seinen frühen, von Scott und Woodward inspirierten Manchester Assize Courts (1859) und seiner malerischen Manchester Town Hall von 1868 (Abb. 605).

Nach 1870 konnte die Dringlichkeit der Forderung nach »Wahrhaftigkeit« und »Reform« nicht länger aufrechterhalten werden; nunmehr schien ein Kompromiß erwünscht. Richard Norman Shaw (1831–1912), in gewisser Hinsicht der brillanteste Architekt des

602. William Burges.
Wettbewerbsentwurf für die Law Courts, London, 1866.

603. George Gilbert Scott. Wettbewerbsentwurf für das Hamburger Rathaus, 1854.

604. George Edmund Street. Law Courts in London, 1867ff.

Jahrhunderts, ist sicherlich die beherrschende Figur in der Geschichte der spätviktorianischen Architektur, obwohl viel von der Stärke, die seine Architektur vor der Verweichlichung schützte, aus der hochviktorianischen Ausbildung bei G. E. Street stammt. Shaws Frühwerke wie seine nicht ausgeführte Börse von Bradford (1864) und seine 1974 zerstörte Holy Trinity Church in Bingley, Yorkshire (1864–1869), zeigen seine vollständige Beherrschung des Stils von Street, Butterfield und Burges. Sein blendendes Leyswood in Sussex, das er 1868 für einen erfolgreichen Geschäftsmann entwarf, war der Wendepunkt (Abb. 607). Dieses theatralische und fesselnde Gebäude erfaßte den Geist des »Altenglischen« in impressionistischer Manier, und der Schritt vom hochviktorianischen zum spätviktorianischen Stil war getan.

Frankreich

Im 18. und 19. Jh. war das Interesse an der Gotik in Frankreich gänzlich den Lehren der rationalen, klassischen Tradition untergeordnet. Man studierte die Architektur des Mittelalters mit größter Aufmerksamkeit, ja mit Enthusiasmus; aber das Ergebnis dieses sorgfältigen Studiums – und dies betrieb man hier gründlicher als irgendwo sonst, England eingeschlossen – war nicht die Ermutigung der Architekten, die Hauptzüge und Details der Gotik nachzuahmen, sondern daß sie sich vielmehr dazu entschlossen, in ihre klassischen Gebäude etwas von der strukturellen Finesse einfließen zu lassen, die sie in der Gotik, zu erkennen glaubten. Wie wir sahen, suchte Soufflot bei der Gestaltung der größten Kirche des 18. Jh., Ste-Geneviève, ein Bauwerk zu errichten, das gotisch in seinen strukturellen Grundlagen und klassisch im Aussehen sein sollte. Und diese kuriose Gleichung wurde auch von einer Schar weiterer Architekten in Frankreich versucht. Gegen Ende des 18. Jh., als sie gelernt hatten, die soliden Qualitäten der Baumasse zu schätzen, fanden sie, daß die elegante Verfeinerung des gotischen Stils weit weniger interessant sei. Tatsächlich hörte damals das Studium der Gotik praktisch auf. Dieses schwindende Interesse an dem, was man die rationalen Eigenschaften der Gotik nennen könnte, fiel jedoch zusammen mit einer neuen Empfänglichkeit für deren visuelle Effekte. Dies gehörte zu einem Import aus England: dem Kult des malerischen und natürlichen Gartens. In vieler Hinsicht nicht mehr als eine Mode, war dieser Kult trotzdem ein vitales Element in der Entwicklung der architektonischen Gestaltungskraft in Frankreich. Zum ersten Mal seit ihrer Ablehnung des Rokokostils fühlten sich die Architekten frei bei der Kultivierung rein visueller Freuden. Die seriösesten Männer der Praxis bauten

605. Alfred Waterhouse. Rathaus in Manchester, 1868.

mit Vergnügen exotische Pavillons und Kioske, chinesische, tatarische und türkische nicht weniger als gotische, die in keiner Weise mit ihrer akademischen Ausbildung in Zusammenhang standen. Damit weckten sie die visuelle Empfänglichkeit. Allzubald, wie wir im Fall Boullée gesehen haben, wurde dieses neu gefundene Vergnügen an Vielfalt und Reichtum des Effekts in eine Theorie der Beleuchtung und gigantischer geometrischer Formalität eingeordnet und in der »malerischen« Fachsprache beschrieben. Aber nachdem die Mode für malerische Gärten einmal eingeführt war, hielt sie sich in großem Umfang bis zum Ende des zweiten Jahrzehnts im 19. Jh. Gotische Gartenpavillons wurden weiterhin in großer Anzahl gebaut. Aber deren Entwurf erforderte keine umfangreichen Kenntnisse der gotischen Architektur, und diese Tätigkeit förderte auch kaum die Erweiterung des Wissens. Auch ein eigentlicher Übergriff auf die Architektur ist von dieser Mode nicht ausgegangen.In der gesamten hier besprochenen Zeitspanne wurde nur ein großes Gebäude im gotischen Stil errichtet, nämlich die Kathedrale Ste-Croix in Orléans, deren Bau 1599 nach ihrer Zerstörung durch die Hugenotten als Denkmal katholischer Kontinuität begonnen wurde. Fertiggestellt wurde sie erst 1829, ein Denkmal des religiösen Konservativismus. Viele der größten Architekten der 18. Jh. arbeiteten am Entwurf der Westseite – Gabriel, Trouard, Legrand und Pâris – und studierten und vermaßen eine Anzahl gotischer Bauwerke in diesem Zusammenhang; aber unternahmen keinen Versuch, irgendein anderes Bauwerk dieser Art zu errichten. Außerhalb des Gebiets der gärtnerischen »Folies« wurde in Frankreich bis weit ins 19. Jh. hinein nichts zur Begründung der Neugotik gebaut.

Obwohl eine frivole, leichtherzige Neugotik sich in der Architektur nicht durchsetzen konnte, durchdrang sie doch andere Kunstrichtungen. So erfreute sich z.B. auf dem Gebiet der Literatur die Troubadourdichtung einer erstaunlichen Beliebtheit in den letzten Jahren des Ancien Régime, der sanfte Ton des Genres wurde durch gotischen Horror verdorben, als im Jahr 1764 Baculard d'Arnauds Spiel, *Le Comte de Cominges,* zum ersten Mal aufgeführt wurde. Innerhalb von zehn Jahren wurde Horace Walpoles *Castle of Otranto* ins Französische übersetzt, und in den Jahren unmittelbar nach der Revolution las man Mrs. Radcliffes Novellen mit besonderem Vergnügen. Der »Roman Noir« wurde ungeheuer populär.

Was immer diese neuen, übertriebenen Empfindungen auch englischer Inspiration verdanken mögen, und dies sollte sich in den Folgejahren noch verstärken, als die Novellen Walter Scotts übersetzt wurden, suchten die Franzosen sich immer mit ihrer eigenen mittelalterlichen Vergangenheit zu identifizieren. Nationaler Stolz wurde großgeschrieben. A.L. Millins *Antiquités nationales*

606. George Gilbert Scott. Entwurf für das Foreign Office in London, 1856.

607. Richard Norman Shaw. Leyswood, Sussex, 1868.

ou recueil de monuments pour servir à l'histoire générale et particulière de l'empire français, das zwischen 1790 und 1796 in 4 Bänden erschien, ist ein typisches Beispiel für das wachsende Interesse an der mittelalterlichen Geschichte, obwohl der romantische Geschmack noch wirksamer in dem Musée des Monuments Français befriedigt wurde, mit dessen Einrichtung Alexandre Lenoir 1795 in den Petits Augustins, jetzt Teil der École des Beaux-Arts, begann. Hier trug Lenoir Schätze und Trödel, Glasmalerei, Skulpturenfragmente und architektonische Details von Gebäuden zusammen, die während der Revolution verwüstet worden waren, und setzte sie geschickt, doch mit bemerkenswerter Ungenauigkeit zusammen, um damit romantische Sensationen der Vergangenheit heraufzubeschwören. Lenoirs Museum wurde 1816 abgebrochen, aber bis dahin hatte er bereits die Vorstellungswelt von mehr als einer Generation Franzosen geprägt.

François René de Chateaubriand selbst war von dem, was er »Lenoirs Élysée« nannte, fasziniert und auch entrüstet. Die Einführung in dem kurzen Kapitel über Gotik in jenem chaotisch genialen Werk *Le génie du Christianisme* war eine Verurteilung der Methoden Lenoirs. Chateaubriand versuchte den Geist des alten Frankreich mit allen Spuren und Überresten gotischer Architektur, gleich wie kunstlos sie auch sein mochten, zu identifizieren. Er ging noch weiter, indem er die gotische Architektur als Symbol eines erneuerten religiösen Glaubens anpries. Chateaubriands gotische Metapher wurde unausweichlich popularisiert; mehr Leute als je zuvor schauten auf die gotische Architektur. Eine Flut von Leitfäden wurde veröffentlicht.

Was man benötigte, um ernsthaft eine Wiederbelebung des gotischen Baustils zu bewirken, waren archäologische Erkenntnisse, aber solches Wissen sammelte sich nur langsam.

Der Anstoß hierzu kam wieder einmal von England, von englischen Gelehrten, die in der Normandie tätig waren und dort die Ursprünge des Spitzbogens untersuchten. Andrew Ducarels *Anglo-Norman antiquities* wurde 1767 in London veröffentlicht, aber bedeutender waren die Studien G.D. Whittingtons, der in den Anfangsjahren des 19. Jh. in der Normandie arbeitete. Er starb, bevor er seine Untersuchungen abschließen konnte, aber seine Forschungsergebnisse wurden 1809 unter dem Titel *An historical survey of the ecclesiastical architecture of France* veröffentlicht. Whittington bestätigte, was die Franzosen schon lange angenommen hatten, nämlich daß die Gotik französischen Ursprungs sei, und er verteidigte die Überlegenheit des Stils des 13. Jh. über alle anderen. Es wundert daher wenig, daß sich die Franzosen von seinen Gedankengängen angesprochen fühlten. Auguste Leprévost (1787–1859) übersetzte Whittingtons Buch ins Französische. Im

608. Richard Norman Shaw. Entwurf für die Börse von Bradford, Yorkshire, 1864.

Jahr 1823 gründete Leprévost zusammen mit C.A.A.D. de Gerville (1769–1853), ebenfalls einem normannischen Gelehrten, der von englischen Altertumsforschern inspiriert war, die Société des Antiquaires de la Normandie. Das dritte Gründungsmitglied war Arcisse de Caumont (1801–1873), zwar der jüngste, aber der mit der meisten Erfahrung. Im Jahr darauf gab er seinen *Essai sur l'architecture religieuse du moyen-age, particulièrement en Normandie* heraus und galt sofort als zuverlässigste Autorität für gotische Architektur. Seine Analyse und sein Verfahren zur Altersbestimmung von Gebäuden lieferten die Grundlage für alle künftigen Studien. Er schmiedete die Wissenschaft der gotischen Archäologie. Seine großartigste Arbeit, *Cours d'antiquités monumentales,* wurde zwischen 1830 und 1841 veröffentlicht; sein *Abécédaire* erschien erst 1851. 1834 gründete er die Société Française d'Archéologie und organisierte Kongresse, die jedes Jahr an einem anderen Ort in Frankreich abgehalten wurden, und veröffentlichte im *Bulletin Monumental* Aufsätze, die man tatsächlich las. Das *Bulletin* war von Anfang an ein kompetentes Magazin und ist es auch geblieben. Es demonstrierte, daß der romantische Geist aus den Mittelalterstudien exorziert werden konnte.

Nicht daß ein genormter archäologischer Geschmack von den Parteigängern der Gotik sofort akzeptiert worden wäre, einige gruppierten sich um Michelet und insbesondere um Victor Hugo, dessen Ruf zur Sammlung in der erstmals 1831 veröffentlichten Novelle *Notre-Dame de Paris* enthalten ist. Er feuerte zwei der aktivsten Propagandisten der ersten Phase der Neugotik an, nämlich Adolphe Napoléon Didron (1806–1867) und Charles Forbes Comte de Montalembert (1810–1870). Der junge Didron schrieb Hugo einen begeisterten Brief, als er *Notre-Dame de Paris* gelesen hatte. Hugo riet ihm, die Normandie zu bereisen, und in den folgenden Monaten marschierte er mit dem Rucksack auf dem Rücken von einem mittelalterlichen Gebäude zum andern, womit er jene archäologischen Studien aufnahm, die er zum ersten Mal als Redakteur des *Bulletin Monumental* und dann nach 1844 in den *Annales Archéologiques* der Öffentlichkeit zugänglich machte. 1845 veröffentlichte er *Manuel d'iconographie chrétienne, grecque et latine.* Montalemberts Faszination von Hugo wurde schon früher erregt, 1830, als *Hernani* entstand. Auch er wurde in die Normandie gesandt, die er sich per Kutsche erschloß; von dort ging er nach England und anschließend nach Irland, um sich dann mit dem von Lamennais und Lacordaire gepredigten romantischen neukatholischen Stil zu befassen. Keiner der beiden hatte eine große Vorliebe für gotische Architektur, trotzdem schaffte es Montalembert, in der Zeitschrift *L'Avenir* den Grundsatz einzuführen, die gotische Architektur habe als katholischer Stil par excellence zu gelten. Die päpstlichen Unter-

609. *George Gilbert Scott. Treppe im St. Pancras Station Hotel in London, 1867.*

drückungsmaßnahmen gegen *L'Avenir* im Jahr 1832 verringerten den Eifer dieser Zeitschrift in keiner Weise, sondern steigerten ihn nur noch. In Rom, wohin er mit Lamennais und Lacordaire reiste, wurde Montalembert mit dem deutschen Maler Johann Friedrich Overbeck bekannt. In Florenz fand er einen alten Schulfreund wieder, François Alexis Rio (1798–1874), den er mit seinem neugefundenen Eifer inspirierte. Das Ergebnis war *De la poésie Chrétienne dans son principe, dans sa matière et dans ses formes,* dessen 1. Band Rio 1836 herausbrachte. Das Buch war kein sofortiger Erfolg, aber 1840 widmete *Quarterly Review* dem Buch einen langen Artikel, und später zollte ihm Ruskin Respekt, und es bestimmte stark den 2. Teil seiner *Modern Painters.* Rios 2. Band des Buches erschien 1855. Der einzige von Montalembert inspirierte Architekt, Louis-Alexis Piel (1808–1841), ist ebenfalls nur wenig bekannt. Seine Laufbahn war äußerst kurz. Er war Schüler von François Debret, reiste aber, von Montalembert angespornt, nach Deutschland. Während dieser Zeit schrieb er eine Artikelserie für *L'Européen* mit dem Titel *Voyage en Allemagne.* Nach seiner Rückkehr entwarf er eine Dorfkirche in der Franche Comté und dann die Kirche St-Nicolas in Nantes (die dann von Lassus fortgeführt wurde). 1840 machte er sich nach Rom auf, wo er in Lacordaires Dominikanerorden aufgenommen wurde. Er starb 1841 im Alter von 33 Jahren, aber sein Einfluß war nicht ganz unwirksam. Er hatte für *L'Européen* die beiden Artikel *Le temple de la Madeleine* und *Déclamation contre l'art paien* geschrieben, die einen gewissen Einfluß auf die Ansicht hatten, klassische Formen seien für Kirchen und Architektur nicht geeignet. Montalemberts Artikelsammlung *Du vandalisme et du Catholicisme dans l'art,* die 1839 erschien, war seicht und ohne eigene Gedanken. Er stützte sich zum Teil auf die Vorstellungen Hugos, Overbecks und Pugins, doch obwohl er St. Marie's College in Oscott beschrieb und die Kontraste hervorhob, erwähnte er Pugin nicht namentlich. Trotzdem war sein Einfluß in Frankreich und sogar in England ziemlich stark zu spüren.

Praktisch beginnt die Neugotik in Frankreich um 1840. Es gab einige frühere Experimente wie eine protestantische Kapelle mit gotischer Dekoration in der Rue d'Aguesseau, St. Honoré, in Paris von 1835 und einen weiteren Versuch im Stil des 13. Jh., im gleichen Jahr begonnen, für die Dames de la Congrégation Notre-Dame, 84 Rue de Sèvres (jetzt zerstört), von F.M. Lemarié (1795–1854), einem Schüler Debrets. Aber das einzig bemerkenswerte Projekt aus den Jahren vor 1840 ist St-Paul in Nîmes (Abb. 610, 611), 1835 von Charles-Auguste Questel (1807-1888) im Wettbewerb mit 30 weiteren Architekten entworfen. Diese Kirche ist ein repräsentatives Gebäude des neoromanischen Stils in Frankreich, kurioserweise auch das erste; außerdem ist es die Arbeit

610. Charles-Auguste Questel. Saint-Paul in Nîmes, projektiert 1835, erbaut zwischen 1838 und 1850.

611. Charles-Auguste Questel. Teil des Inneren von Saint-Paul in Nîmes.

eines Architekten, dem man keinen bedeutenden Einfluß auf den neoromanischen oder den neugotischen Stil beimißt. Es muß hier fairerweise angemerkt werden, daß seine Restauration von St-Martin-d'Ainay in Lyon und besonders das großartige vergoldete Altarantependium aus Kupfer und die von ihm für diese Kirche entworfene Inneneinrichtung viel bewundert wurden, als sie 1855 zusammen mit Viollet-le-Ducs ähnlicher Altarfront und Inneneinrichtung für die Kathedrale von Clermont-Ferrand auf der Internationalen Ausstellung gezeigt wurden. Heute erinnert man sich an Questel eher noch wegen seines langweiligen, klassischen Palais de Justice in Nîmes (Abb. 404) oder wegen seiner lebhafteren, aber immer noch akademischen Präfektur und der Bibliothek an der Place de Verdun in Grenoble.

St-Paul in Nîmes wurde erst 1838 begonnen, nachdem die Zeichnungen gemäß dem Diktat des Conseil des Bâtiments Civils erheblich abgeändert werden mußten. Die Fertigstellung der Kirche verzögerte sich bis 1849. Sie entstand als adäquate, vielleicht etwas saftlose Interpretation südromanischer Architektur mit Rippengewölben über Haupt- und Seitenschiffen. Die Apsis wurde von Flandrin farbenfreudig mit Wandbildern und mit Glasmalerei von Maréchal Guyon aus Metz geschmückt. Viele dieser Arbeiten sind zweifellos der Hilfe des Archäologen Charles Lenormant, dessen Adoptivbruder Questel war, zu verdanken.

Bei anderen frühen Versuchen zur Wiederbelebung der mittelalterlichen Stile gab es weit mehr Unsicherheit und peinliche Wissenslücken: Bei St-Clément in Nantes z.B., zwischen 1741 und 1847 von F.L. Liberge (1800–1860) gebaut, oder bei der großen Kirche, die A.C. Grigny (1815–1867) zwischen 1842 und 1846 für die Schwestern der Adoration Perpetuelle du Saint-Sacrement in Arras erbaute, und noch deutlicher bei der Handvoll Zufallsaufträgen, die Louis Philippe erteilte – die St-Louis geweihte Kapelle in Karthago, von Jourdain entworfen und am 25. April 1841 geweiht (nicht erhalten), die verspielte gotische Kuppel, die 1842 von P.B. Lefranc (1795–1856) über der Familienkapelle in Dreux errichtet wurde, die ursprünglich in Form eines dorischen Tempels zwischen 1816 und 1822 von Cramail erstellt war (Abb. 612), oder, am erstaunlichsten, beim Mausoleum für Ferdinand d'Orléans, die zwischen Juli 1842 und Juli 1843 in Paris erbaute Chapelle St-Ferdinand am Boulevard Pershing, 25; der in etwa romanische Stil stammt von P.F.L. Fonatine, die Fenster wurden nach einem Entwurf von Ingres gestaltet, und die Abschlüsse zeichnete Viollet-le-Duc. Man könnte andere Ungereimtheiten aufzählen; der nunmehr geweckte liturgische Enthusiasmus der Priesterschaft rief in ganz Frankreich zahlreiche Experimente hervor, doch müssen wir uns hier lediglich mit wenigen der frühen provinziellen Exponenten

612. P.B. Lefranc. Grabkapelle in Dreux, 1842.

613. H.C.M. Grégoire. Ostfassade von Saint-Ouen in Rouen, 1845–1851.

der Gotik befassen, bevor wir unsere Aufmerksamkeit auf die Neugotik richten, die in Paris zu finden ist.

Wie es sich gehört, war es in der Normandie, wo sich zwei Architekten über die Masse erhoben: H.C.M. Grégoire (1791–1854) und J.E. Barthélemy (1799–1882). Grégoire, der unter Percier studiert hatte, begann 1837 mit einer kleinen Kapelle aus Backstein mit Steineinfassungen für das Hospiz in Yvetot (die ähnliche Kapelle für das dortige Seminar, die zwei Jahre später gebaute wurde, stammte von C.L.N. Robert), doch war seine Hauptarbeit die fragile Fassade, die er der spätgotischen Kirche St-Ouen in Rouen zwischen 1845 und 1851 anfügte (Abb. 613). Dies war eine architektonische Tour-de-force, an der weder Originalität noch Gelehrsamkeit zu entdecken war.

Barthélemy, der später Diözesanarchitekt von Rouen wurde, war erfolgreicher. 1840 begann er die Notre-Dame-de-Bonsecours am Stadtrand von Rouen. 1847 war das Bauwerk fertig. Die Ausstattung und farbenprächtige Innendekoration wurde unter der Regentschaft von Louis Napoléon zugefügt. Die ganz aus Stein gebaute Kirche war im Stil des 13. Jh. Die Komposition ist eher sorgfältig als interessant, obwohl Barthélemy sich in der Übernahme tiefgründiger Elemente und Details als findig erwies. Insgesamt gibt die Kirche einen Eindruck archäologischer Sensibilität und markiert somit den Beginn der Neugotik in Frankreich, zudem hält sie einen Vergleich mit vielen von Pugins Frühwerken aus. 1844 begann Barthélemy eine Kapelle im Stil des 13. Jh. beim Château du Plessis bei Port Audemer; zwei Jahre später baute er eine kleine Kirche im selben Stil in St-Aubin bei Elbeuf. Als er aber 1847 mit dem Entwurf der Kirche von Ventes-Saint-Remi bei St-Saëns beauftragt wurde, wählte er einen eher romanischen Stil.

Weniger gut bekannt, doch nicht weniger ernst zu nehmen als Barthélemy, waren die Architekten Hippolyte Louis Durand (1809–1881), Victor Gay und die Brüder Charles Victor und Gustave Guérin. Hippolyte Durand studierte unter Lebas und Vaudoyer an der École des Beaux-Arts. Als er von der Schule kam, befaßte er sich mit der Einsendung von Studien gotischer Bauwerke an die Salons, was ihm bald den Auftrag für die Restauration von St-Remi in Reims eintrug – eine Arbeit, die sogar von Montalembert gelobt wurde. 1845 stellte Durand die Entwürfe für eine Reihe kleiner Kirchen im Stil des 13. Jh. aus und faßte zusammen mit Didron den Gedanken, darüber einen Katalog *Parallèle des projets d'eglises en style ogival du XIIIe siècle* zu veröffentlichen. Dieser Plan wurde aufgegeben, aber im gleichen Jahr begann Durand sein erstes gotisches Bauwerk, eine Kapelle im Stil des 13. Jh. für Monsieur d'Orjault in Beaumont (Allier). Im darauffolgenden Jahr entwarf er eine Kirche im gleichen Stil für Peyrehorade (Landes). 1849

614. Gustave und Charles Victor Guérin. Fassade von Saint-Étienne in Tours, 1869–1874.

615. Gustave und Charles Victor Guérin. Innenansicht von Saint-Etienne in Tours.

616. *Jean-Baptiste-Antoine Lassus und Eugène Viollet-le-Duc. Sakristei von Notre-Dame in Paris, 1845–1850.*

617. *Jean-Baptiste-Antoine Lassus und Eugène Viollet-le-Duc. Teilansicht des Inneren der Sakristei von Notre-Dame in Paris.*

wurde Durand Diözesanarchitekt für die Basses-Pyrénées und baute in dieser Gegend in den Folgejahren eine Anzahl Kirchen, alle orthodox, aber langweilig.
Victor Gay, über den wenig bekannt ist, ist vielleicht der wichtigere. 1846 entwarf er eine große Kirche – sie war 38 m lang – für St-Sulpice-les-Feuilles bei Arnac (Haute Vienne). Die Kirche war als Rahmenkonstruktion gedacht, die Strebepfeiler, die gotischen Pfeiler und Gewölberippen waren aus Granit, der Rest des Mauerwerks aus leichtem, weniger dauerhaftem Stein. Die Bedeutung des Arrangements war sofort allen französischen Theoretikern für die gotische Bauweise klar, als erstem von ihnen Viollet-le-Duc, der zu jener Zeit in den *Annales Archéologiques* eine Artikelserie über dieses Thema veröffentlichte. Im gleichen Jahr entwarf Gay eine gleichermaßen konstruierte Kapelle in Nanterre – sie wurde 1846 im Salon ausgestellt, scheint aber in Architektenkreisen kaum Interesse geweckt zu haben. Tatsächlich ist fast nichts über Gays Tätigkeit nach seinem frühen Ausbruch bekannt. Er entwarf einige beachtliche Kircheneinrichtungen, doch mag er wie Piel schließlich in Rom gelandet sein, denn man sagt, die Kirche Corpus Domini in der Via Nomentana sei von ihm erbaut worden.
Es ist Gustave Guérin, der sich als erster Vertreter jenes Typs profiliert, der mit der Verbreitung der Neugotik in Frankreich so bekannt wird – der von der Gotik als Beispiel struktureller Vollendung besessene Architekt. Er war der Sohn Charles Mathias Guérins, eines Architekten aus Tours. 1844 wurde er gebeten, die Kirche St-Étienne in Tours zu entwerfen, aber er fand, wie viele der Männer, die sich der Gotik verschrieben hatten, daß er für das Entwerfen und die Beaufsichtigung der Bauarbeiten für eine Kirche im gotischen Stil schlecht gerüstet sei. Zusammen mit seinem Bruder Charles Victor begann er daher mit der Vermessung gotischer Kirchen in jener Gegend. Sie planten ein Buch über die gotische Bauweise, veröffentlichten aber lediglich 1847 einen Artikel in der *Revue Générale de l'Architecture.* Der Bau von St-Étienne verzögerte sich bis 1869, fünf Jahre später war er fertiggestellt. Im April 1855, als er mit der Errichtung seiner ersten und bedeutendsten Kirche, Ste-Anne in Lariche Extra, Tours, begann, konnte er seinen Vorstellungen erstmals angemessenen Ausdruck verleihen. Die Kirche zeigt ein tiefes Verständnis für gotische Bauweise, andererseits aber wenig von der Kunst der Architektur.
Lassus und Viollet-le-Duc sind die großen Vertreter der Neugotik. Der Brennpunkt ihrer Tätigkeit war Paris, besonders ihre dortigen Restaurationsarbeiten, wo sie die Bauleute und Handwerker ausbildeten, die sie benötigten, um die Neugotik fördern zu können.
J.B.A. Lassus (1807–1857) war, wie bereits erwähnt, ein klassisch geschulter Architekt, Schüler Henri Labroustes, aber wie andere

618. Eugène Viollet-le-Duc. Küsterhaus von Notre-Dame in Paris, 1866.

Labrouste-Schüler – A. Suréda, Émile Boeswillwald, E. Millet, J. Lisch und A. de Baudot – wandte auch er sich schon früh dem Studium des Landesstils, der Gotik des 13 Jh., zu. 1835 wurde ihm ein Preis im Salon zuerkannt für die Restauration der Ste-Chapelle. Zwei Jahre danach reichte er eine Analyse des Baus des Refektoriums von St-Martin-des-Champs ein. Ebenfalls 1835 begann er zusammen mit einem anderen Labrouste-Schüler, A.G. Gréterin (1806–1856), die Restauration der spätgotischen Kirche St-Séverin in Paris. 1838 wurde er unter Godde Inspektor für St-Germain-l'Auxerrois und unter Duban für Ste-Chapelle; innerhalb eines weiteren Jahres war er für die Restauration dieser beiden Kirchen verantwortlich. Mit der Restauration verlieh er ihnen einen fast unglaublichen, äußerst farbenprächtigen mittelalterlichen Glanz. Die Malerei im Querschiff von St-Germain-l'Auxerrois sowie das meiste der Innenausstattung existieren nicht mehr, doch das Passionsfenster in der Kapelle hinter dem Hauptaltar, an dem Didron, Lusson und Steinheil gemeinsam arbeiteten und das von Rebouleau angefertigt worden war, gibt immer noch Zeugnis für den Beginn des Wiederauflebens der Glasmalerei in Frankreich, das 1837 die Veröffentlichung F. de Lasteyries, *Histoire de la peinture sur verre,* ankündigte. In der Ste-Chapelle, wo 1840 Viollet-le-Duc und bald danach Suréda Lassus halfen, ist die Pracht der Restauration noch heute zu sehen und wird täglich von zahlreichen Besuchern bewundert. Pugin war einer der ersten. Als er zurückkehrte, brachte er die Inspiration für den Entwurf der farbigen Wandmalerei für St. Giles' in Cheadle mit. Didron reiste nach England, um der Weihe beizuwohnen.

Im April 1844 wurden Lassus und Viollet-le-Duc mit der Restaurierung von Notre-Dame in Paris und dem Bau des neuen Kapitelhauses beauftragt. Innerhalb von einigen Jahren arbeiteten die meisten der an der St-Germain- und Ste-Chapelle ausgebildeten Handwerker an dieser neuen Baustelle. Die Restauration wurde zügig bis 1864 durchgeführt, als das Turmdach über der Vierung endlich nach dem Entwurf von Viollet-le-Duc fertiggestellt war. Das andere, insgesamt originelle Gebäude, das Kapitelhaus, entwarf hauptsächlich Lassus. Der Rohbau war 1850 fertig, die reichen Dekorationen wurden in den unmittelbar darauffolgenden Jahren ausgeführt. Die Maison du Personnel rechts von der Westfront, die 1866 entstand, wurde von Viollet-le-Duc allein entworfen.

Lassus selbständige Arbeit verdient Interesse, obwohl sie wenig anspricht. Im August 1843 übernahm er den von L.A. Piel begonnenen Bau von St-Nicolas in Nantes; die Kirche, die er in den darauffolgenden Jahren erstellte, war jedoch seine eigene Arbeit. In ihren einzelnen Teilen wurde sie nach der Kathedrale in Chartres (von Lassus ab 1848 restauriert) geformt, und sie war

619. Jean-Baptiste-Antoine Lassus. Fassade von Sacré-Coeur in Moulins, 1849.

620. Jean-Baptiste-Antoine Lassus. Innenansicht von Sacré-Coeur, Moulins.

621. Jean-Baptiste-Antoine Lassus. Saint-Jean-Baptiste de Belleville in Paris, 1854–1859.

622. Eugène Viollet-le-Duc. Maison Courmont in Paris, 1846–1849.

623. Eugène Viollet-le-Duc. Maison Viollet-le-Duc in Paris, 1861/62.

vermutlich eine der strengsten Interpretationen der Arbeiten des 13. Jh., die man in jener Zeit in Frankreich finden konnte. Sie enttäuscht, obwohl innen klarer gegliedert als außen. Einige Jahre danach begann Lassus die Arbeit für eine Kapelle für das Château de Gezaincourt an der Somme, die im August 1848 geweiht wurde; doch sein bedeutendstes Bauwerk war die Kirche Sacré-Coeur in Moulins (Abb. 619, 620), wo er 1848 bereits mit dem Bau des Hauptschiffs im Stil des 13. Jh. für die Kathedrale begonnen hatte. Ursprünglich hatte man den ortsansässigen Architekten L.D.G. Estmonnet (1807–1880) gebeten, die Entwürfe für Sacré-Coeur auszuarbeiten; dieser schlug 1845 ein Bauwerk im romanischen Stil vor, das dann aber als zu teuer abgelehnt wurde, woraufhin man 1849 Lassus berief, um die neue Kirche zu entwerfen. Wie zuvor nahm er die Kathedrale von Chartres zum Vorbild, aber dieses Mal sah er Zwillingstürme für die Fassade vor; Esmonnet überwachte die Bauarbeiten.

Vier Jahre später begann Lassus mit der kleineren und einfacheren Kirche St-Pierre in Dijon (1853–1858), während er wiederum gleichzeitig mit ähnlichen Restaurierungsarbeiten beschäftigt war, dieses Mal an Notre-Dame in Dijon, die im Stil des 13. Jh. gebaut war. Ein Jahr danach begann er St-Jean-Baptiste de Belleville, Paris (Juni 1854 – August 1859 (Abb. 621). Die Verbindung zwischen den Turmdächern und den sie tragenden Türmen ist linkisch, und Lassus hatte Schwierigkeiten, seine künstlerische Persönlichkeit dem Diktat der archäologischen Kenntnisse unterzuordnen. Sein Entwurf ist langweilig und mager, es fehlt ihm insgesamt die Vitalität, doch ist darin der Stand der Neugotik zu erkennen, den diese in Frankreich damals erreicht hatte. Bei einem Wettbewerb für die Kathedrale Notre-Dame-de-la-Treille in Lille im Jahr 1855, für den Lassus einen ähnlichen Entwurf eingereicht hatte, erhielt er nur den dritten Preis. Der Engländer William Burges als Gewinner, der damals noch unbekannt war, und G.E. Street, der den zweiten Preis erhielt, überrundeten ihn spielend.

Lassus' weitere architektonischen Arbeiten sind wenig interessant. Er baute ein Querschiff und entwarf die Ausstattung für Lemariés Kapelle in der Rue de Sèvres und führte Änderungen und Anbauten für andere geistliche Bauwerke durch. Seine Häuser sind nicht aufregend.

Er errichtete ein Landhaus in Maisons-Lafitte im Stil Louis XIII, ein Stadthaus an der Ecke Rue Taitbout und Rue de Provence in Paris, mit Details im Stil des 13. Jh., und im Jahr 1848 begann er einen Baukomplex in der Avenue Montaigne in Paris für Prinz Soltykoff – dieses Bauwerk war Haus und Museum in einem. Das Gebäude aus Ziegel und Stein war im Stil des 15. Jh. Das attraktive Merkmal dieses Hauses war aber ein großer Raum mit einem Rippenge-

624, 625. Eugène Viollet-le-Duc. Salon und Hof des Château de Pierrefonds, 1858–1870.

wölbe, das vom Mont-St-Michel kopiert worden war.
Lassus lieferte zahllose literarische Beiträge zur Neugotik, Artikel über Maßstäbe, 'le module humain' in den *Annales Archéologiques,* eine große *Mongraphie de la cathédrale de Chartres* (1842–1867), bei der er von Didron und Eugène Emmanuel Amaury-Duval unterstützt wurde, und das *Album de Villard de Honnecourt* (1858), das erst nach seinem Tod von Alfred Darcel fertiggestellt wurde. Diese Henri Labrouste gewidmete Arbeit enthält eine Einführung, in der die Probleme der Neugotik klar umrissen sind.
Viollet-le-Ducs Beiträge zu dieser Bewegung waren noch solider in literarischer und intellektueller Hinsicht. Außerdem war er der aktivste Restaurator in ganz Frankreich. Er war auch für eine Anzahl origineller Architekturarbeiten verantwortlich, an denen er mit geringer Überzeugungskraft zu demonstrieren versuchte, wie man die Gotik als Grundlage für einen Stil des 19.Jh. einsetzen könnte. 1846 begann er mit einem Haus in der Rue de Berlin (jetzt Rue de Liège 28) in Paris für M. de Courmont (Abb. 622), einen guten Freund von Prosper Mérimée. Gegen 1849 war das Haus fertig, das erste seiner Art (abgesehen von der wertlosen Maison des Goths von 1826, Rue St-Martin 116), bei der gotische Details an einer traditionell pariserischen Straßenfront angebracht waren. In seinen späteren Pariser Wohnhäusern (Maison Milon, Rue de Douai 15, von 1857–1860, z.B., oder seinem eigenen Haus, Rue Condorcet 68, von 1861/62, Abb. 623) gab es gelegentlich Hinweise auf diese Vorliebe für die Gotik, doch scheint Viollet-le-Duc diesen Stil als ungeeignet für die städtische Architektur abgelehnt zu haben. Er verwendete ihn für Gräber (so für das Montalemberts im Cimetière de Picpus, 1850, und für das von Lassus im Cimetière Père Lachaise, 1857) sowie für eine Reihe von Projekten für Totenkapellen; keines von größerem Interesse. Aber mit wirklicher Überzeugung wandte er diesen Stil nur bei Kirchen und später gelegentlich für Landhäuser an, doch nur für solche, die auf älteren, bereits vorhandenen Strukturen aufgebaut wurden. Die letzteren waren von geringer Bedeutung und können hier kurz zusammengefaßt werden: Château de Montdardier, Le Vigan (Gard), für den Comte de Ginestous (1861–1868, erweitert 1884–1888), ein Projekt von 1861 für das Château de Chamousset, St-Laurent-de-Chamousset (Rhône), für den Comte Paul de Saint-Victor, das Château de Pupertières, Châbons (Isère), für den Marquis de Virieu (1861, von M. Darcey ausgeführt), das Château de la Flachère (Rhône) für den Comte de Chaponay (1863) und das Château d'Arragori bei Hendaye für Antoinine d'Abbadia (1864–1866), das größtenteils von seinem Schüler Edmond Duthoit ausgeführt wurde. Alle diese Aufträge ergaben sich aufgrund der engen Verbindung Viollet-le-Ducs zu Prosper Mérimée und dadurch mit dem Hof Louis Napoléons. Es

626. Émile Boeswillwald. Aufriß der Westfassade der Kirche in Masny, 1860.

handelte sich um unkritische Arbeiten für unkritische Höflinge. Es waren Parodien der riesigen Posse, an der sich Viollet-le-Duc für Louis Napoléon gütlich tat, das Château de Pierrefonds (Abb. 624, 625). Zuerst empfahl er als Sommersitz für den Hof die Restaurierung eines kleinen Schlosses in Bonaguil (Lot-et-Garonne), doch dann reisten Kaiser und Kaiserin im April 1855 nach England. Sie hatten zwar Balmoral Castle, das damals noch kaum fertig war, nicht gesehen, doch waren sie bei ihrer Rückkehr entschlossen, es zu übertreffen. Einen Monat später entwarf Viollet-le-Duc die Zeichnungen für den Umbau des Château de Coucy. Die Arbeit wurde sofort aufgenommen und auch drei Jahre lang verfolgt, aber auf Betreiben Viollet-le-Ducs wurde Coucy 1858 zugunsten Pierrefonds' aufgegeben, im Februar des gleichen Jahres wurden seine Entwürfe akzeptiert. Seine Entwurfsskizzen aus dem folgenden Jahr zeigen, daß das gesamte Unternehmen als mittelalterliche Phantasie betrachtet wurde. Kavaliere und Ritter in Rüstungen paradieren auf dem Hof, in lange Gewänder gehüllte Damen lehnen über die Turmbrüstungen und dralle Bäuerinnen braten in der Kirche Ochsen. Nicht daß Viollet-le-Duc sich durch solch romantische Bilder hätte ablenken lassen: unerschütterlich zeigte er Eisenträger an seiner Zugbrücke und fügte er Träger aus Eisen und Stahl unter seinen Steildächern ein. Seine späteren Skizzen für die Innenausstattung, die nie fertiggestellt wurde, sind bestechend auch wegen ihrer Andeutung einer neuen Stilrichtung, die gewunden und sanft geschwungen ist, besonders beim Entwurf der Sofas und Stühle, selbst der Kaiser war entzückt. William Burges, lange Zeit einer der Bewunderer Viollet-le-Ducs und auch sein Nacheiferer, war von einem Besuch in Pierrefonds bitter enttäuscht. 1873 kehrte er angewidert aus Frankreich zurück und kritisierte diese Arbeit (*The Architect,* 1873, S. 331). Viollet-le-Ducs Entwürfe für Kirchen dienen lediglich zur Untermauerung dieser Ansicht, obwohl sie von wesentlich ernsthafterem Studium zeugen. Er begann 1852 mit einem Projekt für die Kirche St-Gimer außerhalb von Carcassonne, die von 1852 bis 1858 mit vielen Schwierigkeiten und großen Debatten wegen der Kosten gebaut wurde. Sein brutales Bauwerk muß man im wesentlichen als eine Restaurierungsstudie ansehen, im Zusammenhang mit der von ihm wiederaufgebauten, ganz in der Nähe liegenden und von Mauern umgebenen Stadt. 1855 schuf er Zeichnungen für eine Kirche in La Nouvelle (Aude) in einem dünnen gotischen Stil, die glücklicherweise nicht gebaut wurde. Zwischen 1859 und 1861 erstellte er eine einfache, doch farbenprächtig verzierte Chapelle du Petit Séminaire in der Rue de Vaugirard in Paris, die 1898 nach Fontenay-aux-Roses übertragen und vergrößert wurde. Aber erst 1860, als er St-Denis-de-l'Estrée in St-Denis außerhalb von Paris entwarf, und 1861, als er das

627. Émile Boeswillwald. Detail der Schnitte von der Kirche in Masny, 1860.

Projekt für die Kirche in Aillant-sur-Tholon (Yonne) zeichnete, deutete er die Form an, die er einer Arbeit in einem vergangenen Stil geben könnte. Die Kirche in Aillant-sur-Tholon, die zwischen 1863 und 1865 unter der Leitung des ortsansässigen Architekten A.A. Lefort erbaut wurde, ist stark und selbstsicher, doch kaum als Modell für andere Architekten geeignet. Die zwischen 1864 und 1866 errichtete St-Denis-de-l'Estrée war einflußreicher; dieses Bauwerk zeigte Viollet-le-Duc in seiner entschlossensten Art. Dem Bauwerk fehlt jedoch die Kraft; es ist eine schwunglose Interpretation der Bauweise des 13. Jh. 1866 versuchte Viollet-le-Duc sein Können an einer weit ehrgeizigeren Variante dieser Kirche, nämlich beim Entwurf für St-Pierre de Chaillot, die in Paris auf dem Gelände errichtet werden sollte, wo sich jetzt die Place des États-Unis befindet. Obwohl der Plan 1868 genehmigt wurde, wurde er vier Jahre später verworfen. Viollet-le-Ducs einziger weiterer Ausflug in die Kirchengotik war die protestantische Kapelle in der Avenue de Rumine in Lausanne, die 1876/77 unter der Leitung des ortsansässigen Architekten Verrey gebaut wurde. Wie auch immer Viollet-le-Ducs Leistungen als Architekt sein mochten, er bestimmte den weiteren Verlauf der Neugotik praktisch ohne fremde Hilfe, insbesondere durch seinen Einfluß, den er aufgrund seiner Tätigkeit in der Commission des Monuments Historiques besaß, und, vielleicht noch wirksamer, nach 1853 in seiner Eigenschaft als einer der drei Generalinspekteure beim Service des Édifices Diocésains. Die beiden anderen Inspekteure waren Henri Labrouste, der damals schon alt war, und Paul Abadie, Schüler und Bewunderer Viollet-le-Ducs. Tatsächlich erhielten alle ernstzunehmenden und akzeptablen Architekten, die in den 1850er und 1860er Jahren als Verfechter der Neugotik aufkamen, ihre Ausbildung entweder bei Lassus und Viollet-le-Duc, oder sie haben für eine der beiden von ihm beherrschten Organisationen gearbeitet. Es ist deshalb beklagenswert, daß die von Viollet-le-Duc geförderten Architekten, obwohl sie gute technische Fachkenntnisse besaßen, alle in der Gestaltung nur mittelmäßig blieben.

An der Ste-Chapelle in Paris bildeten Lassus und Viollet-le-Duc A. Suréda aus, der 1855 nach Spanien reiste, um dort einen Auftrag für historische Denkmäler in Angriff zu nehmen, und später Architekt beim König wurde. An Notre-Dame schulten sie Abadie, Boeswillwald, Ouradou und Millet. Paul Abadie (1812–1884), Sohn eines Architekten gleichen Namens aus Angoulême, war Schüler bei Achille-François-René Leclère, der später die Kathedralen von Angoulême und Périgueux restaurierte. Er begann seine selbständige Laufbahn als Diözesanarchitekt mit den Kirchen St-Martial (1850–1853) und St-Ausone (1851–1868) in Angoulême; 1854 entwarf er die Kirche Notre-Dame in Bergerac (zuerst

628. Edmond-Armand-Marie Duthoit. Rosa Schlafzimmer des Château de Roquetaillade, 1864.

Viollet-le-Duc in Auftrag gegeben), bald danach eine weitere in Valeyrac (Gironde) und dann das Hôtel de Ville in Angoulême (1858–1865) sowie die Kirche Ste-Marie (1864–1886) in Bordeaux. Sein großartigstes Bauwerk war Sacré-Coeur am Montmartre in Paris. Den Auftrag dafür erhielt er durch einen Wettbewerb im Jahr 1874, an dem sich 77 weitere Architekten beteiligt hatten. Dieses Bauwerk wurde erst im Jahr 1919 fertiggestellt. Selbst dann noch bestätigte Sacré-Coeur ihn als den größten Exponenten des römisch-byzantinischen Stils, eines Stils, der von Beginn an durch F. de Verneilhs 1851 erschienene *Architecture byzantine en France, Saint-Front de Périgueux et les églises à coupole de l'Aquitaine* getragen wurde. Émile Boeswillwald (1815–1896), Sohn eines Straßburger Steinmetzers, hatte zuerst bei Henri Labrouste studiert und wurde dann 1845 Inspekteur für Notre-Dame. Innerhalb von zwei Jahren hatte man ihn mit der Restauration der Kathedrale in Luçon beauftragt, und bald danach begann er an Notre-Dame in Laon. 1849 wurde er Diözesanarchitekt in Soissons, Orléans und Bayonne. In Soissons schuf er die langweilige, in rein gotischem Stil gebaute Kirche St-Waast; in Masny am Pas de Calais baute er eine gleichermaßen plumpe, doch bei weitem originellere Kirche (Abb. 626, 627), die 1860 entworfen wurde (im gleichen Jahr, in dem der 4. Band von Viollet-le-Ducs *Dictionnaire raisonné de l'architecture française* erschien, in dem der herausfordernde Artikel über »Construction« enthalten war). Diese Kirche hat gußeiserne Säulen, die grün, rot, gelb und schwarz bemalt sind, und eine Verkleidung aus Backstein, alles unverdeckt. Damit sollte der Versuch gemacht werden, Viollet-le-Ducs letzten Lehrsätzen Ausdruck zu verleihen, was bei der Fertigstellung 1864 auch anerkannt wurde. Die Architektur dieses Bauwerks kann aber nicht als Erfolg gewertet werden. Sie hatte auch keinen großen Einfluß, obwohl die Ziermotive später von Félix Narjoux (1836–1891) für seine Schulen in Paris übernommen wurden. Im Süden Frankreichs in den Bergen südöstlich von St-Jean-Pied-de-Port baute Boeswillwald die kleine Kapelle St-Sauveur. Beginnend 1863 in Biarritz und später in Beaumetz, baute er weitere Kapellen, die innen und außen mit geometrischen Konstruktionen in farbigem Stein ausgeführt waren. Es handelte sich um bewußt grobe Bearbeitungen byzantinischer oder anderer Modelle aus dem Osten, von denen man annahm, daß sich die mittelalterliche Architektur jener Gegend auf sie bezog. Zweifellos waren sie in gewissem Grad von A.L. Couchauds *Choix d'églises byzantines de la Grèce* von 1842 und noch mehr vielleicht von C.F. Texier und R.B. Pullans *Architecture Byzantine* von 1864 inspiriert. Boeswillwalds einziges, ehrgeiziges Hausbauprojekt war der groteske Umbau des Château de Montigny (Nord) bei Masny, komplett mit Achtecktürmen verschiedenen Durchmessers und

629. *Anatole de Baudot. Pfarrkirche in Rambouillet, 1865.*

Treppengiebeln, die alle, wie es den Anschein hat, von dem unausgeführten Projekt Viollet-le-Ducs vom Mai 1863 für das Château de Merlinville abgeleitet sind. Boeswillwald war sein Leben lang ein enger Freund Viollet-le-Ducs sowie seines Mentors Mérimée. Zusammen mit ihnen war er im Herbst 1854 nach Deutschland gereist. Den Auftrag für die Kapelle in Biarritz verdankte er Mérimée, und im Jahr 1860 wurde er sein Nachfolger als Inspecteur Général des Monuments Historiques, als erster Architekt, der diesen Posten bekam. 1857 wurde Maurice Ouradou (1822–1884), ein Schüler Lebas', der dritte der frühen Schüler Viollet-le-Ducs, die an Notre-Dame ihre Ausbildung erhielten, sein Schwiegersohn und arbeitete anschließend eng mit ihm zusammen. Tatsächlich wurden die Häuser, das für Auguste Griois in Ambrières (Mayenne), 1857 entworfen, doch erst 1865 begonnen, und das Hôtel Duranti, 184, Boulevard Haussmann in Paris, die bei der Fertigstellung beide Ouradou zugeschrieben wurden, von Viollet-le-Duc in Auftrag gegeben und auch skizziert. Man kann gut verstehen, warum er so zurückhaltend war, als man ihm diese miserablen Arbeiten zuschrieb.

Eugène-Louis Millet (1819–1879), ein Schüler Labroustes, trat 1837 in die École des Beaux-Arts ein; drei Jahre später arbeitete er für Viollet-le-Duc. Er begann 1848 mit der Restauration der Kathedralen von Châlons-sur-Marne und Troyes, wo er die Chapelle des Soeurs de la Providence baute. 1855 erhielt er den Auftrag zur Restaurierung des Château St-Germain-en-Laye, und begann in Maisons-Lafitte 1867/68 den Bau der neuen Kirche. Als Lassus 1857 starb, übernahm er die Arbeit an der Kathedrale von Moulins, und in ähnlicher Weise wurde er 1874 der Nachfolger für die Restauration der Kathedrale in Reims, nachdem Viollet-le-Duc von seinem Posten als Inspecteur Général des Édifices Diocésains zurücktrat. Millet machte seinen besonderen Einfluß auf die neugotische Bewegung jedoch nicht als Architekt geltend, sondern als Lehrer für Handwerker, vor allem für die Mitglieder des Cercle des ouvriers maçons et tailleurs de pierres, für die er in Paris ein kleines Zentrum baute. Zur Liste der bereits besprochenen Architekten könnte man noch die Namen Jean-Charles Laisné (1819–1891), Ruprich-Robert (1820–1887), Juste Lisch (1828–1910), Anatole de Baudot (1834–1915), Edouard Jules Corroyer (1835–1904), Félix Narjoux (1836–1891) und Edmond-Armand-Marie Duthoit (1837–1889) hinzufügen, die alle lange und mit eigener Note sowohl für die Commission des Monuments Historiques als auch für den Service des Édifices Diocésains arbeiteten, und, wenn auch in einigen Fällen nur ziemlich begrenzt, die Ideale Viollet-le-Ducs hochhielten. Ganz bestimmt aber waren sie keine ausdauernden Neugotiker. Ruprich-Robert, ein Schüler Constant-Dufeux',

630. Louis-Jean-Antoine Héret. Notre-Dame-de-la-Croix in Paris, 1863–1880.

der 1840 Viollet-le-Ducs Assistent und später dessen Nachfolger an der École de Dessin wurde, begann 1855, wobei er die Stiche im »Dictionnaire raisonné« im Kopf hatte, die Kirche in Athis (Orne), St-Jean-Baptiste in Flers (Orne, 1855–1868) und die Chapelle du Petit Séminaire in Séez (Orne). Er baute wenig sonst in dieser Art, demonstrierte aber seine Anhängerschaft zu Viollet-le-Duc statt dessen in seinen Theorien über die Gestaltung von Verzierungen, die er erstmals im Jahr 1865 in *Flore ornamentale* unter dem Titel *Essai sur la composition de l'ornement, éléments tirés de la nature* veröffentlichte, einer 1876 fertiggestellten Arbeit von erheblicher Bedeutung. Aber sein großer literarischer Beitrag war *L'Architecture Normande aux XIIe et XIIIe siècles en Normandie et en Angleterre,* das erst nach seinem Tod veröffentlicht wurde.

Jean-Juste-Gustave Lisch (1828–1910), der Schüler bei Vaudoyer und Labrouste gewesen war, zeigte ebenso frühgotische Sympathien mit seinem Entwurf für den Bischofspalast in Luçon, obwohl er sich bald danach für seine Inspirationen den klassischen Quellen zuwandte. Seine späten Arbeiten in Paris, die Gare Le Havre und eine Vielzahl Gebäude, die für die Ausstellung 1878 errichtet wurden, insbesondere die Gare du Champ de Mars, sowie weitere für die Ausstellung im Jahr 1889, die alle mit freiliegendem Rahmenwerk aus Eisen entworfen waren, das mit farbig glasierten Ziegelsteinen ausgefüllt war und eine absolute Loyalität gegenüber den von Viollet-le-Duc in seinem 2. Band der *Entretiens sur l'architecture* erarbeiteten Lehrsätzen zeigten. Edouard Corroyer und Félix Narjoux, Schüler von Constant-Dufeux, liierten sich mit Viollet-le-Duc und waren aktive und begeisterte Restauratoren gotischer Denkmäler. Corroyer begann am Mont-St-Michel. Diese Arbeit wurde später von einem anderen Schüler Viollet-le-Ducs, seinem Biographen Paul Émile Antoine Gout (geb. 1852), übernommen. Narjoux begann 1857 mit der Restaurierung der Kathedrale von Limoges. Beide waren schon früh Anhänger des neugotischen Stils, Narjoux in sehr bemerkenswerter Weise bei einem Haus, das er in seinem Geburtsort Chalon-sur-Saône baute, das er ziemlich genau nach den Häusern von Cluny im Stil des 13. Jh. gestaltete. Trotz dieses Interesses an Viollet-le-Duc und der gotischen Architektur verbrachten sowohl Corroyer als auch Narjoux den größten Teil ihrer Laufbahn mit der Entwicklung eines Architekturstils, der dem Herzen Charles Garniers näherstand als dem Viollet-le-Ducs. Nur die drei von Narjoux in Paris gebauten Schulen – nach 1872, als der Rat von Paris sich in einer Abstimmung für den Bau von 35 solcher Gebäude aussprach – waren so beschaffen, daß man den Lehrmeister Viollet-le-Duc darin erkennen konnte.

Nur Anatole de Baudot und E.A.M. Duthoit aus dieser Gruppe

631. Louis-Jean-Antoine Héret. Innenansicht von Notre-Dame-de-la-Croix in Paris, 1863–1880.

sollte man als entschiedene Exponenten der gotischen Sache gelten lassen. Aber trotz der Tatsache, daß sie daraus hervorgegangen sind, muß man ihre Rollen sorgfältig definieren. Duthoit, der von Viollet-le-Duc ausgebildet wurde und anfänglich auch bei ihm arbeitete, war Sohn und Neffe von Bildhauern in Amiens. Er verbrachte jedoch einen Großteil seines Lebens außerhalb Frankreichs in Nordafrika, wo er seit 1872 fleißig mit Restaurationsarbeiten beschäftigt war, und im Mittleren Osten, vor allem in Palästina und Syrien, wohin er erstmals 1861 mit den Expeditionen von Charles Jean Melchior de Vogüé und William Henry Waddington gereist war. Dort vermaß und skizzierte er eine Anzahl frühchristlicher und byzantinischer Kirchen und sandte regelmäßig seine Zeichnungen an die Salons und entsprechende Artikel an die *Gazette des Architectes et du Bâtiment.* Er fühlte sich sogar berufen, sein Können an der Gestaltung im östlichen Stil zu erproben: er soll in Beirut zwei Kirchen gebaut haben, aber seine kühnsten Arbeiten vollbrachte er in Frankreich. Für Viollet-le-Duc überwachte er zwischen 1864 und 1866 den Umbau von Château d'Arragori bei Hendaye an der spanischen Grenze. Er führte Viollet-le-Ducs Entwürfe sehr genau aus und baute eine Menge stark kolorierter Dekorationselemente ein, die teilweise gotischen Charakter aufwiesen, aber doch gleichermaßen aus östlichen Quellen inspiriert waren. Sein Château de Roquetaillade, südöstlich von Bordeaux bei Langon, das 1864 für M. de Mauvesin begonnen wurde, der zuerst Viollet-le-Duc bemüht hatte, war noch spektakulärer. Kein Detail, ja sogar kein Möbelstück versäumt es, etwas von dem exotischen Bild wiederzugeben, das Duthoit entwickelt hatte (Abb. 628). Es ist das einzige Gebäude in Frankreich, das man, wenn auch unvorteilhaft, mit Burges' zeitgenössischer Arbeit in Cardiff Castle (Abb. 598, 599) vergleichen kann. Leider baute Duthoit sonst nur noch wenig: eine Chapelle des Catéchismes für St-Jacques in Amiens und eine kleine Kirche, St-Vulphy, in Rue (Somme). Anatole de Baudot war vielleicht ein geeigneterer Erbe Viollet-le-Ducs, sein Verteidiger und seine dauerhafte Stütze. Er kam zu ihm, als Labrouste 1856 sein Atelier schloß. 1857 übertrug man ihm die Restauration der Kathedrale in Le Puy-en-Velay (Haute Loire), und bald danach wurde er zum Diözesanarchitekten in Clermont-Ferrand ernannt. In den Folgejahren restaurierte er nicht weniger als 25 Kirchen. Seine Originalgebäude sind fast genauso zahlreich, es ist jedoch schwierig, seinen besonderen Genius aus dieser Zeit zu beurteilen, weil seine Frühwerke unter den wachsamen Augen Viollet-le-Ducs entworfen wurden. Erst nach Viollets Tod hat Anatole de Baudot gelernt, seine Fähigkeiten auszuweiten. Damals wurde er zum Neuerer mit einer starken persönlichen Note. Damit soll nicht gesagt sein, daß er nicht selbst zu Beginn die Arbeiten

632. *Joseph-Auguste-Émile Vaudremer. Außenansicht von Saint-Pierre-de-Montrouge in Paris, 1864–1872.*

Viollet-le-Ducs beeinflußte. Das Haus, das Viollet-le-Duc um 1863 für M. Sauvage, einen Bauunternehmer, auf dem Grundstück errichtete, das von den Straßen Le Peletier, La Fayette und Chauchat in Paris begrenzt wird, ist zum großen Teil die Arbeit De Baudots. 1865 errichtete er einen konventionelleren Bau, an dem kaum ein Detail auf die Gotik hinwies; es handelt sich um das Appartement in der Rue Leningrad 21 (ursprünglich Rue de St-Petersbourg); dann ein weiteres, 1866 fertiggestellt, in der Rue St-Lazare 34, selbstsicherer, man könnte sagen uneleganter detailliert. In der Qualität hat es etwas Gemeinsames mit Viollet-le-Ducs Appartements Milon, die 1857–1860 in der Rue de Douai 15 errichtet wurden. Wie man in dieser Zeit erwarten durfte, sind die gotischen Konstruktionsmerkmale nicht aufdringlich. De Baudots nur wenig später, nämlich 1870 erbaute Kirche in La Roche Millay (Nièvre) war ebenfalls einem Entwurf Viollet-le-Ducs nachempfunden, nämlich dem für den Turm und die Westfront der Kirche in Ussel (Corrèze) aus dem Jahr 1852, deren Bau von Millet beaufsichtigt und ihm später auch zugeschrieben wurde. Es ist durchaus möglich, daß Viollet-le-Duc tatsächlich auch der Gestalter der Kirche in La Roche Millay war, denn frühe Skizzen dazu befinden sich noch unter seinen Papieren. De Baudots erste bedeutende Kirche, die in Rambouillet (Abb. 629), die 1865 im Wettbewerb mit 54 weiteren Architekten entworfen wurde, ist eher mit Viollet-le-Ducs unternehmungslustigeren Theorien verwandt, die, wie wir sahen, von Boeswillwald für die Kirche in Masny übernommen wurden. Entlang dem Hauptschiff befinden sich eiserne Säulen, die zwei Fuß vor steinernen Strebepfeilern stehen und zusammen mit ihnen die Wände und das steinerne Gewölbe darüber tragen. Diese Anordnung, die vielleicht nach der unteren Kapelle der Ste-Chapelle oder, was vermutlich eher zutrifft, von der Kirche in Tour (Calvados) aus dem 14. Jh. imitiert war, die später ebenfalls von De Baudot restauriert wurde, sollte die Verwendung von Hochschiffstreben vermeiden und doch gleichzeitig im Innern den Eindruck von Leichtigkeit verbreiten. Obwohl diese Konstruktion technisch durchaus vernünftig war, wurde sie doch stark attackiert. Bourgeois de Lagny verspottete sie 1866 als naive Paraphrase der Gotik im *Moniteur des Architectes.* 13 Jahre später, als die Kirche fertiggestellt war, erneuerte César Daly die Attacke in der *Revue Générale de l'Architecture.* De Baudot entschloß sich bei seinen späteren Kirchenentwürfen, keine freiliegenden Eisenkonstruktionen mehr zu verwenden. Drei von ihnen, Levallois-Perret (1869), Sèvres (1870) und St-Bruno in Grenoble, gewann er im Wettbewerb, aber sie wurden sofort von der etablierten Architekturpresse heruntergemacht und dann auch nicht verwirklicht. Das Projekt für die Kirche in Privas (Ardèche), das De Baudot 1876 im Salon ausstellte, wurde

633. Joseph-Auguste-Émile Vaudremer. Innenansicht von Saint-Pierre-de-Montrouge in Paris, 1864–1872.

634. Claude Naissant. Saint-Pierre in Charenton-le-Pont, 1857–1859.

dagegen ausgeführt. Alle waren mit Bedacht, vielleicht zu geradlinig, einfache Strukturen im Stil des 13. Jh. Sie zeigen eine gewisse Beziehung zu Viollet-le-Ducs Entwürfen für die Kirche in Aillant-sur-Tholon und besonders zur Pfarrkirche von St-Denis. Der begrenzte Umfang der Bestrebungen sowohl Viollet-le-Ducs als auch De Baudots in dieser Zeit wurde erkenntlich in den 1867 veröffentlichten beiden deprimierenden Bänden ihres Handbuchs *Églises de bourgs et de villages.* Erst lange nach Viollet-le-Ducs Tod zeigte De Baudot wirklich die echt schockierende Art seiner Vorstellungskraft, beginnend 1882 mit dem Bau des Lycée Lakanal in Sceaux, bei dem einige der Boeswillwaldschen Erneuerungen von Masny angewandt und entwickelt wurden, aber vor allem zeigt sich dies nach 1890, als er die erstaunlichen Experimente mit verstärkten Ziegelwänden und Beton einführte, wozu auch das Lycée Victor Hugo in der Rue de Sévigné 27 (1894–1896) und die Kirche St-Jean de Montmartre (1894, 1897–1904) gehören. Diese Entwicklung gipfelte 1914 in seinem berühmten Entwurf für eine riesige Ausstellungshalle – in allem ein Vorzeichen für die Arbeiten eines Pier Luigi Nervi.
Es gibt noch sehr viel mehr in der Geschichte der Neugotik in Frankreich außerhalb Viollet-le-Ducs Wirkungsbereich, das dringend untersucht werden muß, so z.B. die beiden Kirchen, die Ferdinand Leroy zu Beginn seiner Laufbahn in Châteauroux (Indre) der Überlieferung nach 1844 gebaut hat, oder die zehn Kirchen, die Paul Pechinet, ein in Langres arbeitender Architekt, bis 1846 im Gebiet der Haute Marne errichtet haben soll; oder jene außergewöhnliche Serie in den Pariser Außenbezirken – alle von Claude Naissant (1801–1879) – in sparsamer und straffer Geometrie, die sich aus romanischen Modellen herleitet. Der Kritiker des *Ecclesiologist* hatte schon 1855 darüber vermerkt: St-Lambert, Rue Bausset, Vaugirard (1848–1856); Notre-Dame-de-la-Gare, Place Jeanne-d'Arc, Ivry (1855–1864, Abb. 636); St-Charles Borromée in Joinville-le-Pont (1856–1866); St-Pierre, Place de l'Église, Charenton-le-Pont (Abb. 634); Ste-Geneviève in Rosny-sous-Bois (1857–1866) und Notre-Dame-de-la-Médaille-Miraculeuse, 80 Avenue Pierre Larousse, Malakoff (1861). Interessant ist auch die imponierende Kirche Notre-Dame-de-la-Croix in der Rue Julien Lacroix in Ménilmontant, Paris (Abb. 630, 631), von L.J.A. Héret (1821–1899), ebenfalls einem Schüler Lebas', die zwischen 1863 und 1880 ganz aus Stein gebaut wurde, wenn man von den Gewölberippen des Hauptschiffs absieht, das eine Eisenkonstruktion ist. Noch mehr kommentieren muß man die Kirche St-Pierre-de-Montrouge an der Place Victor Basch in Paris, die zwischen 1864 und 1872 von J.A.E. Vaudremer (1829–1914), dem hervorragendsten Schüler Gilberts, erbaut wurde (Abb. 632, 633). Obwohl sie

635. *Franz Christian Gau und Théodore Ballu. Sainte-Clotilde in Paris, 1847–1857.*

wiederum auf romanische Modelle zurückgeht, verdankt sie ihr Aussehen sogar noch deutlicher einer Restaurationsstudie von Qualat-Siman in Syrien, die Duthoit im Salon gezeigt und 1864 in der *Gazette des Architectes et du Bâtiment* veröffentlichte, dem Jahr, bevor die beiden großen Bände von *La Syrie centrale* des Marquis de Vogüé erschienen. Vaudremer versuchte ein Bauwerk solider Würde zu errichten, eine Qualität, die den Arbeiten Viollet-le-Ducs und seiner Nachfolger merkbar fehlte; das Bauwerk sollte seinem Charakter nach kirchlich wirken, aber in keiner Weise zur Neugotik zählen; und das gelang ihm. St-Pierre ist vielleicht die einzige Kirche jener Zeit, die eine architektonische Qualität überhaupt zeigt. In seinen nachfolgenden Experimenten war er weniger geschickt; Notre-Dame d'Auteuil von 1877–1880, die auf Kenntnis der Arbeiten Abadies hinweist, und die mit Giebelfront versehene Église réformée, Temple de Belleville, in der Rue Julien Lacroix 97, die 1877–1880 errichtet wurde, oder die griechisch-orthodoxe Kirche St-Étienne (1890–1895) in der Rue Georges Bizet. Andere klassisch geschulte Architekten suchten ähnliche Kniffe gemäß den Empfehlungen solcher Ingenieure, wie François Léonce Reynaud in seinem *Traité d'architecture* von 1850 und 1858 und F. de Dartein in seiner *Étude sur l'architecture lombarde,* die zwischen 1865 und 1882 herausgegeben wurde. Die lombardische Gotik hatte anscheinend das Verdienst, italienisch zu sein und nicht französisch. Louis Duc übernahm sie für die Kapelle des Lycée Michelet; das gleiche tat Léon Ginain mit weit weniger erfreulichem Ergebnis bei der zwischen 1867 und 1876 erbauten Notre-Drame-des-Champs am Boulevard Montparnasse. Solche Kompromisse hatten jedoch wenig überzeugende Wirkung, sie beeinflußten die Architektur ganz und gar nicht.

Das Muster der Entwicklung der Neugotik in Frankreich ist jetzt bereits klar erkannt: Zuert kam die Unterstützung von der Commission des Monuments Historiques und später, auch kraftvoller, nach 1850 vom Service des Édifices Diocésains. Fast alle der von uns besprochenen Architekten hatten zumindest ein gotisches Bauwerk restauriert, bevor sie sich daranmachten, etwas Neues zu bauen. Somit waren sie Amateurarchäologen, und das Zentrum für all ihre Diskussionen, für ihre Informationsquellen und für die Beschaffung ihrer Ideen waren somit die 1844 von Didron begonnenen *Annales Archéologiques.* F. de Verneilh begründete durch eine Artikelserie im Jahr 1845 den nationalen Status der Gotik, Lassus predigte im gleichen Jahr über die Vorzüge des Stils des 13. Jh., während Viollet-le-Duc, wie erwähnt, von 1844 bis 1847 im einzelnen jene Theorien über die Gotik erläuterte,die er in seinem späteren Leben erarbeitet hat. Dies waren die Jahre der höchsten Hoffnung. Das Bauen im gotischen Stil hatte gerade vor

636. Claude Naissant. Notre-Dame-de-la-Gare in Paris, 1855–1864.

1840 begonnen, obwohl die erste bewunderte Errungenschaft, Barthélemys Notre-Dame-de-Bonsecours am Stadtrand von Rouen, erst 1847 fertiggestellt wurde. Die gotische Bewegung konsolidierte sich. 1852 schätzte Didron, daß 200 Kirchen in scheinmittelalterlichem Stil in Frankreich gebaut worden waren oder sich im Bau befanden. Das Kapitelhaus von Notre-Dame in Paris war damals praktisch fertig, es bot mit seinen Wandmalereien und seiner reichen neuen Ausstattung einen glänzenden Anblick, aber die ausgereiften Arbeiten Lassus' und Viollet-le-Ducs sollten erst noch kommen (Abb. 616, 617). Aber gerade zu jener Zeit verlor die Vitalität und die Anziehungskraft, von der die ganze Bewegung getragen worden war, an Wirkung; Lassus blieb ein überzeugter Anhänger der Neugotik, aber Viollet-le-Duc zählte nicht mehr zu deren Verfechtern aus ganzem Herzen, obwohl er weiterhin Entwürfe im gotischen Stil, besonders für Kirchen, machte. Er hatte aufgehört, an die Wiederbelebung der Gotik zu glauben. Schon damals hielt er Ausschau nach einer alternativen Architekturform, die zwar gotisch im Prinzip, aber nicht im Erscheinungsbild sein sollte. Obwohl er mit Didron nach 1848 befreundet blieb, stellte er die Propaganda in den *Annales Archéologiques* ein. Statt dessen schrieb er nach 1852 für die *Révue Générale de l'Architecture* und später für die *Encyclopédie d'Architecture,* die 1851 von Adolphe Lance (1813–1874) und Victor Calliat (1801–1881) gegründet wurde. Viollet-le-Duc stand nicht allein mit seinen Befürchtungen, viele der aktivsten Anhänger der gotischen Bewegung suchten eine Lösung für das Dilemma der Architektur des 19. Jh. außerhalb der Einschränkungen der neugotischen Doktrin. Sie bauten Kirchen im gotischen Stil – oder eine Interpretation davon –, aber wenig sonst. Sie waren sich ihrer Sache nicht sicher. Dieses Fehlen einer starken Überzeugung muß, abgesehen von der begrenzten kreativen Fähigkeit der Architekten, dafür verantwortlich gehalten werden, daß die Neugotik in Frankreich so schnell zum Eklektizismus absank. Es ergab sich daraus sehr wenig Wertvolles, wenn man bedenkt, welchen Aufschwung die Bautätigkeit nahm.

Die Ursache, der Katalysator dieser Glaubenskrise, war paradoxerweise der Bau von Ste-Clotilde in Paris, das sichtbarste Frühmonument der Neugotik, für das Didron und sein Gefolge so unermüdlich gekämpft hatten. Die Geschichte dieses Kampfes ist wenig bekannt. Überraschenderweise beginnt sie 1834, als Prosper Mérimée, damals Inspecteur Général des Monuments Historiques, vorschlug, daß alle Pläne für Restaurationsarbeiten, die von der Commission des Monuments Historiques durchgeführt werden sollten, dem Conseil des Bâtiments Civils vorzulegen seien. Diesem Verfahren folgte man fünf Jahre oder länger. Später waren diese beiden Körperschaften in allen Dingen gegenteiliger Meinung, und

637. Joseph-Auguste-Émile Vaudremer. Hof des Lycée Buffon in Paris, 1885–1890.

fast alle Mitglieder des Conseil lehnten die Neugotik ab. Veränderungen in der Verwaltung hatten eine negative Folge für die Commission: der praktische Verlust der Zuständigkeit für mehrere wichtige historische Denkmäler, zu denen auch die Kathedrale von St-Denis zählte, die François Debret einige Jahre lang restaurierte. 1839 nahm er die Arbeit an der Westseite auf. Von der Fassade des Gebäudes wurde mehr als ein Zoll tief das Gestein abgenommen; am Nordturm, der zwei Jahre zuvor von einem Blitz getroffen worden war, wurden Nischen und unverantwortliche Details zugefügt. Die Commission beschwerte sich wiederholt darüber und verlangte Debrets Entlassung. Dann stellte man 1844 fest, daß der Nordturm unter seinem eigenen Gewicht zusammenzubrechen drohte. Alle Anhänger der Gotik waren entsetzt. Didron griff Debret und den Conseil in den *Annales Archéologiques* heftig an. Die Mitglieder des Conseil verloren keine Zeit, sich dafür zu rächen. Zu Beginn des Jahres 1845 weigerten sie sich eigenmächtig, dem Bau von drei Kirchen im gotischen Stil zuzustimmen, die stark von Didron gefördert wurden: St-André in Reims, einer verkleinerten Ausgabe von St-Nicaise; St-Aubin in Toulouse, die Virebent ein Jahr zuvor für einen Wettbewerb entworfen hatte, und St-Étienne in Tours von Gustave Guérin. Didron war wütend. Er startete eine neue Offensive. St-André und St-Aubin wurden nicht gebaut, und St-Étienne wurde erst 1869 begonnen (Abb. 614, 615). Aber Didrons Feldzug konnte auf die Annahme der Pläne für die auffälligere und somit noch stärker im Widerspruch stehende Kirche Ste-Clotilde verweisen. Die frühesten Pläne hierfür, im klassischen Stil, stammten von J.N. Huyot. Als er 1840 starb und sein Freund Franz Chr. Gau (1790–1854), der in Köln geboren und 1809 über den Rhein gekommen war, um unter Lebas und Debret zu studieren, sein Nachfolger als Architekt wurde, forderte der Préfet de la Seine, M. Rambuteau, ein Freund Mérimées, eine Kirche im gotischen Stil. Mit einiger Verzögerung erstellte Gau ein Projekt im Stil des 14. Jh. Dieses wurde vom Conseil im Jahr 1840 abgelehnt, weil zu viele eiserne Klammern und Zuganker in der Konstruktion vorgeschlagen wurden. Viollet-le-Duc wurde 1846 zum Architekten für die Restaurationsarbeiten an St-Denis ernannt. Im gleichen Jahr versuchte der Conseil, den Bau von Durands Kirche in Peyrehorade zu verhindern, doch wurde ihm ein Strich durch die Rechnung gemacht. 1847 sahen 18 der 20 vom Conseil genehmigten Pläne für Kirchen irgendeinen mittelalterlichen Stil vor. Die Arbeiten für Ste-Clotilde wurden sofort begonnen. Die Durchführung wurde jedoch in die Hände Théodore Ballus (1817–1885), eines Schülers von Lebas, gelegt und nicht in die Gaus, der taub und ein unleidlicher Querulant geworden war. Ballu hielt sich soweit wie möglich an Gaus Entwürfe. Aus wirtschaftlichen Gründen wurde er dazu gezwungen, die Türme niedriger zu machen. Die beiden Turmdächer wurden beibehalten, doch mußte der Entwurf geändert werden. Im Dezember 1857 war die Kirche fertiggstellt (Abb. 635). Didron wie auch alle engagierten Neugotiker lehnten sie entschieden ab; sie hielten sie für zu überladen im Detail.

Der Disput zwang viele Bewunderer der gotischen Architektur, die Vorzüge der Neugotik ernsthaft zu erwägen; sie waren durch die Schwäche ihrer eigenen Argumentation entnervt worden, Viollet-le-Duc nicht weniger als alle anderen, und es gibt genügend Beweise dafür, daß sie den Stil bald unerträglich fanden. Für Kirchen wie die Gaus lohnte sich kein Kampf. Die Bewegung fiel ab, die Franzosen hatten sich nur wenige Jahre lang dazu berufen gefühlt, den gotischen Stil zu imitieren.

638. Christopher Dresser. Abbildung aus »The principles of decorative design«, 1873.

Die Geschichtsschreiber der modernen Architektur haben nach Propheten der modernen Bewegung im 19. Jh. Ausschau gehalten. Theoretiker, deren Ideale rational, anscheinend utilitaristisch waren, wie z. B. Horatio Greenough, Augustus Welby Northmore Pugin, Edward Lacy Garbett und Eugène Viollet-le-Duc, wurden herausgegriffen und als außergewöhnliche Seher gepriesen, die entweder ihren Vorgängern oder der Gesellschaft, in der sie lebten, gar nichts oder fast nichts verdankten. Trotzdem entfalteten sie ihre Ideen im Zusammenhang mit jenen, und wenn wir jemals ihre Absichten verstehen wollen, dann müssen wir sie im Zusammenhang mit dem komplizierten Milieu beurteilen, aus dem sie hervorgegangen sind. Die Radikalen des 19. Jh. sind nicht, was sie zu sein schienen. Jene Augenblicke in ihrer Laufbahn, als sie zu irren oder schwanken schienen, wurden zum größten Teil als störend ignoriert oder übergangen. Nehmen wir Sir Joseph Paxton (1801–1865). Obergärtner des Duke of Devonshire in Chatsworth, der dort bereits 1836 das große Treibhaus und 1850 das Victoria-Regia-Haus entworfen hatte, bevor er 1851 den Kristallpalast in London errichtete (Abb. 641). Dieses Prachtstück aus vorgefertigten Teilen, aus Eisen und Glas und, man muß es betonen, zum großen Teil aus Holz, hat eine kraftvolle Einheit des Ausdrucks, die selten beanstandet wurde. Aber dieses Bauwerk galt nicht immer als ein Stück herkömmlicher Architektur. Paxton selbst hielt es lediglich für eine spezielle Lösung für ein besonderes Dilemma. Eisen und Glas waren nicht generell verwendbar, und das gleiche galt von den von ihm hierfür entwickelten Bauverfahren. Als er sich, zwischen vielen anderen Laufbahnen, nach der großen Ausstellung als Architekt betätigte, begann er mit dem Bau von Mentmore House in Buckinghamshire, ein solides elisabethanisches Pasticcio für den Baron Rothschild. Obwohl der Stil abgeleitet war, waren Zentralheizung und künstliche Belüftungssysteme gänzliche Neuheiten. Er baute noch viel mehr dieser Art. Für die Rothschilds in Frankreich nahm er eine ganze Reihe von Häusern in Angriff; dies begann 1853 mit der Villa Ferrières bei Paris und endete, wie wir sahen, mit dem Château de Pregny außerhalb von Genf, wo ihm Viollet-le-Duc an die Hand ging. Diese großen, plumpen Châteaus sind alle in einem reichen und überladenen Stil gehalten. Sie waren klar konzipiert und wurden genauso auf ihren besonderen Zweck hin gebaut wie der Kristallpalast. Und die Lehren, die wir von diesem speziellen Bauwerk hergeleitet haben – falls man von der Geschichte überhaupt Lektionen erteilt haben möchte –, hätten wir genauso auch aus den Steinen von Pregny entnehmen können.

Owen Jones (1809–1874), ein Architekt, ebenso klar und vernünftig wie Paxton, wurde zum Superintendenten für die Arbeiten am

639. Owen Jones. Osler's shop, 45 Oxford Street, London, 1858–1860.

640. Augustus Welby Northmore Pugin. Mittelalterlicher Saal im Kristallpalast in London, 1851.

641. Joseph Paxton. Der Kristallpalast in London während des Baus, 1851.

Kristallpalast ernannt, mit der Anweisung, diesem Gebäude eine architektonische Wirkung zu verleihen. Er verzichtete auf Ornamente. Statt dessen verwendete er ein System farbiger Dekorationen, die so gestaltet waren, daß sie dem Rahmenwerk aus Eisen und Holz Inhalt und Tiefe verliehen. Er bemalte die Innenseite mit roten, gelben und blauen Streifen, die jeweils durch weiße Farbe voneinander getrennt waren. Diese Anordnung gründete auf M. E. Chevreuls *De la loi du contraste simultané des couleurs* von 1839, einem Gesetz, das Hittorff so sehr andersgeartet an St-Vincent-de-Paul zu interpretieren versucht hatte, sowie auf den Farbexperimenten George Fields. Die Theorie war ganz und gar Wissenschaft und Berechnung, doch die Wirkung war die eines Märchenpalastes. »Wenn man zum Hauptschiff hinaufblickte«, schrieb der Korrespondent der *Illustrated London News* am 1. Mai 1851, »mit seinen endlosen Säulenreihen, so veränderte sich die Szene von extremer Helligkeit zu einer dunstigen Unbestimmtheit, die nur Turner allein malen kann.« Die Außenseite war ganz in Blau und Weiß gehalten. 1856 veröffentlichte Jones sein *Grammar of ornament,* worin er seine Ansicht klar zum Ausdruck brachte, daß die Schaffenskräfte des 19. Jh. – wie Religion und Moraldenken in der Vergangenheit – Wissenschaft, Industrie und Handel sind und daß es die Aufgabe der Gestalter ist, diesen Kräften Ausdruck zu verleihen. Die künstlerischen Fähigkeiten, die dieser Nützlichkeitsform einen Stil geben sollten und in seinen 37 Anregungen erläutert wurden, bestanden in proportionalen Systemen, geometrischen Anordnungen von Mustern und Farbe, die in wissenschaftlicher Manier anzuwenden waren. Am Ende seines Buches wurden dekorative Applikationen empfohlen, deren Formen aus der Pflanzenwelt entnommen sind, eine Mode, die in England 1849 mit Pugins »Floriated ornament« aufgekommen sein mag. Dies wurde später von Männern wie J. K. Colling, J. Lindley, R. N. Wornum, Christopher Dresser, F. E. Hulme und L. F. Day aufgenommen und prachtvoll erweitert. Wie erwähnt, verfolgten in Frankreich Viollet-le-Duc und Ruprich-Robert diese Linie mit einem etwas andersgearteten Ergebnis. Owen Jones fing die magische Aura, die er mit seiner Wissenschaft im Kristallpalast beschworen hatte, wiederum erfolgreich ein in seinen Halls of Arts and Commerce – St. James' Hall gegenüber der Regent Street, gebaut 1855–1858, im Kristallpalast-Basar von 1858 zwischen der Great Portland und Oxford Street und im Osler's shop in der Oxford Street (Abb. 639) –, die alle schon längst nicht mehr existieren. Alle hatten ein Dach aus Eisen und Glas und Putzmalereien in den Primärfarben; sie verursachten eine Sensation. Als er aber Häuser für solide Bürger bauen mußte – ein Haus 8, Kensington Palace Gardens, London –, wählte Owen Jones einen schweren italienischen Stil (Abb. 642).

642. Owen Jones. Haus Nr. 8 von Kensington Palace Gardens in London, um 1850 (abgerissen).

643. John Ruskin. Abbildung aus »The Seven Lamps of architecture«, 1849.

Wenn man sich der Laufbahn des französischen Visionärs Hector Horeau (1801–1872) zuwendet, der sogar noch vor Paxton eine Eisen- und Glaskonstruktion für den Kristallpalast-Wettbewerb eingereicht hatte, findet man die gleiche Übernahme des Herkömmlichen auf dem Gebiet der Hausbau- und sonstigen Architektur. Er lernte bei C.E.F. Nepveu und konnte 1826 den Grand Prix nicht gewinnen, aber wie Owen Jones reiste er drei Jahre lang durch Europa und Nordafrika, bevor er sich niederließ. Anfänglich machte er sich einen Namen als Erbauer von Treibhäusern im Eisen- und Glasstil. 1841 baute er einen Wintergarten in Lyon. Sechs Jahre später entwarf er ein Château de Fleurs an der Ecke Rue Vernet und Rue Galilée gegenüber der Champs Élysées in Paris, das in der *Revue Générale de l'Architecture* (1847, 254, 410) sehr gelobt wurde. Er veröffentlichte eine Anzahl kühner Schemazeichnungen für die Verbesserung des Abwassernetzes der Stadt, für Schlachthöfe, Märkte und Ausstellungsgebäude. Sein Entwurf für die Halles Centrales, eine große Eisen- und Stahlkonstruktion, die in ihrem Aussehen den Salles de Fêtes Royales von Philibert de l'Orme ähnelte, Vorläufer von Duterts Galerie des Machines, wurde erstmals 1844 vorgestellt und in den Folgejahren entwickelt. Als L.P. Baltard und F.E. Callet mit dem Bau jenes Marktes beauftragt wurden und mit einem schwerfälligen Steinpavillon begannen, startete Horeau eine Kampagne, die Haussmann 1853 veranlaßte, den Abbruch anzuordnen, was dann zum Bau der Eisen- und Glaskonstruktion führte, die Baltard und Callet letztlich ausführten. Horeau war wütend. 1856 ging er nach England, wo er eine ganze Menge neuer Verbesserungen empfahl und diese drei Jahre danach in den Hanover Square Rooms in London ausstellte. Bis zu jenem Zeitpunkt hatte er ein (unbekanntes) Haus in Surrey gebaut und ein weiteres in Primrose Hill, London, das ebenfalls nicht mehr auffindbar ist, dafür aber in der 1868 von Viollet-le-Ducs Sohn begonnenen Besprechung in der *Gazette des Architectes et du Bâtiment* abgebildet war. Der Grundriß ist phantasievoll, wenn auch symmetrisch mit Flügeln, aber der Aufriß ist mit konventionellen italienisch inspirierten Motiven verziert. Im 1. Band der *Habitations Modernes* aus dem Jahr 1874 von Viollet-le-Duc Vater wird ein weiteres von Horeau gebautes Haus gezeigt. Es handelt sich um einen Bauernhof in Ostende in Belgien mit plumpen Backsteinverzierungen um die Tür- und Fensteröffnungen und kühn hervorragenden hölzernen Schiffsplanken und Balkonen mit gebrochenen Mäanderornamenten und primitiven Arabesken. Man hat den Eindruck, als habe sich ein Schweizer Chalet hier verirrt. Als Horeau älter wurde, zog er nach Madrid, wo er 1868 einen Markt aus Eisen und Glas für die Plaza Cebada entwarf. Einige Jahre später, als er in Paris eine Gefängnisstrafe wegen Unterstützung der

644, 645. Louis-Auguste Boileau. Entwürfe, außen und innen, für eine Kapelle, Saint-Denis, 1853.

Kommune absaß, skizzierte er Vorschläge für ein neues Hôtel de Ville, ein sehr gewöhnliches, anmaßendes Gebäude, das einen großen glasüberdachten Hof hatte, auf dem sich die gesamte Geschäfstätigkeit abwickeln sollte. Horeau war ein konzentrierte Denker und ein Mann von unerhörtem Unternehmungsgeist, durchaus willens, Risiken auf sich zu nehmen; er akzeptierte jedoch, daß für bestimmte Gebäudetypen die herkömmlichen Hybridformen die besten wären.

In Amerika baute der Maschinenhersteller James Bogardus (1800–1874) seit den späten 1840er Jahren 4– und 5stöckige Gebäudefronten ganz aus Eisen und Glas, aber in klassisch modellierten Formen, und machte sie mit zunehmendem Erfolg als Dekoration noch reicher und komplizierter. Der von ihm angewandte Renaissancestil war für ihn ein wesentlicher und sich in die Gesamtkonzeption einpassender Teil. Sogar der bombastisch-philisterhafte Exkaufmann und Archäologe, der Architekturhistoriker James Fergusson (1808–1886), der vermutlich mehr als jeder andere während des 19. Jh. gelesen wurde, war der Ansicht, obwohl er eine arrogante Geringschätzung aller herkömmlichen Meinungen an den Tag legte und technischen Produkten einen äußerst hohen Rang zuordnete, daß Gebäuden wie dem Kristallpalast eine gewisse Solidität und Masse fehle und daß sie, wie er es ausdrückte, »nicht in die Klasse der feinen Künste erhoben« werden könnten. Dabei muß man wissen, daß Fergusson von 1856 bis 1858 Hauptgeschäftsführer der Crystal Palace Company in Sydenham war, wo Paxton und Jones eine noch großartigere Variante der Hyde-Park-Struktur geschaffen hatten. Sein unterhaltendstes und sicherlich provokativstes Werk war *A History of the modern styles of architecture,* 3 Bände von 1862–1872 (erschienen mit seinem *Illustrated handbook of modern architecture* von 1855 als Teil der noch gedrängteren *History of architecture in all countries from the earliest time to the present day,* das zwischen 1865 und 1875 herausgegeben wurde). Am Schluß seiner *History,* nachdem er gegen die Imitationen der modernen Architektur gewettert hatte, fühlte sich Fergusson trotzdem veranlaßt, seinen Zeitgenossen zu empfehlen, den Renaissancestil aufzugreifen. Fergusson suchte eine Architektur, die sensibel entworfen und stark und dauerhaft war und sowohl in ihren Formen als auch in ihren Dekorationen, die er für äußerst wichtig erachtete, die Bestrebungen und den Gemeinschaftssinn der Gesellschaft refkektierte, die sie hervorgebracht hat: ein banales Ziel, so könnte man urteilen, aber eines, von dem er – wie so viele seiner Zeitgenossen – glaubte, daß es sich am besten im Stil der Renaissance verwirklichen lasse. Eine gewisse Banalität haftet jenen gequälten Theorien an, die in dem wenig bekannten, aber im 19. Jh. vielgelesenen *Rudimentary treatise on the principles of design in architecture* angeboten wurden, das

646. Louis-Auguste Boileau. Innenansicht von Saint-Eugène in Paris, 1854/55.

647. Louis-Auguste Boileau. Entwurf für eine Kirche mit Gußeisensäulen, 1863.

erstmals im Jahr 1850 gedruckt wurde. Der Autor war E.L. Garbett, der bei Horatio Greenough und später bei den amerikanischen Theoretikern viel Anklang fand. Er hielt die Bedeutung struktureller Prinzipien hoch und anerkannte zwei Systeme struktureller Reinheit, den griechischen und den gotischen Stil, die er dann aber langatmig ablehnte zugunsten eines dritten, noch ungelösten, nämlich des italienischen Renaissancestils.

Andere Propheten des 19. Jh. – jene, die auf die Empfindungen des 19. und sogar des 20 Jh. die stärkste Wirkung hatten – kamen zu etwas andersgearteten Schlüssen, obwohl sie dazu neigten, mit Fergusson hinsichtlich der Vorteile des Kristallpalastes übereinzustimmen. A.W.N. Pugin (1812–1852), jener brillante Bekenner der Gotik, beschrieb ihn manchmal in seinen Briefen mit Nebenbemerkungen als »den Kristallhumbug« und »ein Glasmonstrum«. Dies bedeutete nicht, daß er Eisenkonstruktionen und andere moderne Einrichtungen und Erfindungen völlig mißbilligte, denn er schrieb 1843 in *An apology for the revival of Christian architecture in England:* »Jede moderne Erfindung, die zum Komfort, zur Sauberkeit oder Dauerhaftigkeit beiträgt, sollte von einem konsequenten Architekten übernommen werden.«

Er verabscheute den offensichtlichen Mangel an Baumasse beim Kristallpalast und noch mehr die offensichtliche Gleichgültigkeit gegenüber der Gotik, die dieses Bauwerk zeigte. Der von ihm dort errichtete mittelalterliche Hof stand in scharfem Kontrast zu jener reduzierten Struktur (Abb. 640). Die Prinzipien, die Pugin 1841 auf der ersten Seite von *The true principles of pointed or Christian architecture in England* niederlegte, haben offenkundig nichts mit Gotik zu tun, aber durch sein ganzes Buch hindurch kam zum Ausdruck, daß der einzig akzeptable Stil die Gotik sei. Pugin nahm 1835 den katholischen Glauben an. Somit bedeutete für ihn die Reformation und alles, was damit zusammenhing, einen zweiten Sündenfall.

Pugins Prinzipien und viel von seiner Einstellung zur Gotik – sogar deren Identifizierung als der wahre katholische Stil – können erstaunlicherweise auf einen so akademischen Ursprung wie Jacques François Blondels *Cours d'Architecture* zurückverfolgt werden. Aber Pugins blühende Moralität ist neu für die architektonische Theorie. Diese wird mit äußerstem Nachdruck von Anfang an in dem verheerendsten aller seiner Bücher, den 1836 erschienenen *Contrasts; or a parallel between the noble edifices of the fourteenth and fifteenth centuries, and similar buildings of the present day* erläutert. Der Text ist kurz, aber die 16 gegenübergestellten Stiche lassen keinen Zweifel über die Absicht: Alle Städte und Gebäude des 19. Jh. sind minderwertig und schlecht; die aus dem Mittelalter sind erfüllt von den Segnungen der mittelalterlichen Gedankenwelt.

1863

648. William Slater. Entwurf für eine Kirche mit Gußeisenpfeilern im gotischen Stil, 1855.

Der von Pugin angeschlagene moralische Aspekt war der wirkliche Beitrag Englands zur architektonischen Gedankenwelt des 19. Jh. John Ruskin (1819–1900) war der beredte Sprecher der ethischen, obgleich nicht katholischen Einstellung. Doch seine sozialen Überzeugungen kamen erst in seinem späteren Leben kraftvoll und dogmatisch zum Ausdruck. Aber schon in seinen ersten Schriften, dem 1837 und 1838 unter dem Pseudonym Kata Phusin (»Der Natur gemäß«) in Loudons *Architectural Magazine* erschienenen *The Poetry of architecture* kam sein ganzes künftiges Verständnis zum Ausdruck. Sein Herausgeber John Claudius Loudon (1783–1843) war ein Mann anderer Prägung. Seine gesamte Tätigkeit stand im scharfen Kontrast zu der Ruskins. Loudon war eine Karikatur des starrsinnigen, fleißigen Schotten. Schon Jahre vor Paxton baute er Gewächshäuser und erschloß er Bauverfahrem, die Paxton später bei Chatsworth und dem Kristallpalast anwandte. Er war ein früher Vorkämpfer für die Eisen- und Glasarchitektur. In seinen unzähligen Veröffentlichungen offerierte er auch alle Arten architektonischer Stile – er beschäftigte Charles Barry und die Schurken E.B. Lamb und S.S. Teulon wahllos für die Ausarbeitung seiner Entwürfe –, denn er hatte zwar genaue und sehr vernünftige Vorstellungen über Architektur, aber er gab keinen Deut für ihr Aussehen, solange sie zweckmäßig organisiert und vernünftig gebaut war. Er schätzte alles, was Ruskin nicht mochte, aber er mochte Ruskin und lobte großzügig dessen Schriften.

Für Ruskin entsteht die Güte der Architektur aus der Güte im Menschen. Später befaßte er sich ausführlicher mit diesem Thema in jenen beiden Werken, die sich in sehr bemerkenswerter Weise mit der Architektur befaßten, *The Seven Lamps of architecture* von 1849 (Abb. 643) und *The Stones of Venice,* die in 2 Bänden 1851 und 1853 erschienen. In *The Queen of the Air* von 1865 machte er daraus einen Aphorismus: »Ein dummer Mensch baut dumm. Ein weiser baut mit Gefühl, ein virtuoser baut schön und ein lasterhafter baut unwürdig.«

Ruskin lehnte die gesamte Renaissancearchitektur als Imitation ab und verteidigte die Gotik als Abbild des »Guten und Wahren«. Aber in *The Seven Lamps* gibt es nicht soviel an Architektur, wie man erwarten möchte, und auch nicht viel an Gotik, nicht einmal in *The Stones of Venice.* Ruskins Kreuzzug war keineswegs national. Er hatte eine Abneigung gegen die Feuchtigkeit und die Melancholie des Nordens und verschwendete nicht viel Zeit mit der Betrachtung der gotischen Denkmäler in England oder in Frankreich (obwohl er mit der Zeit lernte, einige von ihnen zu bewundern). Er bevorzugte den Süden. Die italienische Gotik wurde für ihn zum Symbol für alles, was er in der Architektur liebte – Giottos Campanile in Florenz und noch mehr der Dogenpalast in Venedig.

649, 650. Louis-Auguste Boileau. Innenansicht von Saint-Paul in Montluçon, 1863–1869.

Das in Eile geschriebene und fast zufällig dem 2. Band von *The Stones of Venice* angefügte Kapitel »The nature of gothic« diente trotz allem den ernstmeinenden Architekten in England als Katechismus. William Morris (1834–1896), über den man hier nichts weiter zu sagen braucht, druckte 1892 feierlich eine separate Ausgabe auf der Kelmscott Press als »eine der sehr wenigen notwendigen und unumgänglichen Äußerungen des Jahrhunderts«. Dieses Werk war der Ansporn zu seiner Laufbahn sowie zu der Philip Webbs, William Lethabys und vieler anderer.
Im Lauf der Zeit wendete er seine Aufmerksamkeit von der Architektur ab: er dachte lieber über das Wesen der Gesellschaft nach. Er wurde einer der radikalsten Denker seiner Zeit. Sein Ziel war, aus England eine gute, gleichberechtigte Gesellschaft zu machen, in der jeder den gleichen Lohn erhält. 1864 bot man ihm an, am Mechanics Institute in Bradford Vorlesungen zu halten, wo man gerade einen Wettbewerb für Entwürfe für eine neue Börse durchführte. Man erwartete von ihm Rat über den Baustil, und niemand zweifelte daran, daß er den gotischen wählen würde. Statt dessen teilte er den versammelten Bürgern und Geschäftsleuten mit, daß es ihm vollkommen gleichgültig sei, welchen Stil sie haben würden, weil es ihnen ja ebenfalls egal sei, sie wären doch nur am Geldverdienen interessiert. Und er wetterte weiter über die Unmoral ihrer Lebensführung und die sich daraus ergebende Häßlichkeit der Stadt. Das einzige Gebäude, von dem man sagt, Ruskin sei ihm sehr nahegestanden, das University Museum in Oxford (1854–1860) von Thomas Deane und Benjamin Woodward, war kein gelungener Versuch, seine Ideale auszudrücken. Er stand diesem Bauwerk auch nicht so nahe, wie man gewöhnlich annimmt. Während eines großen Teils der Bauzeit war er nicht in England, und fast die gesamte restliche Zeit über war er mit seiner Schriftstellerei beschäftigt. Der Entwurf entstand 1854, mit dem Bau wurde ein Jahr später begonnen; hierzu brachte man Arbeitskräfte von Irland herüber, die von dem randalierenden James O'Shea angeführt wurden. Er war derjenige, der in seiner Arbeit all die von Ruskin gehegten Ideen demonstrierte, obwohl dessen unverschämte Mißachtung der Oxforder Prominenz 1860 zu seiner Abschiebung führte, bevor die Steinmetzarbeiten beendet waren. Woodward starb im Jahr darauf, und die Mittel fehlten, weshalb wenig mehr getan wurde. Aber der Großteil der Arbeiten war zu jenem Zeitpunkt bereits ausgeführt, so der phantastisch gedeckte Hof ganz in Eisen und Glas, gotisch im Stil. Ruskin kann die Verwendung von Eisen nicht gebilligt haben, aber er äußerte sich nie sehr kritisch darüber. Nachdem ihm daran gelegen war, daß ein Mann an seiner Arbeit Freude haben müsse, um sein Zeichen in der fertigbearbeiteten Oberfläche hinterlassen zu können, mußte

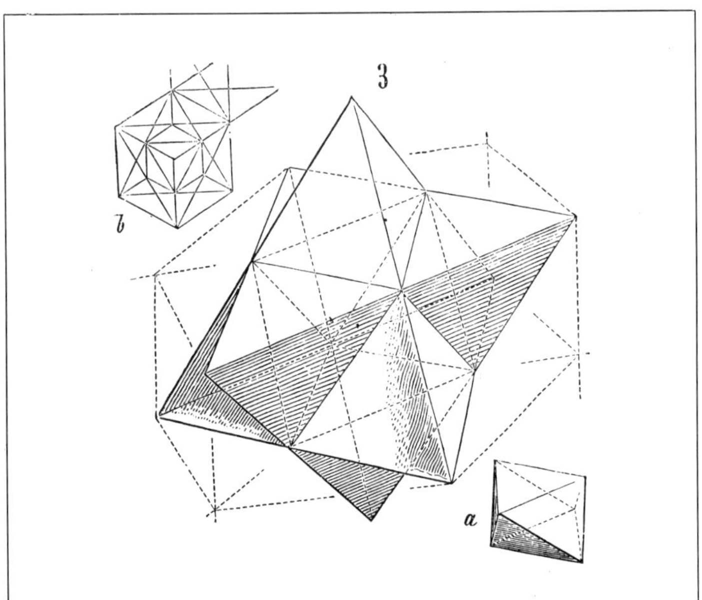

651. Eugène Viollet-le-Duc. Entwurf für einen Konzertsaal mit gewölbter Decke aus Eisen und Mauerwerk, 1866.

652. Eugène Viollet-le-Duc. Diagramm, das zeigt, wie das gleichseitige Dreieck als Grundlage jeder architektonischen Konstruktion dient, 1866.

er unausweichlich den Großeinsatz von Eisen in der Architektur wie auch alle Vorfertigungsverfahren ablehnen. Seiner Ansicht nach degradierte dies den Handwerker. Die Kritiker könnten die Wirkungen eines Gemäldes von Turner, den er verehrte, im Hauptschiff des Kristallpalastes sehen, aber 1851, gab Ruskin schlagfertig zurück, war das gleiche Jahr, in dem Turner starb. Tatsächlich war Turner sehr stark am Kristallpalast interessiert. Aber für Ruskin gab es nichts von Interesse darin, weder von Turner noch an der Architektur. »Die Menge an Einfällen, die das Gebäude ausdrückt, ist, wie ich annehme«, schrieb er 1855 in einer Ammerkung (die sich übrigens gegen Garbett richtete) zur 2. Ausgabe von *The Seven Lamps,* »ein einziger und sehr bewundernswerter Gedanke Sir Joseph Paxtons, vermutlich in keiner Weise brillanter als die Tausende von Gedanken, die ihm stündlich durch sein aktives und intelligentes Gehirn gehen, nämlich daß es möglich sein könnte, ein Gewächshaus zu bauen, das größer ist als irgendein je zuvor gebautes. Dieser Gedanke zusammen mit einer sehr gewöhnlichen Algebra ist alles, was Glas an menschlichem Intellekt zum Ausdruck bringen kann« (*Works* IX, S. 456). Als er 1874 den Einfluß seiner eigenen Arbeiten und Schriften im Vorwort zur 3. Ausgabe von *The Stones of Venice* überprüfte, fühlte er sich veranlaßt, auch diese als verderblich abzulehnen.

Auf dem Kontinent war es der Ethik und Sozialmoral nicht gestattet, die Theorie der Architektur zu beherrschen: keiner der Einflußreicheren verwendete die Architektur zu einem religiösen Kreuzzug, keiner schwenkte von der Architektur zu einer politischen Theorie um. Trotzdem vertraten viele – tatsächlich alle Schlüsselfiguren – starke, manchmal leidenschaftliche politische Standpunkte. Gottfried Semper, der deutsche Sprecher, mußte nach Frankreich fliehen, als die antimonarchische Revolution, an der er beteiligt war, niedergeschlagen wurde. In Frankreich hatte man Horeau, wie schon erwähnt, wegen seiner Rolle in der Kommune ins Gefängnis gesteckt. Schon vorher wurden Gilbert, Blouet, Labrouste und Duc leidenschaftlich von den Vorstellungen Saint-Simons und Comtes aufgerührt, während César Denis Daly, Herausgeber der einflußreichen *Revue Générale de l'Architecture,* Fourierist war und sogar eine »phalanstère« entwarf, die er in seiner *Revue* abbildete. Doch sonst gab es darin wenig dieser Art.

Viollet-le-Duc selbst hatte, als er jung war, auf den Barrikaden gekämpft und später, nach dem französisch-preußischen Krieg, als das Land am Boden lag, dachte er an eine aktive politische Karriere. Er begann mit regelmäßigen Publizierungen in *Le Centre Gauche, Le Peuple* und *Le Bien Public.* 1873 beteiligte er sich dann an den ersten Stadtratswahlen und wurde zum republikanischen Kandidaten für den Bezirk Montmartre gewählt. Diese Position behielt er

653. *Eugène Viollet-le-Duc. Schnitt einer gotischen Kirche, der zeigt, wie Eisen und Holz die Konstruktionselemente aus Stein unterstützen können, 1859.*

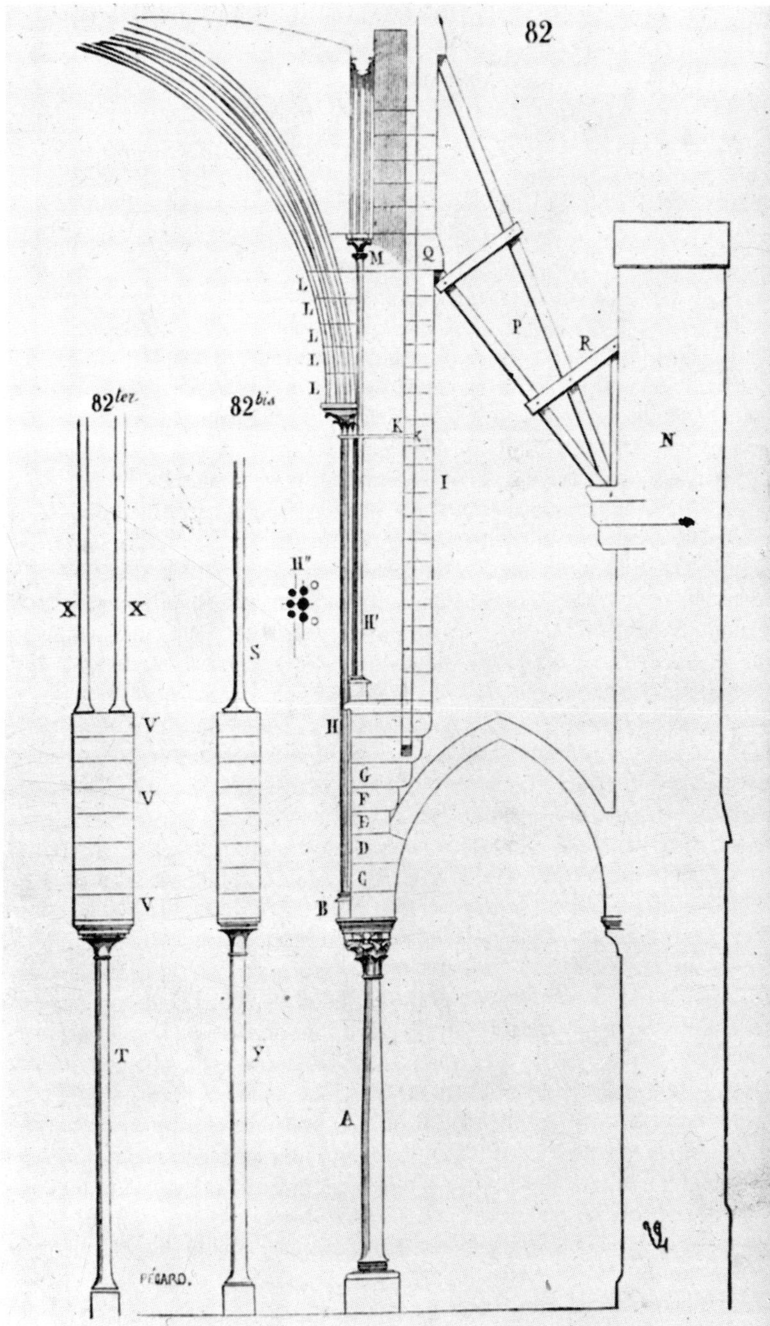

aber nur ein Jahr lang, als er zu dem Ergebnis kam, daß die republikanische Regierung keine Moral habe. Er gab seinen Rücktritt in *Le Centre Gauche* bekannt und gab seinen Sitz und alle staatlichen Funktionen einschließlich der des Inspecteur Général des Édifices Diocésains ab. Er wurde wieder in den Rat gewählt, diesmal aber unter einem anderen politischen Banner, und diesen Sitz behielt er bis zu seinem Tod im Jahr 1879. Dies waren sicherlich mutige Schritte, aber man sollte ihre Bedeutung nicht überschätzen. Viollet-le-Duc war zu lange willfähriger Höfling unter dem Kaiserreich gewesen, und in jener Zeit hatte er nichts unternommen, um seinen Einfluß für die Verbesserung der Welt zu gebrauchen.

Viollet-le-Ducs Interesse an der Architektur konzentrierte sich allein auf den Bau. Er war entschlossen, zu zeigen, daß der richtige Ausdruck der strukturellen Prinzipien eine richtige Architektur hervorbringe. Niemand, der Henry Adams *Mont-Saint-Michel and Chartres* gelesen hat, das mit Zitaten Viollet-le-Ducs gespickt ist, könnte bezweifeln, daß er auch ein Mann des Gefühls war, äußerst empfänglich für die Poesie der gotischen Architektur, und daß man ihn auch in diesem Licht interpetieren kann. Aber in seinem Kampf gegen die etablierten architektonischen Konventionen – besonders gegen die von der École des Beaux-Arts aufgestellten – war er gezwungen, seine Argumente mit der unbarmherzigsten Logik zu stählen und gotische Architektur – tatsächlich jede gute Architektur, und somit schloß er auch die griechische und byzantinische ein – als leicht erklärbare Ergebnisse festgelegter Ziele zu interpretieren. Die von ihm in seinen Analysen verwendeten Prinzipien sollten in der Modernisierung einer Architektur für das 19. Jh. und sogar darüber hinaus Anwendung finden. Somit entsteht von ihm das Bild eines rauhen und anmaßenden Materialisten. Aber auch jene Strukturprinzipien, die er in seinen frühen Jahren in den *Annales Archéologiques* erklärt hatte, wurden auf die Bedürfnisse der Architektur des 19. Jh. nur vorübergehend angewandt. Von Anfang an akzeptierte er, daß neue Materialien, vor allem Eisen, als wesentlicher Teil der Erneuerung für das 19. Jh. eingesetzt werden müssen. Er war sogar willens, Eisen für Restaurationsarbeiten zu verwenden. So gab er 1845 eiserne Fensterrahmen für die Madeleine in Vézelay in Auftrag, wie dies auch Lassus für St-Germain-l'Auxerrois getan hatte. Aber in einem Bericht von 1850 an die Commission des Monuments Historiques über den lächerlichen gußeisernen Turmhelm, den J.A. Alavoine (1778–1834) im Jahr 1824 auf die Kathedrale in Rouen gesetzt hatte, lehnte Viollet-le-Duc in ähnlicher Weise konsequent ab wie Pugin die Vorstellung, daß man Eisen für die Reproduktion von Formen oder Ornamenten verwenden könnte, die unter andersgearteten Umständen entwik-

654. Eugène Viollet-le-Duc. Grab des Duc de Morny auf dem Friedhof Père Lachaise in Paris, 1865/66.

kelt worden waren. Es sollte keine gußeiserne Gotik geben. Alle Experimente in dieser Richtung verurteilte er mit Vehemenz. Am 11. Januar 1854 veröffentlichte L.A. Boileau (1812–1896), Sohn eines Tischlers und Erbauer und Schnitzer des Orgelprospekts in St-Germain l'Auxerrois sowie Architekt einer einfachen Kirche im scheingotischen Stil in Mattaincourt (Vogesen), einen Vorschlag in *La Presse* für eine an der Chaussée d'Antin zu errichtende Kirche mit gußeisernen Säulen. Am 18. Februar des Jahres 1854 wurde dieser Vorschlag nochmals in *L'Illustration* zusammen mit einem begeisterten Kommentar von Albert Lenoir veröffentlicht. Nach einigen Monaten nahm Lusson (1790–1864), ein Schüler Perciers und Fontaines, diesen Gedanken auf und unterbreitete ihn dem Erzbischof von Paris für ein Grundstück Ecke Rue Monthyon (Rue Ste-Cécile) und Rue du Conservatoire. Die Arbeit wurde im April aufgenommen. Wie zu erwarten, protestierte Boileau heftig. Er übernahm Lussons Posten als Architekt, und am 20. Dezember 1855 wurde seine neue Kirche St-Eugène geweiht (Abb. 646). Von außen sieht man einen ganz gewöhnlichen Kasten aus rotem Ziegelstein, der von Spitzbogenfenstern unterbrochen ist und an der Eingangsfassade drei Giebel hat. Von innen ist es eine kuriose gotische Paraphrase, ähnlich der (möglicherweise im gleichen Jahr) in England für die Ecclesiological Society von William Slater, R.C. Carpenters Schüler und Nachfolger, entworfenen Kirche (Abb. 648); dieser Entwurf wurde aber erst im Jahr 1865 in *Instrumenta Ecclesiastica* veröffentlicht. Alle Säulen und Rippen, sogar das Maßwerk von Boileaus Kirche sind aus Eisen, die Gewölbe mit Metallplatten bedeckt. Das Bauwerk verursachte eine Menge Kommentare. César Denis Daly verdammte es schon früh, lang vor seiner Fertigstellung, im Februar 1855 in der *Revue Générale de l'Architecture* als Konzeption äußerster Naivität. Zwei Jahre später lehnte er es ab, weil es einem Eisenbahnschuppen ähnlich sähe. Doch Michel Chevalier veräffentlichte einen sehr vorteilhaften Bericht über Boileaus Paraphrase im *Journal des Débats* vom 1. Juni 1855, wobei er vorschlug, dieses System für die Kathedralen von Moulins und Marseille sowie für die neuen Kirchen in Montpellier und Lille zu übernehmen. Chevaliers Tribut hatte eine rüde Antwort Viollet-le-Ducs in der *Encyclopédie d'Architecture* zur Folge. Boileau antwortete darauf einen Monat später mit Zurückhaltung. Er sagte, er tue nicht mehr, als was Viollet-le-Duc selbst empfohlen hätte. Er billigte die Prinzipien der gotischen Bauweise und hatte versucht, sie so zu interpretieren, wie die Maurer des 13. Jh. dies selbst getan hätten, wenn ihnen die Hilfsmittel von heute zur Verfügung gestanden hätten. Seiner Meinung nach kam Viollet-le-Ducs Ablehnung daher, daß die gotischen Formen nicht sklavisch kopiert worden waren. Viollet-le-Duc war wütend. Er reagierte in

655. Jules Saulnier. Schokoladenfabrik Menier in Noisiel-sur-Marne, 1869, 1871–1873.

656. Eugène Train. Collège Chaptal in Paris, 1863–1875.

der gleichen Ausgabe der *Encyclopédie d'Architecture* mit einer Flut technischer Streitfragen.

Aber es besteht kaum Grund zu der Annahme, daß Viollet-le-Duc St-Eugène hätte besser leiden können, wenn es einem Eisenbahnschuppen ähnlicher gesehen hätte. Genau wie César Denis Daly und die meisten seiner Mitkritiker in Frankreich hatte er den Kristallpalast nicht bewundert – Henri Sirodet hatte ihn in der *Revue Générale* von 1851 (S. 154) als nichts mehr als ein riesiges Gewächshaus ohne Anspruch auf Architektur abgetan. Boileau blieb unverzagt. Schon in einer im September 1854 herausgekommenen kleinen Broschüre hatte er sein erstes, noch überraschenderes Projekt für eine Kirche aus Eisen als »die neue architektonische Form« veröffentlicht. Es zeigte dünne Eisensäulen, die ein System von Segmentbogen und Rippen aus Eisen stützten, die wiederum eine Reihe Rippengewölbe trugen, die eines gegen das andere gebaut eine pyramidenförmige Komposition ergaben. Die Bogengewölbe sind von innen und außen zu sehen. Die Eisensäulen, die sich innen offen dem Blick des Betrachters zeigen, sind außen mit Stein verkleidet. Doch bleiben die Fensterflächen dazwischen ungewöhnlich groß. Aber die Maßwerkfenster waren noch ungewöhnlicher. Sie waren aus sich schneidenden Bogen gefertigt, wodurch ein Linienmuster entstand, das zu den Segmentbogen der Gewölbe paßte. Auf der Westseite der Kirche stehen zwei Türme von ähnlicher Komposition (Abb. 644, 645). Insgesamt wirkt der Entwurf launisch; die Inspiration kommt nicht nur von gotischen Beispielen, sondern auch, und darüber besteht wenig Zweifel, von der maurischen Architektur (Auszüge aus Owen Jones' Buch über die Alhambra wurde 1844 in der *Révue Générale de l'Architecture* veröffentlicht, und ein Stich scheint besonders den Prototyp für Boileau abgegeben zu haben). Später baute er dann noch viele und weit riskantere Varianten dieser Art und illustrierte sie zusammen mit einer äußerst redegewandten literarischen Propaganda. 1881 veröffentlichte er die *Principes et exemples d'architecture ferronière;* fünf Jahre später die *Histoire critique de l'invention en architecture* und im Jahr 1889 *Les préludes de l'architecture du XXe siècle et l'exposition du centenaire,* eine Arbeit von prophetischer Intention. Aber abgesehen von den zusammen mit seinem Sohn Louis Charles im Jahr 1869 begonnenen großen Magasins du Bon Marché zeigten alle seine ausgeführten Arbeiten wenig Fortschritt seit St-Eugène, wenngleich diese Norm bei allen erreicht wurde. 1863 fügte er der Kirche St-Eugène von Le Vésinet eine Eisenrippenkuppel an und begann im gleichen Jahr mit St-Paul an der Place J. Dormoy in Montluçon (Allier; Abb. 649, 650). Um 1869 nahm er die Kirche von Juilly (Seine et Marne) in Angriff, die St-Eugène nicht unähnlich ist. Fünf Jahre später entwarf er Notre-Dame de France am Leicester Place in London,

657. *Louis-Ernest Lheureux. Fassade der Bibliothek der École de Droit in Paris, 1876–1878 (abgerissen).*

eine kuriose Eisenrahmenstruktur (1957 abgebrochen), die in der runden Hülle von Robert Barkers altem Panorama saß. Viollet-le-Duc ignorierte diese Tätigkeit. Aber sein Schüler Anatole de Baudot attackierte 1863 in der *Gazette des Architectes et du Bâtiment* Boileaus Entwürfe für die Kirche in Le Vésinet, und drei Jahre danach griff er das Projekt an, das Boileau beim Wettbewerb in Rambouillet eingereicht hatte (der, wie man sich vielleicht erinnert, von De Baudot selbst mit einem Entwurf, der auch Eisensäulen vorsah, gewonnen wurde). Der Streit mit Boileau zwang Viollet-le-Duc, sich mit der Rolle des Eisens in der Architektur ernsthafter zu befassen (Abb. 651–653). In dem Artikel über »Konstruktion« im 4. Band des 1860 herausgegebenen *Dictionnaire raisonné de l'architecture* zeigte er auf sehr einfache Weise, wie Eisen und auch Holz als Strukturelemente für gotische Kirchen eingesetzt werden können; damit gab er seine Empfehlung, wie Eisen im 19. Jh. verwendet werden könne. Er selbst verwandte es ziemlich lustlos (wie Butterfield und andere Gotikenthusiasten dies früher in England schon getan hatten) für die Tragbalken der Sakristei in der Kathedrale von Reims, die im Juli 1862 entworfen, aber erst 1870 errichtet wurde, sowie für die fachkundiger entworfenen Träger in den Dächern des Château de Pierrefonds (1862). Die Maison du Personnel von Notre-Dame, ebenfalls mit einfachen Eisenträgern, wurde 1866 erbaut. Damals war die Verwendung von Eisen für Viollet-le-Duc ein besonders empfindliches Kapitel (daher De Baudots schamhafte Attacke gegen Boileaus Entwurf für Rambouillet), weil sowohl Charles Darcel bei seiner Besprechung des Salons von 1864 in der *Gazette des Beaux-Arts* als auch César Daly in seinem Leitartikel und in seiner Besprechung des Salons von 1866 in der *Révue Générale* wie auch Bourgeois de Lagny in seiner Besprechung des Salons vom gleichen Jahr im neugegründeten *Moniteur des Architectes* solche Tendenzen heftig angegriffen hatten, die sie mit Viollet-le-Duc in Zusammenhang brachten. Vor allem die Entwürfe für die Pfarrkirche in Rambouillet lieferten Vorwand für den Spott. Wie dies Darcel schon früher getan hatte, assoziierte Bourgeois de Lagny Viollet-le-Duc und seine Schüler sogar mit Boileau, eine Assoziation, die sie fürchteten. Jedermann hielt ihn für einen Kauz. Aber Bourgeois de Lagny richtete vielleicht noch mehr Schaden an, als er sie mit den Realisten in Zusammenhang brachte, die damals so groß im Gespräch waren. Viollet-le-Duc war lang mit Champfleury befreundet und besprach am 7. August 1863 im *Journal des Débats* dessen gesammelte Aufsätze »Réalisme« mit so viel Takt, wie er konnte.

Viollet-le-Ducs Antwort auf die Angriffe waren die bestürzenden Entwürfe im 12. Band der *Entretiens,* die aus dem Jahr 1866 oder unmittelbar danach datieren. Dort zeigte er in seinen Abbildungen

658. Louis-Ernest Lheureux. Innenansicht der Bibliothek der École de Droit in Paris, 1876–1878.

für ein von V-Pfählen getragenes Hôtel de Ville und bei anderen großen Hallen mit Kombinationen von Druckstreben und Rahmenkonstruktionen aus Eisen, die gemauerte Gewölbe tragen, aber vor allem in seiner Halle der 3000, wie eine Architektur für die Zukunft geschmiedet werden könnte (Abb. 651). Bescheiden in der Beurteilung seiner kreativen Fähigkeiten, sah er zweifellos, daß diese Bauwerke unbeholfen und stillos waren, aber trotzdem waren sie ein entschlossener und verzweifelter Versuch, irgendeinen Stil zu schaffen. Die vielflächige Halle ist in der Tat eine naive Stilillustration, wie der Bau im gleichen Jahr 1866 nicht, wie man erwarten sollte, in den *Entretiens,* sondern im 8. Band des *Dictionnaire raisonné de l'architecture* definiert wurde. »Le style«, schrieb Viollet-le-Duc (nicht mehr parteiisch, falls dies jemals für ihn zutraf, für Zeitstile), »est la manifestation d'un idéal établi sur un principe« (S. 475). Für ihn galt dieser große Leitsatz letztlich für die ganze Welt, für das Universum selbst. Das Geheimnis aller ihrer Strukturen, aller Stabilität war das gleichseitige Dreieck, auf dem sämtliche Strukturen aller Dinge basierten (Abb. 652).
Ein Schüler Horeaus, Jules-Désiré Bourdais (1835–1915), baute um 1868 eine kleine Kapelle in Négreplisse (Tarn-et-Garonne) mit einem Dach, das von vier deutlich sichtbaren hölzernen Streben getragen wurde und im Aufbau an die in den *Entretiens* enthaltenen Illustrationen erinnerte. Jules Saulnier fertigte 1860–1865 eine Reihe großer Backsteinstrukturen für die Chemischen Werke Menier in St-Denis; vier Jahre danach begann er mit dem Eisenskelettbau der Schokoladenfabrik Menier in Noisiel-sur-Marne (Abb. 655). Diese Fortschritte reichten für Viollet-le-Duc aus, um seine Leser im 18. Band der *Entretiens,* der 1871 oder zu Beginn des Jahres 1872 geschrieben worden war, darauf aufmerksam zu machen. Eine vollständige Abbildung erschien 1874 und in den folgenden Jahren, zusammen mit anderen Nebengebäuden und der bemerkenswerten Arbeiterunterkunft, in der *Encyclopédie d'Architecture.* Dieses prächtige Gebäude, das von reichkolorierten und gemusterten glasierten Backsteinen nur so strahlt, gilt als die erste vollständige Eisenrahmenkonstruktion. Dies könnte tatsächlich der Fall sein. Aber die Diagonalrahmenkonstruktion aus Eisen, die sich so selbstbewußt an der Fassade zeigt, ruft eine Holzrahmenkonstruktion ins Gedächtnis zurück, die zwischen 1840 und 1855 auf dem gleichen Gelände von Saulniers Meister, Bonneau, errichtet worden war, die wiederum auf einer damals noch vorhandenen mittelalterlichen Konstruktion gründete. Dessenungeachtet mag Viollet-le-Duc als Anreger auf Saulnier gewirkt haben.
Weniger zweifelhaft ist sein Einfluß auf die Bibliothek der École de Droit in der Rue Cujas, die zwischen Mai 1876 und Juni 1878 von Louis-Ernest Lheureux (1827–1898) erbaut wurde (Abb.

659. Louis-Ernest Lheureux. Zweiter Lesesaal der Bibliothek der École de Droit, Paris, 1893–1898 hinzugefügt (abgerissen).

657–659), der Schüler von Henri Labrouste gewesen war. Lheureux hatte zusammen mit Labrouste am Collège Sainte-Barbe direkt auf der anderen Straßenseite gearbeitet, wo er auch die Salle de Dessin entwarf. Außer der Fassade des Collège existieren diese Gebäude alle nicht mehr, auch die zweite Halle, die Lheureux 1880 an die erste angebaut hat. Sowohl im Arrangement der gußeisernen Konsolen als auch in den Eckträgern, deren Zwischenräume mit Backsteinplatten ausgefüllt waren, findet man verblüffende Interpretationen der Vorstellungen Viollet-le-Ducs, aber sie sind sogar noch bemerkenswerter als Beispiele für die Reserviertheit und monumentale Pracht, die man mit dem Namen Labrouste verbindet. Die Steinfassade des ersten Gebäudes, die in bewundernswerter Weise durch drei schlanke Bogen und eine Inschrifttafel gegliedert ist, gehörte zu den feinsten Beispielen französischer Architektur des 19. Jh. Lheureux baute kaum noch etwas in dieser Qualität, obwohl seine Entwürfe für das Entrepôt de Bercy, Paris, die 1876 von Viollet-le-Duc selbst in seiner Eigenschaft als Komiteemitglied genehmigt wurden, keine unwürdigen Nachfolger waren: Gebäude aus Eisenrahmenkonstruktion, dazwischen Füllung aus glasiertem Backstein. Der erste Bauabschnitt war 1886 fertiggestellt, aber dieser Teil existiert nicht mehr. Sonst gibt es nicht mehr viel, das aus dieser Zeit stammt und von Viollet-le-Ducs Theorie zeugt.

Der Brücken- und Straßenbauingenieur Auguste Choisy (1841–1909) löste in passender Weise in seinen Studien der Baukunst in der Geschichte und vielleicht sogar noch mehr in seiner verheerenden *Histoire de l'Architecture* aus dem Jahr 1903 alle jene Probleme, über die Viollet-le-Duc nachgedacht und gerätselt hatte, mit erbarmungsloser Schlußfolgerung. Choisys brillante Illustrationen führten die Kompliziertheit jeder Architektur auf einige wenige einfache Linien zurück. Mit Choisy endet die Zeitspanne, mit der wir uns hier befaßt haben, denn er führte nicht nur Viollet-le-Ducs, sondern alle architektonischen Theorien auf den einfachsten Aphorismus und das einfachste Diagramm zurück (Abb. 660). Seine letzte Arbeit war die Herausgabe des 1910 veröffentlichten Vitruv, das letzte Mal, daß dieser alte Römer für Architekten herausgebracht wurde, und wie unterschied er sich doch von dem Perraults, obwohl man eine gewisse Verbundenheit darin noch erkennen kann.

Bevor wir jedoch zum Abschluß kommen, muß an dieser Stelle unbedingt ein weiterer Architekt genannt werden: Gottfried Semper (1803–1879), ein Schüler Gärtners. Wie Viollet-le-Duc beschäftigte sich Semper letztlich mit dem Problem des Stils (Abb. 664). Seine Voreingenommenheit in dieser Frage war sogar noch älter als die Viollet-le-Ducs. Sein erster Versuch einer Erklärung

660. *Auguste Choisy. Diagramm der Kirche Sainte-Geneviève von Soufflot, 1897.*

661. *Gottfried Semper. Kranz aus »Der Stil«, 1860.*

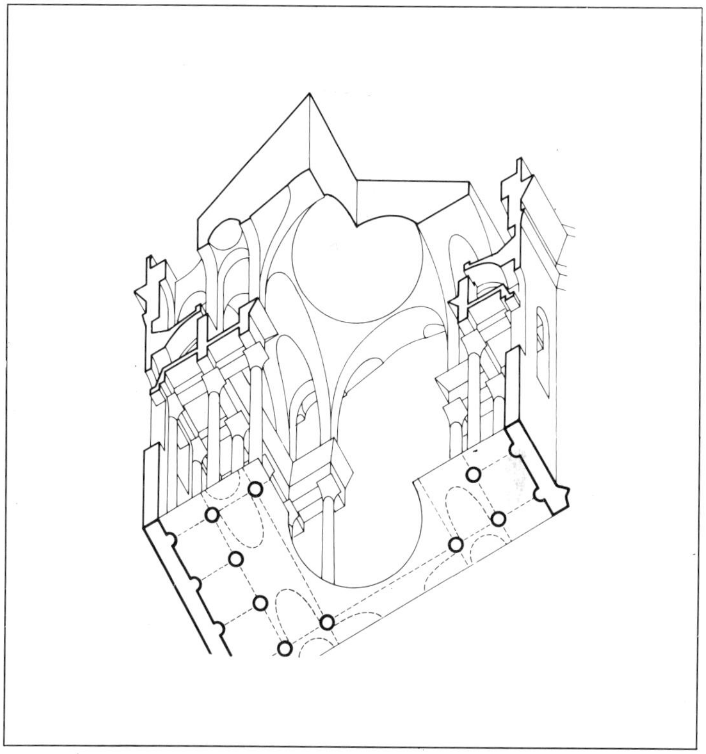

hierzu erfolgte in *Die vier Elemente der Baukunst,* 1851 in Braunschweig veröffentlicht, aber die Ausführungen darin basierten auf Vorlesungen, die er in London ausgearbeitet hatte, wo er zwischen 1851 und 1855 lebte. Während seines Aufenthalts in London hatte er engen Kontakt zu Owen Jones und Henry Cole. Semper war auch verantwortlich für das Arrangement einiger Ausstellungen im Kristallpalast, mit dem er sich jedoch nicht abfinden konnte, da er glaubte, daß Eisen, wenn es in dieser logischen Weise verwendet wird, keine monumentale Form hervorbringen kann. Aber von der Anzahl und Vielfalt an Kunstwerken überwältigt, entschloß er sich dazu, irgendein System zu entwickeln, durch das die Bedeutung all dieser kreativen Anstrengungen erfaßt und erklärt werden kann. Er hatte sich zuvor in Paris mit der Klassifizierung befaßt, die von dem bekannten Biologen Georges Cuvier im Jardin des Plantes eingeführt wurde. Dieser hatte zuerst ein System vorgeschlagen, das nicht auf der Ähnlichkeit der Lebewesen und ihrer Teile beruht, sondern auf der Funktionsweise ihrer Organe und anderen lebenswichtigen Prozessen. Der Schlüssel zur Theorie, die Semper für die Arbeiten von Menschenhand empfahl, war eine kleine Ausstellung im Kristallpalast, das Modell einer karibischen Hütte aus dem Dorf Arima bei Port of Spain auf Trinidad. Dies war die Arbeit Manuel Sorzanos. Die Hütte war angefüllt mit Gebrauchsgegenständen und anderen Dingen, meist spanischen oder modernen westindischen Ursprungs. Es war keine primitive Hütte, doch manifestierte sie die vier Prozesse, die Semper als die hauptsächlichen Triebkräfte für alles, was der Mensch fertigt, anpries. Er unterschied nicht zwischen Kunst und Handwerk. Seine von ihm entwickelte Theorie steht in *Der Stil,* der in 2 Bänden in den Jahren 1860 und 1863 in München veröffentlicht wurde. Der 3. Band, der sich mit Architektur befassen sollte, wurde nicht fertiggestellt. Aber dies ist kaum wichtig. Der Tenor dieser Theorie ist klar. Semper sah vier wesentliche Prozesse bei der Fertigung: Weben, Modellieren, Bauen mit Holz und Bauen mit Stein (machmal auf ein lediglich
es Anhäufen reduziert); diesen fügte er zögernd die Metallbearbeitung hinzu. Jeder dieser Arbeitsvorgänge befaßt sich mit einem besonderen Material: Textilien, Keramik, Holz und Stein. Jedes Material wiederum ergab ein besonderes Element der Architektur: die umfassende Wand und alle dekorativen Muster; die Basis und der Herd; das Stützsystem und die gemauerte Wand, die später irgendwann beliebig die vorhergenannten Elemente ersetzen kann. Seiner Meinung nach kann alles in der Kunst und Architektur und alles Handwerk auf diese Prozesse und die dazugehörigen Materialien reduziert werden. Die höchste Ausdrucksform ist nicht, wie bereits klar wird, die erstentstandene der Künste; tatsächlich leitet sie sich von den vier handwerklichen Tätigkeiten her, was darauf hindeutet, daß Semper

662. Gottfried Semper. Nordfassade des Polytechnikums ETH in Zürich, 1858–1864.

die Theorie vertrat, daß alle Kunst und Architektur einen praktischen und nutzvollen Ursprung habe. Sein »materialistischer« Standpunkt wurde oft verlacht. Aber damit würde man ihn absichtlich mißverstehen, denn er glaubte, daß die handwerklichen Tätigkeiten urspünglich zu symbolischen Zwecken entwickelt worden waren. Lange bevor der Mensch ein Haus baute, bevor er einen Herd oder einen Topf modellierte, hatte er schon begonnen zu weben und zu flechten (Abb. 661).

Nach Sempers Theorie stammen die meisten Muster von der Kunst oder dem Handwerk des Webens ab. Somit sind die Muster von der Entwicklung der strukturellen Form vorhanden, so daß man das Ornament für grundsätzlicher gelten lassen muß als die Struktur. Die entwickelte Theorie schließt auch die Art und Weise ein, in der religiöse, soziale und politische Institutionen den Fertigungsprozeß beeinflussen, um den Formen einen geeigneten und poetischen Ausdruck zu verleihen. Semper selbst jedoch gelang es nie, seinen Vorstellungen eine adäquate Form zu geben, nicht einmal im Ausmaß eines Viollet-le-Duc. Er baute in großem Maßstab – in Dresden, wo er 1838–1841 und 1871–1878 sukzessive zwei Hoftheater erstellte, in Zürich, wo er 1855 Professor an der Eidgenössischen Technischen Hochschule wurde und 1858–1864 das neue Polytechnikum errichtete (Abb. 662, 663), und in Wien, wo er 1871 mit dem Bau der Museen und des Burgtheaters begann. Außerdem baute er noch eine ganze Menge, aber seine Architektur ist in keinem Fall besonders bemerkenswert. In den Einführungen des Buches *Der Stil* konnte er dem Cinquecento für die weitere Entwicklung das Wort reden.

Semper lehnte die Gotik nach 1844 ab, als ihm G.G. Scott beim Wettbewerb für die Nikolaikirche in Hamburg den Rang ablief. Die Vorstellungen der drei großen europäischen Theoretiker – Ruskin, Viollet-le-Duc und Semper – wurden nicht ohne weiteres aufgenommen. Außerhalb ihrer eigenen Länder wurden diese Vorstellungen erst gegen Ende des Jahrhunderts aufgegriffen. Zweifellos veranlaßt Sempers Aufenthalt in England von 1851 bis 1855 ein frühes Interesse an seiner Arbeit, vor allem im Bereich der South Kensington Schools of Design, aber keines seiner Werke wurde übersetzt. Seine Ideen über die Gestaltung von Urnen oder Vasen wurden 1862 von Christopher Dresser für *The art of decorative design* und später für *Principles of decorative design* (Abb. 638) übernommen. Aber trotzdem begann Lawrence Harvey noch im Jahr 1885 seine Vorlesung von Sempers *Evolutionstheorie für das architektonische Ornament* von der RIBA mit den Worten: »Vielleicht haben viele meiner britischen Kollegen noch nie etwas von Semper gehört...« (Transactions, 1885, I, S. 29).

Sempers frühere Aufenthalte in Frankreich 1826 und 1827, 1829 und 1830 und 1848–1851 könnten zu der Annahme führen, daß seine Arbeiten, als sie erschienen, dort ein erhöhtes Interesse weckten, aber es gibt hierfür keinerlei Hinweise. Viollet-le-Duc besaß ein Exemplar von *Der Stil,* war aber nicht geneigt, es gründlich zu lesen. Seine Analyse über Urnen und Wasserbehälter im 6. Band der *Entretiens,* die man vielleicht für einen Tadel Sempers oder gar eine Parodie auf ihn halten könnte, wurde 1859 geschrieben, also *vor* der Veröffentlichung von Sempers Buch. Semper jedoch hatte die vier 1858 herausgegebenen *Entretiens* gelesen, denn er beeilte sich, Viollet-le-Ducs Vorstellungen über die Gestaltung dorischer Säulen zurückzuweisen; in *Der Stil* verspottete er ihn als Materialist.

Der in England so viel gelesene Ruskin fand in Frankreich nur sehr langsam Anerkennung. Mérimée beabsichtigte schon 1856, bald nach seiner Rückkehr aus England mit Viollet-le-Duc, einen Artikel

663. Gottfried Semper. Große Aula des Polytechnikums ETH in Zürich, 1858–1864.

über Ruskin zu schreiben, doch es unterblieb. Auch Viollet-le-Duc erwähnte ihn nicht. Der erste in Frankreich über Ruskin erschienene Artikel, der in der *Revue Britannique* von 1856 mit J.C. unterschrieben war, war feindlich in seiner Einstellung. Die ersten bedeutenden Studien waren J.A. Milsands zwei Artikel in der *Revue des Deux Mondes* vom Juli 1860 und August 1861, die zusammen in einem Buch 1864 herausgegeben wurden. Aber Ruskin wurde nicht wegen seiner architektonischen Kritik bewundert. R. de La Sizerannes gefeiertes *Ruskin et la religion de la beauté* zeitigte in Frankreich 1897 die gleiche Reaktion, die genau 20 Jahre vorher in England provoziert worden war, als Walter Paters blasphemischer Aufsatz »The school of Giorgione« in der *Fortnightly Review* veröffentlicht wurde.

Marcel Proust wurde Ruskins größter Bewunderer; für ihn stellten Ruskin und Pater all das dar, was Viollet-le-Duc nicht war. 1904 veröffentlichte Proust seine Übersetzung von *The Bible of Amiens.* Vier Jahre zuvor waren *The Seven Lamps of Architecture* in französischer Sprache erschienen.

Überraschenderweise stand Ruskin den Werken Viollet-le-Ducs mit gemessenem Respekt gegenüber. Er stellte sicher, daß der große *Dictionnaire* für seine Studenten in Oxford angeschafft wurde, obwohl er diesen 1873 in seinen Vorlesungen nur mit Spott erwähnte, aber er wandte sich 11 Jahre später, als er Professor an der Slade University wurde, diesem Thema wieder zu. »Und hier muß ich Ihnen sagen«, erklärte er seinen Zuhörern in jenem Jahr, »daß Sie in allen Fragen der Geschichte im Zusammenhang mit der Zeitspanne 800–1200 Monsieur Viollet-le-Duc, übrigens durch seinen ganzen Dictionnaire der Architektur hindurch, als am besten informiert und als intelligenteste und gehaltvollste Nachschlagequelle finden werden. Sein Wissen über Architektur, das sich bis hinunter in die kleinsten praktischen Details (die oft am wichtigsten sind) erstreckt und auch die Bauwerke in den entlegensten Dörfern Frankreichs umfaßt, seine künstlerische Begeisterung, die vom spitzesten Scharfsinn ausgeglichen wird, und sein Patriotismus, mit offenster Ehrlichkeit gepaart, machen seine Analyse der Geschichte zur wertvollsten, die ich kenne, und ganz bestimmt zur erschöpfendsten auf diesem Gebiet...«

Diese weitschweifige Passage ist typisch für den alten Ruskin, aber generell erwartet man diese Sympathie eigentlich nicht. Obwohl er sich dessen voll bewußt war, was er als Unzulänglichkeit Viollet-le-Ducs empfand, war Ruskin trotzdem willens, das im *Dictionnaire* Erreichte anzuerkennen. »Ich sollte dieses Buch geschrieben haben«, soll er laut Sir Sidney Cockerell gesagt haben. Bestimmt las er es wieder und wieder, und er empfahl es oft. Er war davon genauso fasziniert wie von Viollet-le-Duc. Vielleicht ist seine Beziehung zu Viollet-le-Duc noch deutlicher zu sehen in seiner Reaktion auf ein weiteres seiner Bücher, *Le massif du Mont Blanc* von 1876.

Fast gleich alt, streng gegensätzlich in Ansicht und Standpunkt, hatten Ruskin und Viollet-le-Duc trotzdem sehr viel Gemeinsames. Beide waren passionierte Geologen, beide reisten bei jeder möglichen Gelegenheit, um die Schweizer Alpen zu sehen. Nach seiner Enttäuschung im Jahr 1863, als ihn die Studenten, die er indoktrinieren wollte, aus der École des Beaux-Arts jagten, suchte Viollet-le-Duc zuerst die Einsamkeit, die Stärke und Rückversicherung in den heilenden Quellen der alpinen Landschaft. Später kam er jedes Jahr acht Wochen im Sommer wieder. 1872 baute er sich ein Chalet in Chamonix, zwei Jahre später das Haus La Vedette in Lausanne (1976 abgerissen), wo er dann auch starb und begraben wurde. Viollet-le-Duc war kein Kletterer, aber sein unerbittlicher Drang zur Tätigkeit trieb ihn auf die Berge. Er begann mit der Vermessung des Mont Blanc, in dieser Aufgabe war er unermüdlich. Um 1876 konnte er die detaillierteste Landkarte des Mont Blanc und eine Studie über diesen Berg herausbringen. Als Ruskin die Blätter dieses Buches im gleichen Jahr herausschnitt, bevor er sich auf seine

664. Gottfried Semper. Treppe des Rathauses in Winterthur, 1863–1869.

Reise in die Schweiz begab, dachte er über die großartige Begeisterung der ersten Satzes darin nach: »La croûte terrestre, refroidie au moment du plissement qui a formé le massif du Mont Blanc, c'est magnifique; mais ce n'est pas – la géologie.« Aus dem Simplon-Gasthaus schrieb er am 2. September an Dr. John Brown: »Endlich hat mein Feind ein Buch geschrieben.« Es enthielt mehr Irrtümer über physikalische Gesetze, stellte er fest, als man zählen konnte.

Als Ruskin über die Alpen schrieb, machte er Angaben über die Massen und Formen, Muster und Gefüge und Farbtönungen des Gesteins, schweifte ab zu deren Formation und las darin die Mitteilungen der Natur. Er nahm auf diese Weise auch Unterricht über die menschliche Standhaftigkeit und Würde, wenn er beobachtete, wie sich die Leute in ihrer Lebensweise und Bauweise jener Welt gewaltiger Kontraste angepaßt haben. Dies klang erstmals in seinen frühen schriftlichen Werken *The Poetry of architecture* an. Viollet-le-Duc nahm die Menschen nicht zur Kenntnis. Am meisten liebte er die hohen, verlassenen Felsenregionen und das ewige Eis. Und obwohl seine Arbeit den Eindruck erwecken mochte und dies auch beabsichtigt war, daß es sich um ein technisches Werk über die Formation des Mont Blanc handele, diente es noch einem weiteren eigenwilligen Zweck. Die letzten Kapitel entdecken seine Absicht, dem geistigen Auge den Anblick des Berges zu vermitteln, wie dieser einst aussah, hart und sauber und neu. Was Viollet-le-Duc anbietet, ist nicht weniger als eine gigantische Restaurationsstudie. In seinem Buch gibt es lediglich eine skizzenhafte Darstellung seiner Empfehlung, doch an der Wand seines Studios in Paris hing eine große, sorgfältig kolorierte Abbildung des Berges, wie er sein könnte – »Fin de l'époque glacière: étude des restitution«. Selbstverständlich bedeutete für Ruskin eine Restaurierung soviel wie Acht und Bann. *Mont Blanc* war eines der ersten Bücher Viollet-le-Ducs, das übersetzt und ungekürzt in England auf den Markt kam. Wethered hatte 1875 einen Auszug aus dem *Dictionnaire* – »On Restoration« – übersetzt. Im gleichen Jahr veröffentlichte Benjamin Bucknall, der *Mont Blanc* und die *Entretiens* als *Lectures on architecture* (1877) übersetzen sollte, drei jener populären Studien, die Viollet-le-Duc für junge Leute zusammengestellt hatte. Es waren *How to build a house, Annals of a fortress* und *The habitations of man in all ages.* Viollet-le-Duc mochte sie sehr und bezeichnete sie als Äquivalente zu Jules Vernes Geschichten. Aber Viollet-le-Duc war in England schon seit langem berühmt: 1855 hatte ihm Matthew Digby Wyatt geschrieben und um Erlaubnis zur Übersetzung des *Dictionnaire raisonné de l'architecture* gebeten, und er hatte an dieser Aufgabe auch kräftig gearbeitet, bis er davon überzeugt war, daß kein englischer Verleger diese Sache unterstützen würde. Fünf Jahre danach tauchte ein weiterer möglicher Übersetzer in Martin Macdermott auf, aber wieder geschah nichts. Doch Viollet-le-Ducs Schaffen wurde 1864 ausreichend gewürdigt, als man ihm die Goldmedaille des Instituts of British Architects zuerkannte. Er reiste nicht nach England, um diese Ehrung entgegenzunehmen. Vorher noch hatte eine Reihe von Bewunderern, von Sir George Gilbert Scott bis William Burges und Alfred Waterhouse, die Seiten beider *Dictionnaires* auf der Suche nach Giebeln, Blumenornamenten, Krabben und Wasserspeiern und allen Arten mittelalterlicher Details geplündert. Als G.G. Scott die Haupttreppe des St. Pancras Station Hotels entwarf (Abb. 606), war es klar, daß er schnell gelernt hatte, auf die Entwürfe im 12. Band der *Entretiens* zu reagieren, der anscheinend 1866 herausgegeben wurde. Waterhouse verwendete freiliegende Eisenträger und Streben in vielen seiner späteren Arbeiten, wie sie Viollet-le-Duc empfohlen hatte. Langsam erlangte Viollet-le-Duc Anerkennung als Prophet einer unabhängigen Architektur, die tatsächlich auf den Prinzipien beruhte, die von einer Studie über die Architektur des Mittelalters abstrahiert war, damit aber nichts zu tun hatte.

Wie man sich vorstellen kann, verlief die Aufnahme der drei großen Theoretiker in Amerika in ziemlich ähnlicher Weise. Ruskins Arbeiten wurden sofort nach ihrem Erscheinen in England gelesen und aufgenommen; den Anfang macht Loudons Lob von *The Poetry of architecture,* das schon 1839 im *Journal of the Franklin Institute* abgedruckt war. Amerikanische Ausgaben der Bände 1 und 2 der *Modern Painters* wurden 1847 und 1848 veröffentlicht; im Jahr darauf erschien *The Seven Lamps of architecture,* und 1851 kam der 1. Band von *The Stones of Venice* – ohne Abbildungen heraus. Die Kritiker fanden Ruskin sowohl bewundernswert als auch absurd, inspirierend und verwirrend. Man warf ihm Heuchelei und Widerspruch vor, aber wenn man die vielen Auflagen seiner Arbeiten bedenkt, die gedruckt wurden, muß er doch unentwegt gelesen worden sein. Henry van Brunt (1832–1903), ein junger Architekt mit Harvard-Schulung, sprach zweifellos für die informierte Meinung, wenn er in seinem im Dezember 1858 vor dem Institute of Architects verlesenen Aufsatz *Cast-iron in decorative architecture* zu dem Urteil kam, daß Ruskin in seinen Beobachtungen der Kunst des Mittelalters ganz und gar vernünftig klang, aber von geringer Relevanz für die Architekten des 19. Jh. sei, die, wie H. van Brunt behauptete, im Zeitalter der Maschinen, nicht des Handwerks operierten. »Arbeit«, faßte er zusammen, »ist nunmehr der Zweck und nicht das Ende des Lebens.« Van Brunt hatte auch Owen Jones gelesen und vermutlich Viollet-le-Duc, dessen *Entretiens* er 1875, zwei Jahre vor Bucknall, unter dem Titel *Discourses on architecture* übersetzte; der 2. Band erschien 1885. Dies war nicht die erste von Viollet-le-Ducs Arbeiten, die in Amerika gedruckt wurde. Bucknalls Übersetzung von *The habitations of man* kam 1872 auf den Markt; *The story of a house,* von G.M. Towle übersetzt, erschien 1874 und im Jahr 1881 *Learning to draw,* das von Virginia Champlin (ein Pseudonym) übersetzt wurde. Das amerikanische Äquivalent zu Scotts Interpretation der Entretiens-Zeichnungen war der überwältigende gedeckte Hof des Rookery Building in der La Salle Street in Chicago, der 1885 von John Welborn Root (1850–1891) von Burnham and Root entworfen wurde. Root war auch der Mann, der erstmals Übersetzungen von Sempers *Der Stil* in Amerika veröffentlichte – sie erschienen 1889/90 im *Inland architect and new record* –, obwohl Sempers Arbeiten ganz bestimmt schon lange vorher in Chicago gelesen wurden. In der Tat konnte man des öfteren hören, daß der Begriff »curtain walling«, der so stark mit der Architektur des 19. Jh. in Chicago assoziiert ist, an Semper erinnert. 1891 begann Bernard Maybeck (1862–1957) im fernen Kalifornien mit der Übersetzung des Buches *Der Stil,* aber er kam damit nicht sehr weit.

Nach der Jahrhundertwende erneuerte Frank Lloyd Wright die Dekoration im gedeckten Hof des Rookery Building mit überraschend wenig Taktgefühl – überraschend, weil von den vielen Mitgliedern der Chicago School, die auf Viollet-le-Ducs Schriften reagierten, Frank Lloyd Wright derjenige war, der dessen Gedanken mit der erfreulichsten Wirkung aufgenommen hatte und diese auch immer als Ansporn für seine eigene Größe betrachtete. Er veranlaßte sogar seinen Sohn zum Lesen der *Dictionnaires.* Andere Architekten gaben ihren Interpretationen dieser Lehren auf sehr verschiedene Weise eine Gesamtheit der Vision, die zu Viollet-le-Ducs Lebzeiten niemals erreicht wurde – man denkt hierbei an Antonio Gaudí aus Spanien, an Victor Horta in Belgien, an H.P. Berlage in Holland, die alle ihre Überlegungen auf seinen aufbauten, und vielleicht an die gesamte Schule der russischen Konstruktivisten.

ALLGEMEINE ÜBERSICHTEN

ARTS COUNCIL (Ausstellungskatalog), The Age of Neo-Classicism: Council of Europe Exhibition Catalogue, 1972

BRAUDEL, F., Civilization matérielle et capitalisme (XVe-XVIIIe). 2 Bde. Paris 1967

CASSIRER, E., The philosophy of the Enlightenment. Princeton 1951

COLLINS, P., Changing ideals in modern architecture. London 1965

ERDBERG, E. VON, Chinese influences on European garden structures. Cambridge (Mass.) 1936

FORRESMAN, E., Dorisch, Ionisch, Korinthisch. Studien über den Gebrauch der Säulenordnungen in der Architektur des 16.–18. Jahrhunderts. Stockholm 1961

FRANKL, P., The Gothic: Literary Sources and Interpretations through Eight Centuries. Princeton 1960

GERMANN, G., Gothic revival in Europe and Britain: Sources, influences and ideas. London 1972

GIEDION, S., Mechanisation takes command. New York 1948

HAUTECOEUR, L., Rome et la renaissance de l'antiquité à la fin du XVIIIe siècle. Paris 1912

HAUTECOEUR, L., ›Les places en France au XVIIIe siècle‹, Gazette des Beaux-Arts LXXXV, März 1975, S. 89–116

HITCHCOCK, H.-R., Architecture, 19th and 20th centuries. Harmondsworth 1958. 3. rev. Aufl. 1968

HONOUR, H., Neo-Classicism. Harmondsworth 1969

HONOUR, H., Chinoiserie. The vision of Cathay. London 1961. Reprint 1973

IMPEY, O., Chinoiserie. Oxford 1977

KAUFMANN, E., Von Ledoux bis Le Corbusier: Ursprung und Entwicklung der autonomen Architektur. Wien 1933

LAVEDAN, P., L'Histoire de l'urbanisme: Renaissance et temps modernes. Paris 1941

MAINSTONE, R.J., Developments in structural form. London 1974

MEEKS, C., The railroad station. New Haven 1956

MICHEL, A., Histoire de l'art. Bd. VII. Paris 1926

OMONT, H.A. (Hrsg.), Athènes au XVIIe siècle: Dessins du Parthenon ... Paris 1898

PEVSNER, N., und S. LANG, ›Apollo or baboon‹, Architectural Review, CIV, Nr. 624, 1948, Reprint: ›The doric revival‹, Nikolaus Pevsner, Studies in art, architecture and design. Bd. I. London 1968, S. 196–211

PEVSNER, N., 86.141, und S. LANG, ›The Egyptian Revival‹, Architectural Review, CXIX, 119, 1956, S. 243–254. Reprint in Nikolaus Pevsner, Studies in art, architecture and design. Bd. I, London 1968, S. 212–235

PEVSNER, N. (Hrsg.), The Picturesque Garden and its Influence outside the British Isles. Dumbarton Oaks 1974

PRAZ, M., An Illustrated History of Interior Decoration. London 1964

ROSENBLUM, R., Transformations in late 18th century Art. Princeton 1967

SELING, H., ›The Genesis of the Museum‹, Architectural Review. Bd. 141, 1967, S. 103–114

SIREN, C., China and gardens of Europe of the eighteenth century. New York 1958

VIERENDEEL, A., L'architecture metallique au XIXe siècle. Brüssel 1890

VIERENDEEL, A., Esquisse d'une histoire de la technique. 2 Bde. Brüssel 1921

ZEITLER, R., Klassizismus und Utopia. Stockholm 1954

ZEITLER, R., Die Kunst des 19. Jahrhunderts. Berlin 1966

DEUTSCHLAND UND ÖSTERREICH

BEENKEN, H., Schöpferische Bauideen der deutschen Romantik. Mainz 1952

COLOMBIER, P. DU, L'architecture française en Allemagne au XVIIIe siècle. 2 Bde. Paris 1956

GROTE, L. (Hrsg.), Die deutsche Stadt im 19. Jahrhundert. München 1974

MANN, A., Die Neuromanik. Eine rheinische Komponente im Historismus des 19. Jahrhunderts. Köln 1966

MUTHESIUS, S., Das englische Vorbild. München 1974

PLAGEMANN, V., Das deutsche Kunstmuseum. München 1967

ROBSON-SCOTT, W.D., The Literary Background of the Gothic Revival in Germany. Oxford 1965

VOGT, G., Frankfurter Bürgerhäuser des 19. Jahrhunderts. Frankfurt, o. J.

WAGNER-RIEGER, R., Wiens Architektur im 19. Jahrhundert. Wien 1970

WAGNER-RIEGER, R., Die Wiener Ringstraße. Bild einer Epoche. Bisher 9 Bde. Wien, Köln, Graz 1969–1975

FRANKREICH

BABEAU, A., La ville sous l'Ancien Régime. Paris 1880

BALLOT, M.J., Le décor intérieur au XVIIIe siècle à Paris et dans l'Ile de France. Paris 1930

BELEVITSCH-STANKEVITCH, H., Le goût chinois en France au temps de Louis XIV. Paris 1910

BENOIT, F., L'Art français sous la Révolution et l'Empire: Les doctrines, les idées, les genres. Paris 1897

BLOMFIELD, R., A history of French architecture, 1661–1774. 2 Bde. London 1921

BOTTINEAU, Y., L'art d'Ange-Jacques Gabriel à Fontainebleau. Paris 1962

BRAUNSCHWIG, M., L'Abbé Dubos, renovateur de la critique au XVIIIe siècle. Toulouse 1904

CASSIRER, K., Die ästhetischen Hauptbegriffe der französischen Architekturtheoretiker von 1650–1780. Berlin 1909

CHARVET, E.L.G., Lyon artistique. Lyon 1899

CHOPPIN DE JANVRY, ›Le Désert de Retz‹. Bulletin de la Société de l'Histoire de l'Art Français. Paris 1970, S. 125–148

CLOZIER, R., La gare du Nord. Paris 1940

CONTET, F., VACQUIER, J., SOULANGE-BODIN, H., und P. JARRY, Les Vieux hôtels de Paris. 22 Bde. Paris 1908–1937

CORDIER, H., La Chine en France au XVIIIe siècle. Paris 1910

DARTEIN, F. DE, Etudes sur les ponts en pierre remarquables par leur décoration antérieur au XIXe siècle. 4 Bde. Paris 1907–1912

DESHAIRS, L., Dijon, Architecture et décoration au XVIIe et XVIIIe siècles. Paris 1909

DESHAIRS, L., Bordeaux. Architecture et décoration au XVIIIe siècle. Paris 1909

DESHAIRS, L., Aix-en-Provence, Architecture et décoration aux XVIIe et XVIIIe siècles. Paris 1909

ERIKSEN, S., Early neo-classicism in France. London 1973

ESPOUY, H. DE, Ecole Nationale des Beaux Arts. Les Grands Prix de Rome d'Architecture. 1850–1900, 1900–1905. 2 Bde. Paris o. J.

GALLET, M., Paris domestic architecture of the 18th century. London 1972

GIEDION, S., Bauen in Frankreich: Bauen in Eisenbeton. Leipzig 1928

GRUBER, A.C., Les grandes fêtes et leurs décors à l'époque de Louis XVI. Genf 1972

HAUTECOEUR, L., Histoire de l'architecture classique en France. Bd. III–VII. Paris 1950–1957

HAUTECOEUR, L., Paris de 1715 à nos jours. Paris 1972

HÉLIOT, P., ›La fin de l'architecture gothique dans le nord de la France aux XVIIe et XVIIIe siècles‹, Bulletin de la Comm. Royale des monuments et des sites. Bd. VIII. Brüssel 1957

HERMANN, W., Laugier and 18th century French theory. London 1962

HILLAIRET, J. (A.A. COUSSILLAN), Dictionnaire historique des rues de Paris. 2 Bde. Paris 1968

HUNT, H.J., Le socialisme et le romantisme en France. Oxford 1935

JARRY, P., La guirlande de Paris ou maisons de plaisance des environs au XVIIe et au XVIIIe siècles. Paris 1928 Ie série; 1931 2e série

KALNEIN, W., und M. LEVEY, Art and architecture of the eighteenth century in France. Pelican history of art. Harmondsworth 1972

KIMBALL, F., The creation of the rococo. Philadelphia 1943

LABORDE, H. DE, L'Académie des Beaux Arts, depuis la fondation de l'Institut de France. Paris 1891

LEITH, J.A., The idea of art as propaganda in France, 1750–1799. Toronto 1965

LELIÈVRE, P., L'urbanisme et l'architecture à Nantes au XVIIIe siècle. Nantes 1942

LÉON, P., La vie des monuments français. Paris 1951

LEONARD, C.M., Lyons transformed: Public works of the Second Empire, 1853–1864. Berkeley 1961

MAGNE, L., L'architecture française du siècle. Paris 1889

MALLION, J., Victor Hugo et l'art architectural. Paris 1962

MAROT, P., La place royale de Nancy. Paris 1966

MIDDLETON, R.D., ›The abbé de Cordemoy and the graeco-gothic ideal‹, Journal of the Warburg and Courtauld Institutes, XXV, 1962, XXVI, 1963

MORNET, D., Le sentiment de la nature en France: de J.J. Rousseau à Bernardin de Sainte-Pierre. Paris 1907

MORNET, D., Le romantisme en France au XVIIIe siècle. Paris 1912

MOULIN, M., L'architecture civile et militaire au XVIIIe siècle en Aunis et Saintonge. La Rochelle 1972

NIÈRES, C., La réconstruction d'une ville au XVIIIe siècle: Rennes 1720–1760. Paris 1972

NOLHAC, P. DE, Hubert Robert. Paris 1910

NOLHAC, P. DE, Histoire du château de Versailles au XVIIIe siècle. Paris 1918

PARISET, F.G., Histoire de Bordeaux, 1714–1814. Bd. V. Bordeaux 1968

PINKNEY, D.H., Napoleon III and the rebuilding of Paris. Princeton 1958

SAISSELIN, R.G., Taste in eighteenth century France. New York 1965

SCHNEIDER, R., Quatremère de Quincy et son intervention dans les arts. Paris 1910

SCHNEIDER, R., L'esthétique classique chez Quatremère de Quincy, 1805–1823. Paris 1910

STAROBINKSI, J., L'invention de la liberté, 1700–1789. Paris 1964

STAROBINKSI, J., 1789, Les emblèmes de la raison. Paris 1973

STEINHAUSER, M., Die Architektur der Pariser Oper. München 1969

SUTCLIFFE, A., The autumn of central Paris: the defeat of town planning, 1850–1970. London 1970

THIBERT, M., Le rôle social de l'art d'après les Saint-Simoniens. Paris 1926

TOURNIER, R., Les églises comtoises, leur architecture des origines au XVIIIe siècle. Paris 1954

TOURNIER, R., Maisons et hôtels privés du XVIIIe siècle à Besançon. Paris 1970

VAUDOYER, A.L.T., und L-P. BALTARD, Grands Prix d'Architecture. Bd. I, II. Paris 1818. Bd. III 1834

VERLET, P., Le mobilier de Louis XVI et de Marie-Antoinette à Compiegne. Diss. Paris 1937

VERLET, P., La maison du XVIIIe siècle en France. Paris 1966

GRIECHENLAND

RUSSACK, H.H., Deutsches Bauen in Athen. Berlin 1942

SINOS, S., ›Die Gründung der neuen Stadt Athen‹. Architectura, Bd. I, 1974, S. 41–52

TRAVLOS, J., Architecture néoclassique en Grèce. Athen 1967

GROSSBRITANNIEN

ALLEN, B.S., Tides in English Taste, 1619–1800. 2 Bde. 1937. New York 1969

AMES, W., Prince Albert and Victorian Taste. London 1967

ANSON, P.F., Fashions in Church Furnishings, 1840–1940. London 1960. Rev. Ed. 1965

ARMYTAGE, W.H.C., Heavens Below: Utopian Experiments in England, 1560–1960. London 1961

BOASE, T.S.R., English Art 1800–1870. Oxford 1959

BURKE, J., English Art 1714–1800. Oxford 1976

CHADWICK, G.F., The Park and the Town: Public Landscape in the 19th and 20th Centuries. London 1966

CLARK, K., The Gothic Revival. 1928. Penguin 1962

CLARKE, B.E.L., Church Builders of the 19th century. London 1938. Reprint 1969

CLARKE, B.E.L., Parish Churches of London. London 1966

CLIFTON-TAYLOR, A., The Pattern of English Buildings. 1962. Neuausg. 1972

COLVIN, H.M., Biographical Dictionary of English Architects, 1660–1840. London 1954

COOK, E.T., UND A. WEDDERBURN, The works of John Ruskin. 39 Bde. London 1903–1912

CRAIG, M., Dublin, 1660–1860. 1952. Neuausg. 1969

CROOK, J.M., The British Museum. London 1972

CROOK, J.M., The Greek Revival, Neo-Classical Attitudes in British Architecture, 1760–1870. London 1972

CROOK, J.M., und M.H. PORT, The History of the King's Works. Bd. VI. 1782–1851. London 1973

DYOS, H.J., Victoria Suburb. Leicester 1966

DYOS, H.J., und M. WOLFF (Hrsg.), The Victorian City, Image and Reality. 2 Bde. London 1973

EASTLAKE, C.L., A History of the Gothic Revival in England. London 1872. Reprint Leicester Univ. 1970, mit Einführung von J.M. Crook

FAWCETT, J. (Hrsg.), Seven Victorian Architects. London 1976

FERRIDAY, P. (Hrsg.), Victorian Architecture. London 1963

FOWLER, J., und J. CORNFORTH, English Decoration in the 18th century. London 1974

GARRIGAN, K.O., Ruskin on Architecture: his Thought and Influence. Wisconsin 1973

GIROUARD, M., The Victorian Country House. Oxford 1971

GOMME, A., und D. WALKER, Architecture of Glasgow. London 1968

GOODHART-RENDEL, H.S., English Architecture since the Regency, London 1953

HITCHCOCK, H.-R., Early Victorian Architecture in Britain. 2 Bde. New Haven 1954. Reprint 1972

HOBHOUSE, H., Lost London. London 1971

HOPKINS, H.J., A Span of Bridges. Newton Abbott 1970

HUNT, J.D., und P. WILLIS, The genius of the place. London 1975

HUSSEY, C., The Picturesque. London 1927. Reprint 1967

HUSSEY, C., English Country Houses, Mid Georgian. London 1956. Rev. Ed. 1963; Late Georgian 1958

JERVIS, S., High Victorian Design. Ottawa 1974

KELLET, J.R., The Impact of Railways on Victorian Cities. London 1969

LONDON COUNTY COUNCIL, Survey of London. Bisher 38 Bde. 1896ff.

MACAULAY, J., The Gothic Revival, 1745–1845. Glasgow und London 1975

MACLEOD, R., Style and Society, Architectural Ideology in Britain 1935–1941. London 1971

MORRIS, M. (Hrsg.), Collected Works of William Morris. 24 Bde. London 1910–1915

MUTHESIUS, H., Die neuere kirchliche Baukunst in England. Berlin 1901

MUTHESIUS, S., ›The Iron Problem in the 1850's, Journal of the Society of Architectural Historians (GB). Bd. 13, 1970, S. 58–60

MUTHESIUS, S., The High Victorian Movement in Architecture, 1850–1870. London 1971

OLSEN, D.J., TOWN Planning in London, 18th and 19th centuries. Yale 1964

OLSEN, D.J., The growth of Victorian London. London 1976

PEVSNER, N., The Buildings of England. 46 Bde. Harmondsworth 1951–1974

PEVSNER, N., Some Architectural Writers of the 19th Century. Oxford 1972

PORT, M.H., 600 New Churches: a study of the Church Building Commission 1818–1856. London 1961

PORT, M.H. (Hrsg.), The Houses of Parliament. Yale U.P. 1976

RIBA, Drawings Catalogues. Bisher 15 Bde. London 1969ff.

RICHARDSON, A.E., Monumental Architecture in Great Britain and Ireland during the 18th and 19th centuries. London 1914

SAXL, F., und R. Wittkower, British Art and the Mediterranean. Oxford 1948

SHERBURNE, J.C., John Ruskin or the Ambiguities of Abundance. Harvard U.P. 1972

STEEGMAN, J., Consort of Taste, 1830–1870. London 1950

SUMMERSON, J., Georgian London. London 1945. Rev. Ed. 1970

SUMMERSON, J., Heavenly Mansions. London 1948

SUMMERSON, J., Architecture in Britain, 1530–1830. Harmondsworth 1953. Rev. Ed. 1969

SUMMERSON, J., Victorian Architecture, Four Studies in Evaluation. Columbia U.O. 1970

SUMMERSON, J., The London Building World of the 1860's. London 1973

SUMMERSON, J., The Architecture of Victorian London. Charlottesville 1976

WHIFFEN, M., Stuart and Georgian Churches outside London. London 1947/48

WHITE, J.F., The Cambridge Movement: the Ecclesiologists and the Gothic Revival. Cambridge 1962

WOODBRIDGE, K., Landscape and Antiquity: Aspects of English Culture at Stourhead, 1718–1838. Oxford 1970

YOUNGSON, A.J., The Making of Classical Edinburgh. London 1966

ITALIEN

ANGELINI, L., L'avvento dell'arte neoclassica in Bergamo. Bergamo 1966.

BASSI, E., Architettura del ei e ettecento a Venezia. Neapel 1962

BORSI, F., La capitale a Firenze e l'opera di G. Poggi

BRUSANTIN, M., Illuminismo e architettura del '700 Veneto. Castelfranco 1972

HASKELL, F., Patrons and painters, Art and Society in baroque Italy. London 1963. Paperback 1971

LAVAGNINO, E., L'Arte moderna dai neoclassici ai contemporanei. 2 Bde. Turin 1956

MEZZANOTTE, G., Architettura neoclassica in Lombardia. Neapel 1966

POMMER, R., Eighteenth century architecture in Piedmont. New York, London 1967

PROZZILLO, I., Francesco Milizia, teorico e storico dell'architettura. Neapel 1971

VENDITTI, A., Architettura neoclassica a Napoli. Neapel 1961

WITTKOWER, R., Art and architecture in Italy: 1600–1750, Pelican history of art. Harmondsworth 1958, (3. Aufl. 1973)

PORTUGAL

FRANCA, J.A., Une ville des lumières: la Lisbonne de Pombal. Paris 1965

RUSSLAND

BATER, J.H., St. Petersburg, Industrialization and Change. London 1976

EGOROV, I.A., The Architectural Planning of St. Petersburg: its development in the 19th and 20th centuries (Übers. und hrsg. von E. Dluhosch). Ohio 1969

HAMILTON, G. H., The Art and Architecture of Russia. Harmondsworth 1954

HAUTECOEUR, L., L'architecture classique à Saint-Petersbourg à la fin du XVIIIe siècle. Paris 1912

ILYIN, M., Moscow Monuments of Architecture. 18th – the First Third of the 19th century. 2 Bde. Moskau 1975

SCHWEIZ

CARL, B., Die Architektur der Schweiz, Klassizismus (1770–1860). Zürich 1963

CORBOZ, A., L'Invention de Carouge, 1772–1792. Lausanne

GERMANN, G., Der Protestantische Kirchenbau in der Schweiz. Zürich 1963

SPANIEN

CAREDA, J., Memorias para la historia de la Real Academia de San Fernando y de las Bellas Artes en España. 2 Bde. Madrid 1867

GAYA NUÑO, J.A., Arte del siglo XIX. Bd. 19 von Ars Hispaniae. Madrid 1966

NAVASCUES PALACIO, P., Arquitectura y arquitectos Madrileños del siglo XIX. Madrid 1973

PARIS, P., ›L'Art en Espagne et en Portugal de la fin du XVIIIe siècle à nos jours‹. Kap. XIX von A. Michels Histoire de l'Art, Bd. VIII, 2. Paris 1926

VEREINIGTE STAATEN VON AMERIKA (USA)

HAMLIN, T., Greek revival architecture in America. New York 1944

PIERSON, W. H., American buildings and their architects. The colonial and neo-classical styles. New York 1970

STANTON, P., The Gothic Revival and American Church Architecture. Baltimore 1968

Ikonographische Quellen

ALBERTOLLI, G., Alcune decorazioni di nobili sale.., 1787

ALPHAND, J. C. A., Promenades de Paris, 1867–1837

BLONDEL, J. F. Cours d'architecture, 1777

BOILEAU, L. A. La nouvelle forme architecturale, 1853

BOILEAU, L. A., Histoire critique de l'invention en architecture, 1886

BUTTERFIELD, W., Instrumenta Ecclesiastica, 1865

CARMONTELLE, L. C. DE, Jardin de Monceau, 1779

CHOISY, A., Histoire de l'architecture, 1897

CONSIDERANT, V., Considérations sociales sur l'architecture, 1834

DE L'ORME, PH., L'Architecture, 1567

DRESSER, C., The principles of decorative design, 1873

DUMONT, G.P.M., Recueil de plusieurs parties d'architecture, 1765

DURAND, J. N. L., Paris et ses environs

DURAND, J. N. L., Recueil et parallèle des édifices, 1800

DURAND, J. N. L., Précis des leçons, 1802–1805

FISCHER VON ERLACH, J.B., Entwurff einer historischen Architectur, 1721

GARNIER, C., Le nouvel opéra, 1878–1881

GONDOIN, J., Description des écoles de chirurgie, 1780

GOURLIER, BIET, CRILLON, TARDIEU, Coix d'édifices publics ..., 1825–1847

HITTORFF, J. I., L'Architecture polychrome chez les grecs ..., 1846–1851

(KENDALL, H.E.), Modern Architecture (1856)

KRAFT, J. C., und N. RANSONETTE, Plans, coupes, élevations de plus belles maisons et hôtels construits à Paris, 1802

KRAFFT, J. C., Choix des maisons et d'édifices publics de Paris et de ses environs, 1838

LABORDE, A. L. J. DE, Description des nouveaux jardins de la France, 1808–1815

LANDON, C. P., Annales du Musée, 1800–1822

LAUGIER, M. A., Essai sur l'Architecture, 1755

LEDOUX, C. N., L'Architecture considérée sous le rapport de l'art ..., hrsg. von D. Ramée, 1847

LE ROUGE, G. L., Description du Colisée élevé aux Champs Elysées, 1771

LE ROUGE, G. L., Jardins anglo-chinois, Heft XIII, 1785

LEROY, J. D., Les ruines des plus beaux monuments de la Grèce, 1758

MAROT, J., Le temple de Balbec, um 1680

NARJOUX, F., Paris: monuments élevés par la ville, 1883

NEUFFORGE, J.F., Recueil élémentaire d'architecture, 1757

PATTE, P., Monuments érigés en France à la gloire de Louis XV, 1765

PERCIER, C., und P. F. L. FONTAINE, Journal des monuments de paris

PERRAULT, CL., Les dix livres d'architecture de Vitruve, 1673

PETITOT, E. A., Mascarade à la grecque, 1771

PEYRE, M. J., Oeuvres d'architecture, 1765

PIRANESI, G. B., Differentes vues de quelques restes ... de l'ancienne ville de Pesto

PIRANESI, G. B., Prima parte di architettura e prospettive, 1743

PIRANESI, G. B., Antichità romane, 1756

PIRANESI, G. B., Parere su l'architettura, 1765

PIRANESI, G. B., Diverse maniere di adornare i cammini ..., 1769

QUATREMÈRE DE QUINCY, A.C., Le Jupiter Olympien, 1815

RONDELET, J. B., Traité théorique et pratique de l'art de bâtir, 1802/03

RUSKIN, J., Seven lamps of architecture, 1849

SEMPER, G., Der Stil, 1860

SPON, J., Voyage d'Italie, de Dalmatie, Grèce et du Levant, 1676

TALLIS, The Crystal Palace

VIOLLET-LE-DUC, E., Dictionnaire raisonné de l'architecture, 1859

VIOLLET-LE-DUC, E., Entretiens sur l'architecture, 1872

NAMES-UND ORTSREGISTER

Die Kursiven Zahlen sind Abbildungsnummern

Aerofilms, London: 43
Andrews, W., Grosse Pointe, Michigan: 563
Archives Municipales, Bordeaux: 176, 177
Archives Photographiques, Paris: 166, 179, 225, 350, 352
Austin, J., London: 119, 130, 149, 150, 214, 215, 363, 392, 397, 401, 412

Balestrini, B., Mailand: 1, 9, 10, 11, 13, 14, 19, 20, 21, 27, 104, 113, 114, 116, 120, 127, 128, 129, 132, 133, 134, 135, 136, 155, 156, 157, 158, 161, 167, 169, 178, 180, 182, 183, 184, 185, 189, 198, 202, 206, 208, 211, 219, 236, 237, 295, 299, 300, 301, 303, 308, 312, 346, 347, 348, 349, 351, 356, 359, 360, 361, 362, 364, 365, 367, 370, 371, 372, 374, 375, 378, 379, 380, 381, 382, 383, 384, 390, 391, 393, 394, 395, 399, 400, 402, 403, 404, 408, 409, 410, 411, 413, 414, 415, 416, 418, 419, 425, 426, 428, 429, 430, 432, 433, 434, 478, 502, 503, 504, 505, 506, 509, 510, 511, 512, 516, 517, 518, 519, 520, 521, 522, 523, 524, 526, 527, 528, 530, 531, 532, 533, 534, 535, 538, 543, 544, 545, 546, 547, 549, 550, 551, 552, 610, 611, 612, 613, 614, 615, 616, 617, 619, 620, 621, 622, 623, 624, 625, 629, 630, 631, 632, 633, 634, 635, 636, 637, 646, 649, 650, 654, 655, 656
Bibliothèque Nationale, Paris: 137, 138, 143, 159, 202, 207, 282, 283, 284, 285, 286, 287, 288, 289, 290, 344, 398
Bulloz, Paris: 151, 304, 405

Combier, J., Macon: 317
Country Life, London: 33, 34, 35, 41, 42, 48, 50, 51, 54, 55, 56, 68, 93, 96, 97, 98, 101, 103, 105, 106, 111, 153, 238, 239, 240, 241, 244, 247, 251, 252, 253, 254, 255, 256, 257, 258, 260, 262, 264, 265, 268, 269, 271, 272, 274, 275, 280, 281, 328, 437, 454, 455, 458, 459, 460, 463, 464, 465, 573, 575, 577, 587, 588, 595, 598, 599
Courtauld Institute of Art, London: 64, 67, 94, 246, 248, 249, 270, 333, 466, 592, 593, 600, 601

Dalton, C., Daventry: 99, 100
De Grivel, J., Besançon: 190, 191, 192, 193, 194
Deutsche Fotothek Dresden, Dresden: 59, 60, 61

Fitzwilliam Museum, Cambridge: 152
Fotocielo, Rom: 540

Gibson, J.M., Guildford, Surrey: 69
Giraudon, Paris: 4, 78, 174, 187, 201, 216, 217, 221, 223, 298, 314, 385, 386, 387, 396
Greater London Council, Photographic Unit Department of Architecture and Civil Design, London: 435, 451, 467, 469

Irish National Trust Archive, Dublin: 572

Kersting, A.F., London: 263, 462, 604

Landesbildstelle, Berlin: 109, 110, 470

Leeds Art Galleries, Leeds: 267
Library of Congress, Washington, D.C.: 557, 558, 559, 560, 561, 562, 564, 565, 566, 567
Liot, R., St.-Germain-en-Laye: 197

Mensy, Besançon: 80
Münchner Stadtmuseum, München: 477
Musée de Strasbourg, Strasbourg: 186
Musei Vaticani, Archivio Fotografico, Rome: 513, 514, 515

National Monuments Record, London: 336
National Museet, Kopenhagen: 497, 498, 499, 500
National Trust, London: 39, 45, 65, 66, 574
Newbert, S.W., London: 342
Novosti Press, Rom: 482, 483, 484, 485, 486, 487, 488, 489, 490, 491, 492, 494, 495, 496

Pagliarani, A., Verona: 507
Perret, F., La Chaux-de-Fonds: 195, 196
Photo Pierrain-Carnavalet, Paris: 79, 125, 131, 165, 204, 205
Pineider, G.B., Florenz: 525

Reilly and Constantine Commercial, Birmingham: 639
H. Roger-Viollet, Paris: 406, 407
Royal Commission on Ancient Monuments (Schottland), Edinburgh: 108, 259, 261, 447, 448
Royal Commission on Historical Monuments (England), London: 329, 335, 336, 338, 438, 439, 440, 441, 443, 444, 446, 459, 461, 576, 578, 580, 581, 582, 583, 584, 585, 590, 591, 594, 596, 597, 607
Royal Library, Kopenhagen: 498

Scott, T., Edinburgh: 44
Semper-Archiv der ETH, Zürich: 662, 663, 664
Service Photographique des Archives Nationales, Paris: 323
Smith, E., London: 445
Sir John Soane's Museum, London: 242, 243, 330, 331, 339, 340, 343
Stoedtner, F., Düsseldorf: 472

Tate Gallery, London: 115
Thorvaldsen Museum, Kopenhagen: 501
Topical Press, London: 341

University Library, Warschau: 154

Verroust, J., Neuilly: 2
Verwaltung der Staatlichen Schlösser, Gärten, und Seen, München: 479
Victoria and Albert Museum, London: 30

Wallace Collection, London: 144

INHALTSVERZEICHNIS